中共上海市委党校、上海行政学院学术著作出版基金资助出版

ZAIHOU SHEHUI RICHANG SHENGHUO KONGJIAN DE DIFANG XINGSU
YI BEICHUAN XINXIANCHENG WEILI

灾后社会日常生活空间的地方型塑
——以北川新县城为例

雷天来 著

上海大学出版社
·上海·

图书在版编目（CIP）数据

灾后社会日常生活空间的地方型塑：以北川新县城为例 / 雷天来著. -- 上海：上海大学出版社，2025.2. -- ISBN 978-7-5671-5197-0

Ⅰ．D632.5

中国国家版本馆CIP数据核字第2025XP2482号

责任编辑　傅玉芳
封面设计　柯国富
技术编辑　金　鑫　钱宇坤

灾后社会日常生活空间的地方型塑
——以北川新县城为例
雷天来　著
上海大学出版社出版发行
（上海市上大路99号　邮政编码200444）
（https://www.shupress.cn　发行热线021-66135112）
出版人　余　洋
＊
南京展望文化发展有限公司排版
上海新艺印刷有限公司印刷　各地新华书店经销
开本 787mm×960mm　1/16　印张 13.25　字数 217千
2025年2月第1版　2025年2月第1次印刷
ISBN 978-7-5671-5197-0/D·267　定价 68.00元

版权所有　侵权必究
如发现本书有印装质量问题请与印刷厂质量科联系
联系电话：021-56683339

摘　要

北川新县城作为中国当代唯一一处灾后异地整体安置的县城,具有独特的时代价值和研究意义。北川新县城的建设,主要基于科学主义和理性主义的规划和设计,缺乏对地方社会地方性知识和"地方感"的容纳和呈现,这就不难理解为什么在新县城会出现明显的"地方—空间紧张"(place-space tensions)关系。本研究即是一项立足于中国本土情境的灾后社会研究,以"地方—空间紧张"关系作为分析框架,对北川县城重建至今的一系列演变进行微观考察,重点考察北川人如何通过日常生活实践对北川新县城进行认知或重新分配,并为之注入情感与意义,从而形成新的"地方感"。

本书由绪论、正文、结论及参考文献等部分组成。

第一章"绪论",从说明选题缘由和研究意义开始,对"空间""地方"相关概念及两者的关系进行梳理和讨论;通过对国内外相关研究进行梳理,论述日常生活视角于"地方"研究的重要性,指出本研究在学术层面的突破;对相关研究方法以及田野点的选择等进行说明。

第二章"北川县城的历史地理沿革和城镇空间图景",通过追溯北川老县城空间形成的历史,探讨老县城为当地人提供的身份归属和情感维系价值。而2008年的特大地震在摧毁北川老县城物理空间的同时,也摧毁了当地人习以为常的生活空间,为北川人的未来生活带来无数不确定性。

第三章"被'赠予'的城镇空间:新县城的规划和重建",对震后北川重建工作进行了系统的梳理和介绍,北川新县城的自然地理环境、区位格局、城镇面貌均实现"升级",与老县城产生强烈对比。源于国家权力和专家系统的话语和要求对新县城未来发展进行框定,并间接对城镇空间秩序和生活秩序提出更高要求,从而使空间商榷和文化调适成为北川人未来生活的重要主题,也意味着失去"地方"(家园)的北川人面临"地方"(家园)再造的问题。

第四章"去'地方化'与再'地方化':'占道菜场'空间的生成与演变",围绕新县城一处"占道菜场"展开讨论,对"占道菜场"的去留问题如何逐渐成为各方角力的焦点进行解释,指出"占道菜场"与地方传统集市相仿,其方位及其所带有的人气、热闹等特质,贴合北川人关于集市的记忆、认知和想象,而这种特质是政府规划中的公共菜场所不具备的。"占道菜场"作为灾后社会情感世界的依托,长期以合理不合规的状态存在于北川人的日常生活中,富有认同感和归属感的新的"地方"正由此产生。

第五章"抗震纪念园的空间规划、意象及使用争议",呈现的是灾后公共纪念空间——抗震纪念园的规划过程、使用情况及意象争议。新县城建成并移交北川后,抗震纪念园迅速转型为市民公园和地方文旅空间,难以发挥灾害纪念、慰藉灾民等价值。中国政府是灾害纪念空间建设中的绝对主体,其建设物质性的纪念空间的行动背后,也将展示抗灾、救灾和重建等阶段的成就作为空间营造重心。地方政府作为实际管理方,往往会根据地方综合发展需要,来调整灾害纪念空间的使用策略,而抗震纪念园转型为公共休闲空间,更符合地方经济社会发展的需求,园区纪念性价值从而被进一步淡化。灾后特定的社会心态维护且发展了重建空间的道德秩序,北川人或主动或被动地成为支持抗震纪念园日常性建构的力量。为满足社会祭奠需求,开辟于县城偏僻处的多处违规祭祀空间则属于北川政府与北川人相互妥协下的产物。

第六章"广场空间的舞蹈实践与'地方'社区秩序的生成",主要围绕北川人学习羌族舞蹈萨朗并由此建立有关"社区"的地方感展开论述。地震后,萨朗舞成为国家向灾后重建空间中"注入"的标志性羌族文化。随之而来的是,北川人"真假羌族"以及萨朗舞真伪等问题长期在北川社会发酵。但在地方政府有意开展的社区舞蹈日常教习实践中,北川人眼中的萨朗舞逐渐不止于舞蹈本身,它还是培育地方社区归属感和维系社区秩序的"中介"。通过萨朗舞日常教习活动,社区广场也成为新县城安置社区中新的公共活动中心和社区治理结构中的重要空间,使社区真正成为人们确认自我身份归属的重要纽带。

第七章"总结与讨论",具体分析北川人"地方感"生成的主要维度,指出灾后社会"地方—空间"关系的特殊之处。从北川的案例中可以看到,"地方—空间"未能避免紧张关系,"地方感"的维系理应成为城镇规划设计时应考虑的面向。研究认为,需以微观视角正视和理解灾后重建社会的"地方—空间紧张"关系,只有这样才能更好地发掘空间之上"地方"存续的价值,从而弥补权力、资本层面空间生产的种种不足。

目 录

第一章　绪论 ·· 1
　第一节　研究背景与问题的提出 ······························ 1
　　一、研究背景 ·· 1
　　二、问题意识 ·· 2
　　三、研究意义 ·· 4
　第二节　理解"地方—空间"关系 ······························ 7
　　一、"地方"与"空间"在思想脉络中的分歧与发展 ············ 7
　　二、日常生活研究视野下的"空间"与"地方" ················ 10
　　三、日常生活之上的"地方感" ···························· 13
　　四、相关研究综述 ······································ 16
　第三节　研究方法与资料来源 ······························ 26
　　一、研究方法 ·· 26
　　二、田野点的选择 ······································ 28

第二章　北川县城的历史地理沿革和城镇空间图景 ·············· 30
　第一节　北川县地理区位和历史沿革 ························ 30
　第二节　北川老县城日常生活空间图景 ······················ 32
　第三节　地震后的北川老县城空间 ·························· 34

第三章　被"赠予"的城镇空间：新县城的规划和重建 ············ 36
　第一节　新县城空间的重建与规划 ·························· 36
　　一、重建：选址 ·· 36
　　二、重建：规划与定位 ·································· 38

第二节　新北川县城空间图景 ································· 42
　　　　一、城镇空间边界 ··· 42
　　　　二、安置小区空间 ··· 44
　　　　三、城镇街道空间 ··· 46
　　小结 ··· 47

第四章　去"地方化"与再"地方化"："占道菜场"空间的生成与演变 ········ 49
　　第一节　去"地方化"：规划空间与违规空间的"交锋" ········ 49
　　　　一、"占道菜场"：一个"违规"空间的初现 ··············· 50
　　　　二、北川人：城镇空间秩序的"捍卫者" ················· 54
　　　　三、选址与协商：新的公共菜场的规划与落成 ········· 56
　　第二节　再"地方化"："违规"空间的合理化进程 ············ 59
　　　　一、"违规者"群体的"道义"资源与空间诉求 ·········· 60
　　　　二、空间秩序"捍卫者"诉求的变更 ······················ 63
　　　　三、多方协作：违规空间的"合理化"改造 ············· 73
　　第三节　"菜场"亦"集市"：灾后重建空间上的地方文化逻辑 ········ 80
　　　　一、地方传统集市的时空演变 ····························· 81
　　　　二、集市空间于灾后地方社会的意义 ··················· 87
　　小结 ··· 101

第五章　抗震纪念园的空间规划、意象及使用争议 ··············· 105
　　第一节　北川抗震纪念园建设始末 ······························ 106
　　　　一、规划设计 ·· 107
　　　　二、空间深描 ·· 110
　　第二节　灾害纪念空间的再生产及其现实功用 ·············· 117
　　　　一、大型活动空间 ·· 117
　　　　二、日常休闲空间 ·· 119
　　　　三、商业活动空间 ·· 121
　　第三节　灾后重建空间何以达成"纪念"？ ···················· 124
　　　　一、不同主体与纪念空间感知分歧 ····················· 126
　　　　二、纪念空间中个体性符号的缺失及其根源 ········· 133

三、个体化哀悼的空间困境 ·· 137
　小结 ··· 143

第六章　广场空间的舞蹈实践与"地方"社区秩序的生成 ········ 146
　第一节　移植来的羌族文化：萨朗舞于北川县城空间的发展图景 ······ 148
　　一、北川地区羌族历史与复杂的族群认同 ····················· 148
　　二、萨朗舞于北川县城空间的"在地化"过程 ················· 150
　第二节　社区广场空间与萨朗舞日常实践 ····························· 153
　第三节　社区广场空间日常舞蹈实践与"地方"社区感知的形成 ······ 159
　　一、社区广场空间中的舞种冲突 ································ 160
　　二、作为国家权力实践场域的社区广场空间 ··················· 162
　　三、社区广场空间："地方"认同重构的载体 ··················· 166
　小结 ··· 171

第七章　总结与讨论 ·· 173
　第一节　灾后重建视角下"地方感"的形成机制 ····················· 173
　　一、物理空间和"安全感"的建立 ································ 174
　　二、集体记忆：延续不断的"地方经验" ························ 177
　　三、调适与协商：灾后异地重建下的日常生活空间实践 ······ 180
　第二节　回应"地方—空间紧张"关系：对灾后重建的若干反思 ······ 182
　　一、有关"国家空间"的社会想象 ································ 183
　　二、基于灾后空间重建之上的地方再造 ························ 186
　第三节　研究展望与不足之处 ··· 188
　　一、研究展望 ··· 188
　　二、不足之处 ··· 193

参考文献 ·· 195

第一章
绪　论

第一节　研究背景与问题的提出

一、研究背景

对于长期处于社会转型期的中国而言,灾后社会"从无到有"的过程往往更能体现出社会本质。当代中国灾后重建力度之大世界罕见,"举国之力"下的重建模式使灾后社会呈现出独特的社会生态面貌。2008年5月12日汶川特大地震发生后,中国政府随即提出"再造一个新北川"的决策和部署,在中国城市规划设计院的统一规划和山东援建方的协作下,不到三年时间,被冠以"中国羌城、大禹故里、大爱北川"称号的新县城于异地建成。

北川新县城以其宏大的建设规模、统一的建筑风貌以及明确的功能区域划分,显著超越了同期中国众多县城的平均建设水准,成为一个时代建设的典范。其空间布局并非源自民众日常的点滴积累与实践,而是基于前瞻性的规划预先设定。2011年夏季,笔者初次踏入北川新县城之时,此地尚是一片待兴的热土,居民尚未迁入新居,偌大的县城内,唯有几处工地灯火通明,紧张施工,其余区域则略显空旷与寂寥。然而,即便在这样的建设初期,县城内外悬挂的标语与横幅,字里行间洋溢着积极向上的精神风貌,振奋人心,仿佛在向世人宣告:这座在异地重生的城镇,必将拥有一个光明而值得期待的未来。国家的规划视野,显然不仅仅局限于建筑外观与城镇规模的物理层面。时至2017年至2018年间,笔者以研究者的身份重返北川,发现这片土地已悄然蜕变。大街小巷,社区广场,处处可见对北川新县城"地方身份"的定义,诸如"国家5A级旅游景区""宜居县城""大爱北川""羌族自治县"等标识,不仅彰显了其独特的文化定位,也映射了国家与地方共同塑造的现代化愿景。这种自上而下的规划与定位,深刻地影响了当地民众的认知,一句在当地广为流传的话语——"政府让北川进步了二三十年",生动而直观地表达了北川新县城带给当地人的震撼与自豪。

当然,物理空间的重建仅仅是灾后重建历程中的一个重要里程碑,它标志着重建工作的一个阶段性成就,而远非灾后重建的终结。以北川新县城为例,即便其建设已圆满落幕,也并不意味着北川人民能够即刻回归往昔的宁静生活。灾后特定的行政逻辑,如应急状态下民众自主权的暂时让渡,与日常生活的自然逻辑之间存在着不容忽视的错位;同时国家层面的重建逻辑与地方实际管理逻辑之间亦存在摩擦与调适。这些因素的共同作用,使得北川人的日常生活至今仍然与"灾后重建"这一独特的社会语境紧密相连。从灾民的角度出发,灾后重建是一个涵盖广泛且深远的日常生活实践过程,远非一朝一夕所能完成。他们深刻感知到,在重建后的空间布局中,生活方式已悄然发生了结构性变迁,这种变迁不仅体现在物质层面,更深刻地影响着精神与文化的维度。因此,对于重建空间的接纳与认同,并非一蹴而就,而是一个逐步适应与内化的过程,其间伴随着诸多挑战与调适,延缓了灾民全面开启新生活的步伐。

因此,讨论北川灾后重建空间与地方社会真实需求之间的落差,是一个极有意义的话题,它既可展现出中国灾后重建空间中特有的社会生态面貌,也可从灾民日常生活的空间实践中发现最为本质的社会问题。本研究试图基于民俗学学科视角,观察灾后重建空间中隐蔽于灾后移民生产生活、社会交往、思想观念等背后的"感觉空间",以此来呈现北川新县城背后的真实面貌。霍米·巴巴(Homi K. Bhabha)在《文化的定位》(1994)一书中说,任何一个地方在今天的社会背景下都可以成为新的中心和一个新的认识世界的窗口。那么,我们或许可以将新北川视为透视中国社会转型期间灾后重建的一个窗口。

二、问题意识

北川新县城作为中国当代唯一一处灾后异地整体安置的县城,具有独特的研究意义和价值。政府官员、城镇规划和建筑设计的专家等协作建起一处看似合理的物理空间,但这一空间却缺乏对地方社会地方性知识和"地方感"①的

---

① 地方性知识中的"地方"(local)是价值体系与观念图式的相对性确认,而地方感中的"地方"(place)是对特定社会时空组织形态及其承载的情感意识的体验与感知,是社会关系与集体意识的场景性呈现(张原《从"乡土性"到"地方感":文化遗产的现代性承载》,《西南民族大学学报(人文社会科学版)》2014年第4期)。

容纳与呈现,这就不难理解为什么北川新县城会出现明显的"地方—空间紧张"(place-space tensions)关系。

本研究为一项立足于中国本土情境的灾后社会研究,以"地方—空间紧张"关系作为分析框架对研究地点重建至今的一系列演变进行微观考察,关注北川人于新县城空间的日常生活,考察北川人如何通过日常生活实践对这一被"赠予"的空间——北川新县城进行认知或重新分配,并为之注入情感与意义,以至形成新的"地方感"。本研究试图在经验层面增加关于中国灾后社会的研究,探索北川在灾后重建后的社会生态及变迁,对其内在机理给予审视和思考。

本研究是一项根植于中国本土情境下的灾后社会研究,采用"地方—空间紧张"这一框架作为分析工具,对北川新县城自重建以来的演变历程进行考察。致力于在经验层面丰富中国灾后社会研究的深度,通过对北川灾后重建后社会生态的细致描绘与变迁轨迹的深入探索,揭示其内在的运行机理与复杂逻辑。从中试图理解,在灾后重建的大背景下,北川人民如何在国家规划与地方实际、传统习俗与现代变迁等多重因素的交织中,通过日常生活实践不断调适与重构自己的生存空间,进而实现对北川新县城进行认知重构与意义赋予,展开情感的注入与地方感的重塑,型塑出一个既具有时代特色又蕴含深厚地方情感的新北川。

本研究将对如下具体问题展开讨论:

第一,"地方"往往经由人们于空间中的日常生活实践而实现,其为地方社会提供了一定的身份认同,对地方社会有着特定的价值。对此,学界通常用"地方感"一词来形容和概括这种特殊的人地关系。而在灾后重建这一社会快速变迁的背景下,北川新县城在当地人的日常生活中被使用和改造,他们认可了新县城物理空间的哪些方面,搁置、排除了哪些方面,人们如何一步步适应新的城镇空间,从而展开"地方"再造和再获"地方感"的过程?

第二,空间中的权力关系一直是研究者所关注的重点。时至今日,北川新县城各处都存在着不同程度的"地方—空间紧张"关系,这种关系是通过怎样的空间过程来体现的? 地方社会在对给定空间进行再生产的同时,其能动性是如何体现的? 而"地方"意义又是如何被赋予的?

第三,北川新县城作为"5·12汶川特大地震"后最大的异地安置点,灾后重建社会有着独特的社会生态及意义。如今,北川县政治、经济、文化等多领域依然以灾后重建规划蓝图中所设计的路线为参照,而这种特殊性如何影响"地方"的型塑过程以及如何与北川人的日常生活产生互动?

三、研究意义

（一）现实意义

本研究在经验层面上增加人文社会科学关于中国灾后社会的理解和通过观察灾民对于重建空间的感知，梳理灾民如何通过空间适应、改造、协商，从而展开地方再造的过程。

第一，本研究对当代中国灾后重建的意义和价值所在进行了深度思考。

自2008年以来，中国经历了一系列重大自然灾害，如南方雪灾、汶川特大地震以及青海玉树地震等。这些灾害不仅造成了巨大的物质损失，也深刻地影响了中国人的灾害意识和心理。在中国社会体制的独特背景下，国家迅速介入救灾和重建工作，在灾区的社会稳定与经济恢复方面发挥了不可替代的作用。灾后重建不仅是一个物质恢复的过程，更是一个社会、政治、经济、文化和心理重建的综合过程，集中体现了一个国家或地区的社会制度、政治制度、经济手段、文化脉络和思维方式等方面的特点。在重建过程中，国家顶层、规划者、学者等各方力量都寄予了对灾区未来发展的期望，同时也展示了中国人对现代生活的美好想象。

然而，这种单方面的介入也带来了诸多社会生态的变化，形成中国灾后社会的鲜明特征。特别是在那些被设定为"先进""科学""宜居"的重建空间中，一些特定的问题逐渐显现。这些问题可能源于重建规划与实际需求的脱节，也可能源于社会结构与文化传统的冲突。因此，我们需要从"现代性反思"的视角重新审视当代中国灾后重建，通过小地方来管窥大社会，发现"地方"重建之复杂性、历史性、动态的内外权力交互关系等，从而为今后灾后政策的制定以及灾后重建工作提供参考。

第二，本研究立足于普通人的日常生活实践来理解中国社会转型，让普通民众成为中国社会转型的解说者和践行者。

就民俗学的日常生活研究而言，应主动揭示社会结构性和能动性之间的张力，尤其需要关注个体或者群体所展示出来的创造潜力。民俗学早期多关注民俗事象或民间文学等，20世纪80年代前后，民俗学界开始将研究独立民俗事象转向研究包括民俗事象及其背后的民俗生活，直面当下社会民众的日常生活实践,考察日常生活实践中的传统与现代、微观的日常生活与宏观的社会文化体系等等。这一研究范式的转移背后,是整个民俗学界问题意识、研究方法和研究理念的转型。

当下,民俗学关注"日常生活"研究,其实质建立在让人的自由权利得到更充分的保障、自由能力得到更充分的发展之上。特别是在新技术条件不断更新、现代化进程飞速发展的当下,人们的日常生活正面临着新的严峻挑战。从某种意义上看,现代化进程的推进过程,也是"日常生活"被肢解的过程。当今中国社会发展非常迅速,人们日常生活也因此发生巨大的变化。而当下的灾后重建自然也会与这个时代的政治、经济、文化、审美等发生方方面面的关联,甚至发生更为剧烈的碰撞。以往灾后社会研究多由政治、经济等宏观视角出发,追问中国社会的种种逻辑,但具有基础性、普遍性、根本性地位的普通民众的日常生活,却需要微观视角去挖掘和见证,不能任其为中国社会转型期间的各类宏大叙事所遮蔽。因此,民俗学对于灾害的研究也绝不限于灾害本身,而是以不同于其他学科的独特视角,更为关注一个更具有广泛意义的问题,即普通意义上的灾后重建对于中国人生活的意义。"日常生活"这一独特视角也可从更为微观的角度记录和认识这一独特的历史进程。

因此,我们可将北川新县城视为透视现代中国灾后社会重建以及中国社会转型的一个窗口,关注"灾民"回归"居民"、"灾后生活"回归"日常生活"过程中所产生的种种社会现象之规律和特征。

第三,早期的灾害研究对于灾害社会的关注通常集中于灾后救援、物资发放、临时安置、重建规划等短期的社会现象。相对而言,对于由灾害引发的长期的社会问题关注较少。事实上,灾害常常对社会与文化变迁起到重要作用。民俗学、人类学比其他社会科学更加关注灾害对社会长时间段的影响,尤其是将受灾社会作为一个整体进行观察和讨论,如将信仰、权力、组织、习俗等纳入考虑范围。本研究通过为期一年的田野调查,在经验层面上为灾害研究增加具有纵深度的田野案例,也期待研究成果能对于中国灾害研究具有一定的参考价值。

(二) 理论意义

本研究将"地方""地方感"概念和"地方—空间紧张"关系这一分析结构纳入民俗学灾害研究范畴,关注民众的身体性感受,通过对民众感觉和经验的深描和分析,加深关于灾后社会变迁的理解。

自近代以来,努力追求走上"现代化"的道路始终是几代中国人为之奋斗的目标。改革开放后,中国社会文化、城乡迁移、城市化等发展和变迁的速度、规模,可谓举世瞩目,时代变迁使中国人关于空间与地方的差异感知尤为敏感。正如汶川地震后,新北川超前的城镇空间规划与中国人的现代化追求过程相伴而生、与中国社会的变迁紧密相连。然而,在当今大力倡导"以人为本"的时代背景下,如果我们忽视灾后重建与社会、政治、经济、文化和自然条件的复杂关系,甚至放弃对灾民体验的关注,那么灾后重建的意义和价值便会大打折扣。因此,本研究把城镇空间作为一个生产"地方"的容器,从其间展现出的政治、经济、文化、习俗等面貌中了解地方社会,发现重建空间对于北川人产生的意义,探讨他们如何平衡认识和使用"赠予"重建空间,在其背后有着怎样的行为和文化逻辑。

在以往的研究中,西方人文地理学者(如段义孚、哈维等)多将"地方"视为特殊意义所在,这也是其有别于"空间"之处,两者存在辩证的相互依存和转换关系。而关于两者关系的讨论以及实证研究,在中国学界却少有提及。实际上,在中国现代化进程中,各地都会呈现"地方—空间紧张"关系,人们"地方感"的丧失和对"地方"的追求亦成为常态。从某种意义上来说,民俗学、人类学关于"乡愁"的讨论也属于是这类关系呈紧张化的折射。正如张原认为,依托于特定的社会关系与实践领域而形成的"地方感",能将人们的身份归属意识、社会集体记忆、精神价值投射再现于特定的空间场所与行动实践之中。所以,当中国社会的"乡土本色"不可避免地褪去之后,重建"地方感"的努力已成为人们应对社会现代性转型的一项重要实践[①]。然而,民俗学、人类学以往多着眼于空间生产背后的权力关系,较少从"地方感"生成的角度切入关于"地方—空间"关系的讨论。"地方—空间"关系的讨论不仅对于城镇空间、社区治理、身体感知等相关研究具有理论指导意义,也对城镇规划和灾后社会日常生活等研究具有参考价值。

此外,以往关于"地方感"的研究中,容易将重心置于"地方"的形成过程,而"空间"则趋向隐蔽。如段义孚虽然提出要将"地方"置于"空间"同等的地位,但

---

① 张原:《从"乡土性"到"地方感":文化遗产的现代性承载》,《西南民族大学学报(人文社会科学版)》2014年第4期。

其关于"地方"的研究中,"空间"则相对接近于一个纯粹的物理空间。在本研究的论述中,将城镇空间本身的生产过程也纳入讨论,指出其与"地方""地方感"的形成、塑造有着密切的关联。

综上,本研究在"地方—空间紧张"关系的讨论中,观察灾后社会"地方感"的形成,考察日常生活与空间、地方三者之间的关系以及背后的权力运行,亦从人本主义和个体感受等角度思考灾后重建如何予人以关爱的问题,以彰显民俗学学科之价值。

第二节 理解"地方—空间"关系

一、"地方"与"空间"在思想脉络中的分歧与发展

20世纪中后期,人文社会科学经历了令人瞩目的"空间转向",尤其是社会学家对于城市空间的研究得到有效进展,并取得重要的研究理论成果。在空间研究领域中,极为经典的论述来自亨利·列斐伏尔(Henri Lefebvre)的《空间的生产》,该书推动社会学界实现研究的"空间转向",使空间要素成为普遍性社会理论。作为马克思主义社会理论的拥趸者,列斐伏尔对空间本体论进行重申,提出要从关心"空间中的生产"转向"空间的生产"(the production of space)[①],将研究中的空间从"自然属性"中解放出来,转而将空间视为社会的产物,空间成为社会关系的中介,并与社会关系互相转化、相互生产。社会关系在空间中延续,而人们也会根据自身需要从社会关系中生产出空间。在此基础上,列斐伏尔提出一个完整的空间认识和分析框架,即由"空间实践"、"空间的再现"和"再现的空间"三个面向组成的空间三元论。"空间实践"(spatial practice)是属于感知的一类空间,不同社会会形成特有的空间模式,也会有不同的空间生产和再生产的过程。可以说,"空间实践"是"空间的再现"和"再现的空间"的基础。"空间的再现"(representations of space)界定的是"构想概念的空间,是科学家、规划师、都市计划师、技术官僚与社会工程师的空间……这是任何社会(或生产方式)里的支配空间"[②]。"空间的再现"与资本主义生产关

---

① 包亚明:《现代性与空间的生产》,上海教育出版社2003年版,第47页。
② Lefebvre H., The Production of Space, Oxford UK & Cambridge USA: Blackwell, 1991: 38.

系密切相关,也是列斐伏尔所批判的一类空间。"再现的空间"(representational spaces)则是居民所存在和使用的空间,也相当于研究中经常提及的日常生活空间。列斐伏尔空间生产理论是对空间背后的历史性、社会性的强调,是对空间背后各种权力的深思。空间作为社会组织的基本维度,如何控制和使用空间成为思考社会权力和社会制度的一个路径。《空间的生产》成书时期为20世纪70年代,这是资本主义社会生产力飞速发展的时代。列斐伏尔认为,当空间普遍成为现代资本主义生产关系中的一环,资本主义则依靠空间生产来获取发展,如城市面积大肆扩张成为人类社会的常见现象。资本主义也通过对空间注入意识形态和政治权力,逐渐使差异变得同质化,使人们为各种空间规则所支配,最终导致社会矛盾的爆发。总而言之,列斐伏尔的空间观念充斥着对资本主义无序发展的批判。

米歇尔·福柯(Michel Foucault)同样非常重视当代城市生活中空间的价值,与列斐伏尔的分析不同,他将空间研究引入更为微观的现实空间中,如监狱、医院等空间。他认为,这些因规划而成的空间中承载着的各种权力和知识,空间实际上是权力的隐喻,最终都会变为现实中的权力从而对人产生影响,即"某种空间形态的持续所指向出的是某种权力配置的持续"[1]。与列斐伏尔过于结构主义的空间观点不同,作为"后结构主义"哲学理论的引领者,福柯更为关注空间权力下社会底层群体的生存状况,也倾向于认为社会中的种种不平等是通过现实生活中的景观、知识、建筑来体现的,这也为社会学和人文地理学的空间研究带来更为人本主义的视角和观念。

福柯和列斐伏尔等学者对于空间研究的推动,充实了空间研究的内涵,使其成为人文社会科学研究的重要领域。此后,社会学空间研究从相对空间、绝对空间走向身体空间,从经验空间、先验空间走向亲历空间,从客观空间、主观空间走向关系空间成为研究的主要趋势[2]。在此研究趋势中,空间被视为"社会关系重组和再生产的过程",也是"具有生成性的、社会秩序实践性的建构过程",更是"一个具有行动能力的活的实践空间"[3],基本确立了空间的社会性和实践性本质。而社会学空间研究对人本主义的强调,与人文地理科学对于空间

---

[1] 包亚明:《现代性与空间的生产》,上海教育出版社2003年版,第1~17页。
[2] 文军、黄锐:《"空间"的思想谱系与理想图景:一种开放性实践空间的建构》,《社会学研究》2012年第2期。
[3] 文军、黄锐:《"空间"的思想谱系与理想图景:一种开放性实践空间的建构》,《社会学研究》2012年第2期。

的认知趋势相近,从而为两大学科的对话提供了思想层面的支撑。

在人文社会科学早期研究中,"地方"常被囊括在"空间"概念中而被讨论,空间被认为是"地方","地方"被认作空间。20世纪70年代后,空间与地方两者之概念、意义和指向出现分野,地方概念提出的背景同样源于资本主义大肆扩张下空间资本化的现实,同质化的空间生产引发人文地理学者的忧虑。于是,作为学术概念和自觉意识的"地方"由西方"历史地理唯物主义"人文地理学者开启,他们普遍注重人在空间中的主观体验以及人与地方间的共生关系,探寻"地方"对于人类社会的意义。

在有关"地方—空间"关系的讨论中,"空间"常被用作指代物理空间或意味着一类"容器"(当然,这类物理空间或"容器"本身便处于社会生产之中)。在空间"容器"中,空间"容器"之上的监视者与社会个体之间存在严重的不平等和差异,社会个体随时承受监视与规训。在此过程中,空间成为资本主义霸权得以运行的工具,空间霸权推行的主旨便是一再强调差异,尤其是"展示'可见'的经济性'差异'",而在本质上则是一种时间先后的差异[1]。相较空间概念,"地方"是一个观念性、人文性和社会性的概念。人文地理学的"地方"认识主要受存在主义哲学和现象学所影响,自下而上地理解社会个体于空间中的实践,成就个体实践中的"空间",而非作为规训工具的"空间"。由于个体实践带有"时间整体性",它使"空间"得以自下而上地凸显,这就打破资本主义"空间霸权"所附带的时间先后差异,由此带来具有"时间整体性的空间"——"地方"[2]。

人文地理学的"地方"与"空间"既有着明显的差异,又可相互转换,而两者之间的差异性常常成为讨论的焦点。段义孚是将空间(space)和地方(place)概念进行区分的先行者,段义孚的空间概念更接近于物理空间,其包括自然环境生成的自然空间、不同文明建构的神话空间,也包含我们生活于其中的物理空间,如房屋、道路、城镇等。段义孚认为,"空间"的属性包括"自由""开放""危险"等,"地方"则是感知价值的中心,它是相对安全的、封闭的,是随着人的停驻和感知而产生的。他指出:"地方可以像房间里的角落一样微小,或者和地球一样庞大:地球是我们在宇宙中的地方……多数的地方定义显然都很武断。地理学家倾向于认为地方像个聚落般大小:里头的

---

[1] 耿波、张安琪:《何谓地方:现代性视野中的"地方"思想》,《民俗研究》2015年第5期。
[2] 耿波、张安琪:《何谓地方:现代性视野中的"地方"思想》,《民俗研究》2015年第5期。

广场或者也算是个地方,但个别房屋通常不算是地方,壁炉旁边的老旧摇椅肯定也不是。"① 段义孚关于"空间"与"地方"的区分相对笼统,相比之下,大卫·哈维(David Harvey)对于"地方"的认知则较为具象,如哈维认为"地方"之所以从"空间"中被鉴别出来,是因为地方往往具有确切的名称和清晰的边界,如某某道路、某城市,会让人第一时间感受到它的边界所在,也会让人产生特定的印象。而"空间"则相对含糊,比如,"村庄"是一类空间,但它并非为人所定义的"价值的中心",也不具备明确的边界②。

此外,在段义孚看来,空间"没有定型且难以捉摸,也不会是能够直接描述和分析的实体。然而,我们可以感觉到空间,或能够解释空间,几乎总是会有一些相关的地方感(place consciousness)或地方概念。一般说来,空间似乎为地方提供了脉络。"③而正因为空间的生产,"空间"才会有成为"地方"的可能性,"地方"建立于空间的生产之上。

"空间"与"地方"两者相互区别又相互转换,也给予人文地理与社会学、人类学、民俗学等学科达成互相借鉴和交流的基础。尤其为人文社会科学带来一系列新的概念,关于空间与地方关系的讨论不断涌现,如"区域性、地方感、视觉性、场域性、感性秩序和象征性秩序"④等新的概念充斥在近年的研究中,成为多个学科关注的热点。

二、日常生活研究视野下的"空间"与"地方"

日常生活是一个跨学科的研究领域,即使在某一专门学科对日常生活的研究中,往往也会混合采用其他学科的观点与视角。从日常生活的角度来理解"空间"和"地方",将纷繁复杂的社会现象置于日常生活的视野之下,是一种自下而上的微观视角。

日常生活视角之所以可以介入"地方—空间"关系讨论,是因为上述学术概念有着相近的哲学理论渊源。哲学是最早对日常生活进行研究和反思的学科,自 19 世纪末起,实证主义思潮兴盛,科学主义颇受追捧,人们将科学视为主宰

---

① (美)段义孚:《空间与地方:经验的视角》,王志标译,中国人民大学出版社 2017 年版,第 36 页。
② David Harvey, Justice, Nature & the Geography of Difference, Cambridge: Blackwell Publishers, 1996: 293.
③ (美)段义孚:《空间与地方:经验的视角》,王志标译,中国人民大学出版社 2017 年版,第 37 页。
④ 文军、黄锐:《"空间"的思想谱系与理想图景:一种开放性实践空间的建构》,《社会学研究》2012 年第 2 期。

世界的力量,甚至对其进行神化,从而导致真正的理性主义受到曲解,尤其是忽略了人于科学世界的价值。埃德蒙德·胡塞尔(Edmund Husserl)认为,生活世界在实证主义思潮中被遗忘,片面的理性化会引发人类社会的危机。而科学世界、工具理性的泛滥导致现代性泛滥、日常生活异化、消费主义世界,人则被这个世界剔除。生活世界是"通过知觉实际地被给予的、能被经验到的世界"①,是主观构造的世界。由于生活世界由人来创造和展演,因此,对于人而言,生活世界较科学世界更具备意义和价值,人应该回归生活世界。简言之,胡塞尔的生活世界是"在先验世界和科学世界之前的带有总体性和原始性的日常生活世界"②。

就"日常生活世界"与"生活世界"这两个概念而言,它们的关系相当密切,也常引发混淆。在许茨看来,日常生活世界与生活世界存在着一定的差异,即日常生活世界是经验的世界,并由经验世界生产出社会实在。因此,相对胡塞尔所提出的、被质疑为"主观世界"的生活世界,许茨的日常生活世界是一个符号世界,是自在的、反思的、经验的、重复的生活世界,它包括物质生活、精神生活以及日常、非日常生活,也就是人们于现实中所感知和触碰的世界,更是人们应回归的世界。

随着日常生活理论的不断发展,对于日常生活的关注,使社会科学从对于社会文化的客观性价值转向对个体的强调,并引发社会科学对于微观社会的聚焦,尤其是日常生活中的民众的反思性和创造性得以被发现。在马克思"异化"理论的基础上,列斐伏尔的《日常生活批判》则更为具象化地体现出日常生活与工具理性、现代技术等交融时呈现的不断异化现象。在列斐伏尔看来,建立于工业文明之上的现代性与日常生活之间呈现正面冲突,同时也共存于一个难以分离的结构中。因为异化问题在政治、经济、文化等领域中,以压倒性的优势并全面地渗透日常生活领域,这与人们惯常认为的、自在的"日常生活"存在极大的差异。从另一个角度说,现代性要求高效、理性、快速,这实际上是对日常生活的取代,甚至整个社会被划分为无数专业领域,在这些专门领域中,日常生活被不断驱逐和剔除,其合理性也被忽略和否定,最终导致全社会在被异化的日常生活中逐渐迷失和产生失落。因此,列斐伏尔的"日常生活"研究是对社会个

---

① (德)胡塞尔:《欧洲科学危机与超验现象学》,张庆熊译,上海译文出版社1988年版,第58页。
② 周全明:《日常生活与生活实感——钟敬文先生关于民众日常生活的思想及其启示》,"民俗学'日常生活'转向的可能性"论坛会议议程及论文集,2016年,第64页。

体未被现代社会异化的领域的关注和挖掘。

日常生活的表面往往显露出细碎、重复、简单的特征。实际上，日常生活在被异化的同时，也在不断适应社会的进程并产生相应的发展变化。与此同时，人们在日常生活中也具备一定的能动性。比如，当他们在面临快速城市化的进程中，会通过种种富有创造性的方式和手段来维系自己与传统价值、传统生活方式之间的关联。在列斐伏尔的空间研究中，他直指空间中存在革命性的力量，这种力量便来源于民众的日常生活。在列斐伏尔之后的法国思想家德赛托（Michel de Certeau），一方面继承了列斐伏尔关于空间与日常生活的思想。另一方面，他也以更为微观的视角对日常生活中的空间进行积极评价，他认为"只要存在权力，便有反抗的可能性"[1]，民众正是通过日常生活实践，对社会空间进行颇具创造性的占据。

让我们回到"空间"和"地方"的讨论中，日常生活研究视角的介入恰恰开启了对地方意义的追问。早先人文社会科学研究中，空间与地方常常是被视为一体的，或者说，地方是经常性被忽略的。而经段义孚等对于"地方"进行阐释后，"地方"开始"独立"于空间而存在，更为重要的是，"地方"所包含的人本主义思想本身也是对资本主义空间生产的一种反抗。一方面，"空间"议题在现代城镇建设中具有举足轻重的地位，其不可避免地受到现代科学规划逻辑和理性主义的影响，地域文化的丰富性和差异性以及个体价值、个体差异都在空间规划和建设中受到威胁，甚至被隐藏和吞没。比如，城镇空间的阶层分化中便常出现规划的"身影"。另一方面，"地方"之异化成为一种常态。正如哈维所指出的，在全球资本主义语境下，空间问题于"地方"中聚集，"地方"和"空间"一样，均经由物质与过程而被生产出来[2]。权力和资本在主导物理空间生产的同时，往往也会将他们理念中的"地方"话语隐藏在"空间"中，形成对"地方"的生产。比如，通过各种非地域经验的符号来对"地方"进行诠释，由此对地域社会进行影响和控制。因此，只有通过对这类"地方"的反抗，方能避免真正的地方沦为权力和资本的附庸。而日常生活研究可发掘为现代空间所隐蔽的社会意义，关注"空间"成为"地方"之过程中的意义赋予，以探寻"空间"过程和"地方"再造的内

---

[1] Michel Foucault. Philosophy, Culture: Interviews and Other Writings, 1977–1984. New Your: Routledge, 1988: 123.

[2] David Harvey. Cosmopolitanism and the Geographies of Freedom. Columbia University Press, 2009: 167.

在动力。

如何透过日常生活视角看待"空间"与"地方"的差异呢？"地方—空间"关系研究并非为了论证地方对于人类社会的意义高于空间，而是指出两者间存在极其紧密的相互依存和互相转换关系。泰勒提出关于空间还是地方的认识取决于不同的视角，"任何一个特定区域潜在地既是地方，也是空间。因此，空间生产者(space producer)和地方创造者(place maker)之间的关系就构成了'地方—空间'"关系[①]。"地方—空间"关系经常被作为一个隐形的分析框架存在于各类空间实证研究中：一类是广义的"地方"，社会成员对其并没有多少直接的感觉体验，这类"地方"以"现代民族——国家为代表：作为国家，它确定和承认主权边界，因此国家是空间生产者；作为民族，通过形成'想象共同体'的过程，国家的主权领土被转化为神圣祖国，空间转化为'想象的地方'"[②]；另一类是狭义的"地方"，这一类"地方"尺度常常在人类学、民俗学的实证研究中浮现。当然，无论地方以何种尺度出现，都源于人们对其倾注情感甚至依恋而形成。在本研究中，主要讨论的是第二类尺度的"地方"，它经由人们的日常生活实践而于空间之上生成。而作为行为主体的人及其日常生活，是讨论"地方—空间"关系的主要参照。日常生活也是促进两者进行转换的介质。正如安东尼·奥罗姆(Anthony M. Orum)认为，地点(方)是一个位置或场所，是人类生活中最为重要和基础的发生地。没有地点，人类就不存在[③]。

三、日常生活之上的"地方感"

空间如何成为"地方"？段义孚认为，"地方感"(sense of place)是使空间成为地方的关键。

受胡塞尔现象学和马丁·海德格尔(Martin Heidegger)存在主义的影响，段义孚将"地方"看作是人们暂停和休憩的地方，"如果我们认为空间是允许运动的，那么地方就是暂停的"。段义孚认为，人与地方有一种特殊的情感联系，人们通过暂停和休憩形成地方的同时，地方便成为感觉价值的中心，由此可以

[①] Taylor, Peter J.. Places, Spaces and Macy's: Place-Space Tensions in the Political Geography of Modernity. Progress in Human Geography, 1999.

[②] 郑少雄：《草原社区的空间过程和地方再造——基于"地方—空间紧张"的分析进路》，《开放时代》2013年第6期。

[③] 安东尼·奥罗姆、陈向明：《城市的世界：对地点的比较分析和历史分析》，曾茂娟、任远译，上海人民出版社2005年版，第15页。

进行价值与归属感的讨论①。正如人们对家乡的情感往往有别于其他地方，这便是典型的"地方感"。段义孚在解释"地方"和"地方感"概念的过程中，并不排斥人们对空间和地方理性的认知，更强调理性与感性之间的相互转换关系和不可分割性。因此，在段义孚看来，"地方感"既包括理性的经验，也包含感性的感受。基于"地方感"的提出，段义孚还指出广泛存在于人类社会的"恋地情结"（topophilia）②，在他看来，"恋地情结"是最为典型的地方感。需要指出，"恋地情结是人与地方或环境产生的一种情感联系。这样的联系在强度、敏感度和表达的方式上是不同的。对于环境的这种反应可能是审美上的、感触上的，也可能是情感上的"③。在《人文地理词典》中，"地方感"具有两个解释：一是地方自身固有的特征，二是人们对一个地方的依附感，日常生活中，个体和团体依靠体验、记忆和意愿，而对地方发生了很深的依附感④。当然，也有学者直指"地方感"研究并非一味赞颂人与地方和谐共处的画面，也应把地方疏远、地方厌恶、地方恐惧等消极情感纳入研究⑤。

同"地方"概念一样，"地方感"也可分为广义和狭义的解释范畴。广义的"地方感"是指一种宽泛的地方认同，它引发人对地方的关注，承载和凝聚人们的价值观念，并对价值观念进行培养。在这个意义上，"民族国家"是一个典型且常见的"地方"，虽然它并不会与族群成员、国民产生具体、直接的感觉体验，但它在无形中勾连起人们对地方的情感和依恋。比如，中国人常常会对江南这个概念产生浓厚的兴趣和特定的情感，并对其进行想象和美化，这里的"江南"并不完全指中国长江以南的广大区域，而是指今江苏南部、浙江北部、上海等地组成的区域，有时也包括长江以北的扬州地区。而学者们关注较多的则往往是狭义的"地方感"，其具体体现为人们对特定地方社会、地方环境的某种认同，从而区分出我们的"地方"，这种情感往往多形成于日常生活空间的具体实践中。地方是生活于空间中的人对于空间具体的实践与定义，它的形成源于作为行动

---

① Tuan Y F. Space and Place: The Perspectives of Experience. Minneapolis: University of Minnesota Press, 2001: 138.
② Tuan Y F, Space and Place: The Perspectives of Experience. Minneapolis: University of Minnesota Press, 2001: 138.
③ Tuan Y F. Topophilia. A Study of Environmental Perception, Attitudes and Values. New York: Columbia University Press, 1974: 23.
④ R. J. 约翰斯顿：《人文地理学词典》，柴彦威等译，商务印书馆2004年版，第637页。
⑤ 李如铁、朱竑、唐蕾：《城乡迁移背景下"消极"地方感研究——以广州市棠下村为例》，《人文地理》2017年第3期。

主体的人与物理空间的互动过程,并为人们提供相对稳定的归属感。而人在赋予地方以意义的同时,所形成的地方感也对人的体验、行为产生一个相反的作用力。正如斯蒂尔所认为的那样,地方感是因人与地方互动所产生的一种情感。因此,地方只有依托人而存在①。我们当然也可以认为,地方感的形成是一个不间断的过程②,也包含一定的力学关系。社会学家奥罗姆认为,"地点是空间内人们生活和工作的特定场所,是人们可能形成亲密持久关系的场所"③。毫无疑问,美国学者奥罗姆的"地点"和段义孚的"地方"在这里是一个内涵近乎相等的定义,并且在学者们对于"地方"和"地方感"的解释中,均意味着若要使物理空间真正成为人们所认同的地方,需要从人的情感、认知等角度出发,讨论人是如何经历身体的实践、日常生活中的时间、日复一日的习性以及空间的生产来完成有关地点探索的。

另一个重要议题是,我们如何在研究日常生活的基础上寻找"地方"和"地方感"的形成过程?如今,人们的日常生活正遭遇现代社会管理机制和专家知识的控制,从而呈现同质化和理性化,本真的情感、鲜活的感想、真实的肉体常常受到干扰和约束。一个最为普遍的现象便是现代国家常凭借政治权力和技术革命对地方社会的方方面面进行重组,城市规划设置、区域划分、地方文化或被改变或被抹消,城乡空间如一个个容器般被强行填充进各种内容。在此过程中,"空间—地方"关系不断趋向紧张,人们往往难以适从,社会问题频发。现代社会的规划空间往往是快速、粗暴和不容置疑的,这有悖于"地方感"所包含的人本主义关怀,也近乎否定了从空间到地方的重要维度——"时间",而"时间"恰恰是"空间演化为一个充满情感、记忆和想象的场所"④所必要的。正如段义孚所说,人的感觉系统不是由少数感受组成,而是经过长期的多种经验的记忆和预想的结果⑤。因此,我们或许应从日常生活实践本身出发,来获取对"地方"和"地方感"的认识和追寻。

民俗学对于日常生活的关注,正是要强调民众于日常生活中的能动性、主

---

① Steele F.. The Sense of Place. Boston: CBI Publishing, 1981: 2.
② Blizard C R. Fostering childhood sense of place through storytelling in a previously inhabited forest landscape. State University of New York. 2005.
③ 安东尼·奥罗姆、陈向明:《城市的世界:对地点的比较分析和历史分析》,曾茂娟、任远译,上海人民出版社 2005 年版,第 20 页。
④ 李溪:《段义孚人文主义地理学的哲学视野》,《人文地理》2014 年第 4 期。
⑤ Tuan Yi-fu. Space and Place: The Perspective of Experience. Minneapolis/London: University of Minnesota Press, 1977: 16-19.

动性和创造性。刘铁梁认为,民俗学是一门感受学科,民俗学不只是以生活文化为研究对象,而是懂得怎样研究生活文化的学问,它关注生活的整体性,尤其是关注生活中的人,通过对人的行动来呈现生活的整体性,关注人在日常生活中的主观性感受,凸显人在日常生活实践中的主体性地位。在此过程中,日常生活不仅作为被观察的对象,其生成性过程也是我们发现社会本质的重要方法和路径[①]。赖立里等建议从时间、空间、身体、习性和实践等几个可行的日常生活的研究方法着手,借此打开研究思路,触碰日常生活真实的质感[②]。黄静华认为,生活叙事也是民俗学日常生活研究的基本观察路径,民俗主体对自身所经历的民俗事件的叙述,内含着研究者有可能直观到的民俗本质[③]。此外,周星还认为,对"事件"的观察也是重要的日常生活研究方法。他指出,民俗学往往通过"非常"(例如节日狂欢、仪式等)研究"民俗"(可以假设构成"民俗"之背景的,便是日常生活)。这里也就潜含着通过"事件"研究日常生活的可能性。以上对日常生活的研究路径建议均是通过自下而上的微观视角展现人们的真实生活,并由此间接折射复杂的社会现象。而"地方"的形成,离不开生活于其中的人,离不开人的判断和感受。只有通过对日常生活中的人的身体、行动、感觉、认知的种种判断和追踪,才能呈现"地方"和"地方感"形成的整体过程,这也使得由日常生活来发现"地方感"成为可能——日常生活中的人通过主动的身体行为占据和使用空间,重新定义被给定的空间以地方的意义,且这种意义是不断前进和变化的。因此,从日常生活中挖掘"地方感",将会为缓解现代社会"地方—空间紧张"关系,对"地方"的价值和意义的认知带来裨益。

四、相关研究综述

(一)灾后社会研究现状

灾害人类学研究最早源于20世纪50年代左右,西方人类学者通过对人类社会中各类灾害展开考察,以整体性视角审视灾害与政治制度、区域历史、救灾过程等方面的联系,将灾害看成自然环境脆弱性和人类社区脆弱性相结合的结

[①] 刘铁梁:《感受生活的民俗学》,《民俗研究》2011年第2期。
[②] 赖立里、张慧:《如何触碰生活的质感——日常生活研究方法论的四个面向》,《探索与争鸣》2017年第1期。
[③] 黄静华:《生活叙事:"敞开"和"共情"的民俗研究》,《民族艺术》2018年第2期。

果,也是由自然、人为和技术等因素共同导致的,对社会造成重大损失的事件,而不再将灾害视为一种极端且不可预见的或完全由自然因素导致的事件。安东尼·奥利弗-斯密斯(Anthony Oliver Smith)是灾害人类学研究的领军人物之一,他认为灾害反映出自然灾害、社会文化和生物之间的联系和互动,也是对三者在物质、文化世界里运行的反映[1]。

随着认识的转变,灾害被视为人类社会发展的组成部分,灾害研究与文化、政治、阶层、权力、经济、族群等研究形成紧密联系,并发展出"行为/机构""社会变化""政治经济——脆弱性分析"[2]等主要研究领域。

长期以来,灾后社会恢复与重建一直是灾害研究领域中的核心议题,灾害人类学在这一领域更是积累了大量的实证研究成果。一方面,受灾社会普遍渴望重建与过去生活的联系,希望恢复原有的生活状态,因为那代表着一种熟悉感和安全感。另一方面,灾后重建不可避免地会对地方社会产生深远的影响,甚至引发重大的变革。因此,受灾社会与灾后重建这两个方面实是一个问题的两个面向,它们紧密相连,不可分割。所谓的重建,并不仅仅是物理空间的修复,更是文化、政治、经济、社会心理等多个层面的全面重建。

比如,1970年秘鲁渔港钦博特市发生7.7级地震,灾后大规模的重建对社会产生深远影响,尤其是在灾前颇受歧视和压迫的土著人(混血人种、印第安人群体)通过灾后重建和灾后分配获得较多的自由和权力,他们参与政治讨论和社会事务的能力和意识明显提升。与此同时,重建空间规划和住宅建设却对传统社会等级进行了相应的强化。灾后重建改变了受灾地区的基本面貌,也给予土著人的社会地位提升以希望,但并未从根本上有力撼动当地的社会文化行为模式[3]。

2005年,美国卡特里娜飓风对新奥尔良地区造成了严重破坏。在随后的灾后重建过程中,政府采取了一系列强制手段,对城市原有的居住格局进行了

---

[1] 安东尼·奥立佛-斯密斯:《灾难的理论研究:自然、权力和文化》,纳日碧力戈译,彭文斌校注,《西南民族大学学报(人文社会科学版)》2011年第11期。
[2] 行为/机构包括:(1)个人/机构反馈机制;(2)文化和重大灾害;(3)政治、权利灾害和经济学。社会变化包括:(1)重建中的社会机构变化;(2)政治变化。三、政治经济—脆弱性分析。参见:Oliver-Smith, A.. Anthropological Research on Hazards and Disasters. Annual Review of Anthropology, edited by William Durham, Palo Alto: Annual Reviews Inc., 1996: 303 – 328.
[3] Pl. Doughty. Decades of Disaster: Promise and Performance in the Callejon de Huaylas, Peru, in Oliver Smith, ed. Natural Disaster and Cultural Response. Williamsburg, V. A: Coll. William & Mary, 1986.

大规模的疏散。这一举措虽然在一定程度上是必要的，但却为高档居民社区和城市规划设计师们提供了机会，他们通过建筑设计和规划，将重建后的空间分隔成不同的种族聚居区。这种分隔不仅形成了新的社会结构空间，还间接地催生了新奥尔良地区种族化的阶级差别。受灾社区的居民们本来渴望能够重建并恢复原有的居住格局，然而政府的决策却忽视了他们的这一需求，从而引发了社会心理的对抗和不满①。

历经半个多世纪的发展，西方灾害人类学在理论和实践中都取得了丰硕的研究成果，具体包括：从关注灾后社会系统、灾后救援组织等短期灾后社区研究，到关注灾害对社会形成更为持久的政治、经济、文化、生活等方面的影响；从针对单一灾后社区的调查与研究，到关注不同政治体制下救援差异对灾后社区所造成的影响的比较研究；从对灾害事件本身的研究，到关注社会脆弱性等灾害潜在建构危机和风险的研究；从对区域性灾后社会问题的观察研究，上升到对整个人类社会灾害问题的观照，等等②。在此基础上，西方灾害人类学研究还提出政治生态、地方传统知识、社会文化变迁等重要研究取向，为世界灾害人类学研究的发展奠定了基础。与此同时，灾害人类学研究的方法亦与社会学、民俗学等学科所共享，将人文社会科学关于灾害的研究定位为一个跨学科的复合性问题。

在中国，人文社会科学对于灾害的关注较晚。而自2008年5月12日汶川地震后，人文社会科学研究者对灾害的关注明显增强，大量学科从自身学科理论和经验出发，围绕灾害现象及其影响，讨论其发生原因、救灾模式、重建系统、政治制度等，并从中寻求与世界灾害研究理论及经验进行对话。在此过程中，中国灾后社会研究案例的相关经验不断增加，并在理论研究方面取得突破性进展。对此，本研究从如下研究取向出发，对国内相关成果进行梳理：

第一，社会文化变迁研究取向。灾害人类学研究普遍指出，灾害会给受灾地区带来长期结构性的影响，而面对灾害的来临，受灾地区的民众也会表现出一定的韧性，并对灾害前后的影响进行消解和矫正。比如，张曦在对羌族民间

---

① Roberto E. Barrios:《新奥尔良后卡特里娜飓风时期市政当局对社区与居民的种族化与犯罪化监控手段》,《民族学刊》2015年第4期。
② 周大鸣、夏少琼:《国外灾难研究百年：十大转变》,《西南民族大学学报(人文社会科学版)》2012年第4期。

故事文本解读时指出,灾后社会往往会生成新的文化,这不仅是地方社会于灾难应对中形成的新经验,相关讨论也有利于揭示社会的本质①。夏少琼以四川省平武县某古镇为调查点,从思想观念、家庭关系、社区人口结构等维度,分析灾害对于社区的深远影响。她指出,灾害对于社区的影响是全方位的,比如,灾害会引发人们产生对于生命、死亡、金钱等方面的观念;对于家庭关系而言,灾害的发生会间接引发夫妻关系的不和或是婚姻的破裂;对于社区人口结构而言,灾害引发的外界关注往往也会导致极其快速地城镇化,社区人口会经历较大的流动,从而引发社区的分裂和重组②。王海燕指出,乡村灾后重建是人们日常生活、地方情感与地方传统文化的重建。她以2013年因山洪泥石流而受灾的汶川羌寨七盘沟村为田野点,该村在国家力量的推动下进行整体异地搬迁,并通过统一规划安置,获得新的生活空间、生活方式。在回归正常生产生活秩序后,村民需要在陌生的空间中寻找自己的定位,重新确认自我身份认同。在一系列因素的共同参与下,他们型塑起一个"文化飞地",重新产生新的"地方"认同③。王俊鸿研究汶川地震后被异地安置的两个羌族村寨民族文化的变迁,他指出,两个羌族村寨在物质、组织、精神方面都发生了重大改变。在此过程中,灾后移民或有可能呈现出"文化同化"以融入迁入地文化的现象,也有可能呈现出保持族群文化独立性的"文化多元化"现象。但在灾后地方政府发扬民族文化意识和羌族族群意识的共同推动下,羌族村寨对迁入地文化进行了选择性吸收,从而保证了自身文化的独立性④。

第二,政治生态学研究取向。在灾后救援和重建过程中,各重权力的运作和碰撞,会对受灾地区产生广泛且深远的影响。尤其在现代社会,外来力量(如国家、地方政府或国际救援组织等)的介入,对受灾地方产生的影响常超越灾害本身。在中国,国家权力常作为一个至关重要的维度被纳入灾后社会的研究中。李永祥将灾害管理过程分为灾前预防、灾害应急和救灾、灾后恢复重建三个阶段。其中,后两个阶段体现出的矛盾和问题更为复杂和重要。他指出,灾

---

① 张曦:《地震灾害与文化生成——灾害人类学视角下的羌族民间故事文本解读》,《西南民族大学学报(人文社会科学版)》2013年第6期。
② 夏少琼:《断裂与链接——灾后重建中关于地点的思考》,《贵州大学学报(社会科学版)》2011年第1期。
③ 王海燕:《共同体的生命之流:岷江上游羌族社区的灾难人类学》,民族出版社2018年版。
④ 王俊鸿:《汶川地震羌族移民异地安置和生计方式转型——四川省邛崃市木梯村和直台村田野考察报告》,《民族学刊》2011年第4期。

后社会治理过程中充满矛盾和争议,只有救灾政策的健全和解决矛盾方式的透明,方能确保受灾地区社会的稳定和可持续发展[1]。蒋斌在北川羌族文化重建议题上进行了深入研究,他指出,山东省作为北川县的援建方,在国家相关政策以及自身对于羌族文化的认识下,于北川开展大规模的文化重建。但在此过程中,政府意志相对强大,而学者对羌族文化的认知和呼声则受到一定的忽视,从而使灾后北川羌族传统文化呈现出"同质化、一体化、文化符号泛化等问题"[2]。

第三,灾后社会脆弱性研究取向。人类学者自将灾害视为非自然单一因素引发的社会问题后,逐渐将灾害视为现实生活的组成部分,使灾害研究由关注意外事件转化为关注常态社会,并开启对灾区社会脆弱性问题的观察和思考。比如,张原等在考察藏彝地区生态脆弱特点和自然灾害之间的关系时,从灾害的社会属性出发探讨藏彝地区的灾害应对本土实践,分析特定自然灾害作为当地一种常态性特征融入人们生活世界经验图景之中的过程,并探讨了当地各民族在特定社会文化体系中应对自然灾害风险的场景,指出人类学灾害研究要理解和解释人们的生活世界于可持续性方面所面临的困境和机遇[3]。

民俗学关于灾害的研究方法与人类学并无本质差异。相对而言,中国民俗学的灾害研究受日本相关研究影响较大,中日两国既是邻国,也都是自然灾害高发的国家。日本民俗学关于灾害文化的研究大致起源于阪神淡路大地震之后,尤以民俗学家樱井龙彦为代表,他专注于分析日本地域社会与灾害有关的神话、仪式、故事、传说、纪念碑、咒术等,分析日本人如何通过传承和建构不同类别的灾害记忆,使灾害记忆得以保存,并为现实生活提供防灾经验的整体过程[4]。

中国有着悠久的灾害历史记载,也有着丰富的口头灾害叙事、仪式传承。民俗学多关注灾害口头传承、仪式、空间建构等领域。比如,游红霞等指出,旱灾文化具有语言叙事、行为叙事、景观叙事三重叙事形态,三重叙事形态在地域社会中构成灾害文化记忆,有助于人们有效记忆灾害和实施心灵自救,同时也蕴含着民俗层面的应对灾害逻辑[5]。吴薇等通过对纳木依人的灾害叙事、认知

---

[1] 李永祥:《灾害管理过程中的矛盾冲突及人类学思考》,《云南民族大学学报(哲学社会科学版)》2013年第2期。
[2] 蒋彬:《对口援建与羌族文化重建——以山东援建北川为例》,《民族学刊》2012年第1期。
[3] 张原、汤芸:《藏彝走廊的自然灾害与灾难应对本土实践的人类学考察》,《中国农业大学学报(社会科学版)》2011年第3期。
[4] 王晓葵、何彬编:《现代日本民俗学的理论与方法》,学苑出版社2010年版。
[5] 游红霞、王晓葵:《灾害叙事与民俗应对路径研究——以旱灾为中心的考察》,《西南民族大学学报(人文社会科学版)》2015年第5期。

和仪式的梳理,指出该族群共享的灾害记忆形成过程和当下影响,在此基础上,分析没有文字只有语言系统的该族群在面对灾害和灾害文化记忆建构时所展现出来人、神、自然三者间的特殊关系,并发掘该族群在现代化进程中,灾害文化记忆的演变与发展对当下族群生活的精神困惑、归属感和安全感具有重要现实意义,也对族群道德、生态价值体系具有规范作用,更凝聚了族群文化方面的认同①。

中国疆域广袤,地理环境、社会文化构成相当复杂且相当多元,不同地区的常发灾害类型存在较大差异。在漫长的历史发展过程中,各地域社会产生极为多样化的灾害文化。民俗学的灾害研究与灾害学的研究不同,其调查对象不是作为事件的灾害本身,而是灾害发生前后地域社会的生存状态及其变化,以及隐藏于灾后重建过程中的社会深层权力结构等。而当传统灾害叙事、仪式等文化活动在人们的日常生活中越来越难以成为"知识",对于现代社会所产生的价值有限时,民俗学灾害研究也开始着眼当下,考察包括人们如何处理灾害带来的影响、如何在灾后重建自己的生活、灾害如何改变人们的思维习惯和生活方式等,这些研究也体现出人文社会科学灾害研究与自然科学灾害研究的本质差异。

周星对唐山、汶川、玉树三次大地震的遇难者集体"亡灵"的悼念、祭祀与超度等问题进行对比和梳理,展现出现代中国社会快速变迁过程中,关于灾害事件后国家和个体关于处理"亡灵"相关问题的态度变化和现实冲突。他通过对唐山大地震"亡灵"所受的漠视现象,汶川地震时期国家哀悼制度的建立、公祭活动的开展、个体祭祀的实践现象,再到玉树地震时期宗教集体超度仪式和国家、地方政府的悼念仪式等的梳理,指出国家和社会层面对于"亡灵"进行抚慰的必要性②。王晓葵等在关于灾害"头七"公祭的研究中,指出公祭作为仪式象征体系的一部分,是对国家意识形态与社会文化传统关系的折射。"东方之星"事件发生后,政府以民间俗信"头七"为时间节点进行公祭,但仪式之内涵却与传统俗信有着本质的差异。这一行为背后,隐含着中国政府通过公祭将死亡意义价值化的惯常逻辑,也表明个体祭祀与公共纪念仪式在对待死亡问题时的观念差异,更透露出中国传统俗信与唯物主义生死观之间微妙的对

---

① 吴薇、王晓葵:《纳木依人的灾害叙事与文化记忆》,《西南边疆民族研究》2018年第3期。
② 周星:《现代中国的"亡灵"三部曲——唐山、汶川、玉树大地震遇难者的悼念、祭祀与超度问题》,《民俗研究》2017年第4期。

立和交汇关系①。近年来,随着民俗学与"日常生活革命"学术范式转型相结合,也为灾害研究与当下社会的有效结合奠定了更为人本主义的观察方向。通过日常生活视角来对灾后社会进行观照,已成为国内相关研究的一个重要路径,个案研究在增多,相关研究既呈现出相通性,也体现出差异性和多样性。

此外,相对于西方早期人类学关注短期救灾、防灾过程中的行为组织问题,中国人类学、民俗学强调要同时关注短期和长期的灾后社会调查和研究,以整体观和发展观视角对受灾地区的社会文化进行观察和讨论,并支持开展跨文化比较,凸显出学科在灾害研究中的特殊价值和后发优势。

(二) 有关"地方""地方感"研究现状

"地方"理论是西方人文地理研究的重要领域,它的提出推动了人文地理学科与景观建筑学、社会学、哲学、人类学、民俗学等学科的交叉和结合。而在段义孚提出"地方感"概念后,国外不少学者都对"地方"研究产生了浓厚兴趣,并对"地方感"进行细致分析,从而使这一概念更好地运用到实证研究中。如 Williams 等提出"地方依恋(place attachment)"的概念,指出,地方依恋由地方依赖(place dependence)和地方认同(place identity)两个维度构成,地方依赖是人和地方之间的一种功能性依恋,地方认同是一种情感性依恋②。乔根森认为"地方感"由地方依恋(place attachment)、地方认同(place identity)、地方意象(place image)等构成③。Tim 等提出,地方感是人们对特定的地方经历表达出的依恋与厌恶的综合情感反应④,进一步拓展了地方感的内涵。当然,也有学者对"地方"和"地方感"的某些研究趋势提出质疑,如马西提出了一种对地方的新的认知方式,即"全球的地方感"。这一理解方式从本质上来说是开放与进步的,属于"进步的地方感",即其目的在于抛弃"全球性"与"地方性"在理论上的对立关系⑤。

---

① 王晓葵、雷天来:《"祭祀"与"纪念"之间——对"东方之星"事件"头七"公祭的考察》,《民俗研究》2017 年第 4 期。
② Williams D R, Patterson M E, Roggenbuck J W. Beyond the commodity metaphor: Examining emotional and symbolic attachment to place. Leisure Sciences,1992(14).
③ Jorgensen B S, Stedman R C. A comparative analysis of predictors of sense of place dimensions: Attachment to, dependence on, and identification with lakeshore properties. Journal of Environmental Management,2006(3).
④ McCreanor T, Penney L, Jensen V, et al. "This is like my comfort zone": Senses of place and belonging within Oruaāmo/Beachhaven. New Zealand. New Zealand Geographer,2006(3).
⑤ Gielis R. A global sense of migrant places: Towards a place perspective in the study of migrant transnationalism. Global Networks,2009(2).

在上述研究中,"地方感"概念逐渐立体、丰满,从被视为一种感觉和经验的集合的对象,到被视为一个动态的、生产的过程,从而确立了一个在不断生产和想象中累积形成的"地方"。

国内关于"地方""地方感"的研究多集中于人文地理相关学科的研究中。

理论研究方面。国内人文地理学界对"地方""地方感"的研究,多是对国外相关文献的归纳、总结和延伸。比如,宋秀葵认为段义孚"空间""地方"理论聚焦于人类生活,是对人与生存环境之关系的揭示。段义孚的理论具有重要的应用价值,也有助于改善人的生存环境,真正以人为本,为当下社会普遍存在的身份认同和环境危机起到重要贡献[1]。王健等对段义孚"地方感"之学说进行分析,指出"地方感"理论的基本结构,即人们通过身体对于空间的感知形成"空间感",再经由心性和空间的磨合形成"地方感"。因此,西方相关研究有助于国内人类学学者理解空间、地方、身体、感觉、历史之间的关系[2]。

实证研究方面。人文地理学学者常将"地方感"作为空间规划评价、空间友好度的一个重要维度,也常将地方感纳入定量分析中,通过发放问卷、统计等形式,追问"地方感"于民众生活中的重要价值,推动政府和空间规划者加强对于"地方感"的保护和考虑。比如,张敏等对北京市居民于历史地段所形成的"地方感"进行研究,通过地方依恋、特色性认同、满意度等因子评价来分析北京市居民对北京历史地段的感知,得出这一方面"地方感"的定义和重要维度,指出居民对于不同类型历史地段所形成的"地方感"存在差异,历史悠久的皇家御用类地段所受认同度最高,而普通住宅建筑类地段因存在空间格局差和环境质量差等问题,居民对其则不会产生强烈的依恋感[3]。余思奇等以浙江大学新校区附近社区为例,指出在大学郊区化的背景下,具有不同文化背景的社区原住民与学生群体混居同一社区并形成两类"地方感",学生群体的到来使社区快速学生化(studentification),令原住民产生"此处"与"他处"的感知差异,促使原住民对社区形成更为强烈的地方认同。而原住民在社区内的积极活动,也促使学生群体快速建立起于社区之上地方认同。研究认为,地方政府可对学生化社区

---

[1] 宋秀葵:《段义孚的地方空间思想研究》,《人文地理》2014年第4期。
[2] 王健、李子卿、孙慧、杨子:《地方感何以可能——兼评段义孚〈Space and Place: The Perspectives of Experience〉一书》,《民族学刊》2015年第6期。
[3] 张敏、汪芳:《北京市居民的历史地段的地方感研究》,《城市问题》2013年第9期。

的影响进行评估,并充分发扬这一特色,促进高校、社区间进行正向互动,以促进城市的包容与发展①。

而国内人类学、民俗学的"地方""地方感"研究通常聚焦于人在文化上对某个特定地方产生的一种特殊的象征性关系,这是个人和团体理解所属环境的基础,它不只局限于一种情感和认同的经历,还包括人在该地方的社会与文化实践②。

杨念群以北京郊区"四大门"信仰为研究对象,"四大门"是京郊地区底层百姓生活中极为常见的动物信仰,但既往研究却很难从当地人对于这一信仰的描述和实践中去对其进行把握。杨念群指出,人们关于"四大门"的信仰并非一类知识,而是一种需要从百姓经验世界中去摸索的感觉经验——"地方感",并且这种感觉经验只在一定的地域范围内方会生效③。此外,他还提出"地方性知识"与"地方感"的异同,即知识是对底层社会理性的认识,但地方性知识并不能解释地域社会的一些特有现象、思维和行动逻辑,因此,区别"地方性知识"和"地方感"便极其重要④。

郑少雄在对内蒙古巴肯嘎查草原社区进行调查时,发现牧民与外来资本都对草原社区消失负有一定的责任,但牧民心甘情愿"开/卖"草场的原因却与当地空间策略和空间策略认同相关。在此基础上,他认为政府治理下的草原社区空间与生活于草原空间的地方社会之间存在一种"地方—空间紧张"关系。在国家自上而下的空间治理政策中,改造后的草场使地方社会丧失"地方感",进而使传统社区濒临消失,但草原社区也作为空间的生产者,通过开展积极的文化批评、恢复公共仪式等生活方式,以实现"地方"的再造⑤。

台文泽从西汉水流域民间信仰"犯丧"中发现"地方感"的重要价值。"犯丧"作为西汉水流域地方社会的民间信仰和对于死亡的一种文化认知,是以人们于日常生活中形成的感觉结构作为文化基础和运行逻辑的,特定的感觉

---

① 余思奇、朱喜钢、孙洁:《地方感视角下撤村建居社区学生化现象解析——以浙江大学新校区周边望月社区为例》,《城市问题》2018 年第 6 期。
② Setha M L. Symbolic ties that bind: Place attachment in the plaza, Altman I, Low S M. Place Attachment. New York: Plenum Press, 1992: 165 - 186.
③ 杨念群:《民国初年北京地区"四大门"信仰与"地方感觉"的构造——兼论京郊"巫"与"医"的近代角色之争》,载孙江主编《事件·记忆·叙述》,浙江人民出版社 2004 年版。
④ 杨念群:《"地方性知识"、"地方感"与"跨区域研究"的前景》,《天津社会科学》2014 年第 6 期。
⑤ 郑少雄:《草原社区的空间过程和地方再造——基于"地方—空间紧张"的分析进路》,《开放时代》2013 年第 6 期。

结构使"犯丧"信仰生生不息、不断上演。此外,在共享这些感觉结构的基础上,地方社会在面对疾病和困难时也会形成共同的理解和解释,并衍生出一系列行动以规避风险。在此背景下,"地方感"对当地社会的整合具有重要意义[①]。

中国社会出现的快速城市化现象引起学者注意到"地方感"之重要意义,而灾后重建所反映出来的"地方""地方感"问题更为复杂和集中。自2008年汶川地震后,2010年青海玉树和甘肃舟曲、2014年云南鲁甸等地区接连发生地震、泥石流等大型地质灾害,灾后重建成为中国政府需要迫切处理的问题。在此背景下,灾后重建空间成为学者们观察和研究当代中国"空间—地方"关系的一个重要窗口。

邱月关于北川重建的研究指出,北川新县城是中国政府对外界灾后重建成果的一类地景,其中的种种符号和面貌也包含着国家和政府对北川新县城文化身份的期待和建构。在新县城中,北川人既是"重获新生"的灾民,同时也是被国家不断确认身份的羌族人。北川人在接受一切"馈赠"的同时,其生活习惯、思想观念等却与新县城难以匹配。因此,人们根据日常生活实践对新县城空间进行改动和诠释,从而生产出新北川居民的地方价值和意义[②]。

夏少琼以四川地区某镇为例,指出灾后重建空间往往难以包含灾害的"地点",而理想的灾后空间重建需要联系起人与地点,尽快恢复人地因灾被切割的状态,因此,政府还需从当地社会的生活实践出发,促进社区内部的正向互动,从而培养积极的人地关系[③]。

总体而言,国内有关"地方""地方感"的研究成果较少,相关研究和讨论仍处于起步阶段。另需指出,无论是人文地理研究或是民俗学、人类学研究,多将"地方感"近乎等同为"地方依恋",并且将"地方"及"地方感"的考察范围限于范围较小的物理空间和时间段内,使"地方""地方感"视为近乎静止的、封闭的、界限分明的对象存在,这容易忽视"地方"及"地方感"形成的"过程性""建构性""发展性"等,这在一定程度上使相关概念的认知和使用受到局限。因此,本研

[①] 台文泽:《地方感、民间信仰与村落整合——西汉水流域"犯丧"信仰的人类学研究》,《中国农业大学学报(社会科学版)》2016年第2期。

[②] 邱月:《陌生的新家园——异地重建后的新北川居民的空间商榷和文化调适》,《西南民族大学学报(人文社会科学版)》2017年第3期。

[③] 夏少琼:《断裂与链接——灾后重建中关于地点的思考》,《贵州大学学报(社会科学版)》2011年第1期。

究对北川新县城城镇空间中的多个案例进行论述,以丰富的田野调查资料和多维度视角,分析具有立体性、流动性的"地方感"和"地方"的生成过程。

第三节　研究方法与资料来源

一、研究方法

(一) 田野作业法

本研究主要通过田野作业法来完成前期的资料调查,以北川新县城城镇空间及灾民相关空间实践为研究对象,展现北川新县城从重建至今约十年时间内的社会生态及变迁。田野调查分为三个阶段:第一阶段为2017年1月至2017年4月下旬;第二阶段为2017年7月下旬至2017年9月;第三阶段为2018年1月中旬至2017年6月下旬。

结合研究意图,本研究确定将视线置于北川新县城多个生活气息较为浓厚的日常生活空间,在这些空间中,会发现当地人如何言说和处理灾后重建所带来的各类问题。北川人经历了灾害发生、灾后重建、灾后异地安置等一系列事件,也见证了新县城从无到有的过程,群体自身蕴涵了大量记忆、感知、行动素材。通过对北川人的日常生活轨迹及行为逻辑进行观察,便于我们分析灾后移民基本诉求与空间型塑之间的因果关系。

在具体的田野作业过程中,参与观察、深度访谈等为重要且常见的方法。笔者接触和访谈的对象以当地政府工作人员、居委会工作人员、普通居民为主,游客、外地务工人员、志愿者为辅,结构性访谈、半结构性访谈、漫谈随访谈对象的身份不断更改。面向普通居民等人时,访谈内容围绕生活场域的空间变迁和居民日常生活感受展开,采用自然、开放的方式进行,可开展各类话题的讨论。与此同时,笔者需要根据受访者的生活经历来追问信息背后的因由,只有将访谈资料置于特定的生活背景下,方会获得更为完整的理解并发现隐藏于琐碎、平淡的日常生活下的问题和意义。面向政府工作人员、居委会工作人员时,则多采用结构性或半结构性访谈方式。若干临时发生于街道、饭店、交通工具中的非正式访问或交谈,也成为本次调查信息捕捉和资料获取的途径之一。

纵观笔者数年来的田野调查经历,北川案例非常特殊。

首先,无论是当地居民还是政府官员,早已习惯外界的频繁造访,大部分当地人都不愿意接受访谈,他们担心自己的个人信息和口述信息被泄露,招致不必要的麻烦。部分受访者在访谈时会表现出明显的不信任,甚至会反向询问来访者的身份和用意,比如来访者是否要来揭灾民的"伤疤"。即便在笔者与他们建立友好关系后,他们的言谈也尽量"报喜不报忧"或是"打太极"。以上表明外界对于北川的关注过多,已经造成部分当地人对外界"因灾来访"的反感,为本研究的田野作业增添了难度。

其次,在调查过程中,如何获得被调查者的信任,深入他们的日常生活,实现移情式理解,并获得生动的生活经验,一直是笔者思考的问题。为此,笔者采取了"重点关注,以点带面"的调查策略。具体而言,笔者选择与当地的个别人士建立友谊,通过深入交流,了解他们的相关信息并加以归类,如低保户、政府工作人员、羌舞爱好者等,进而融入不同的社群,与更多的潜在访谈对象建立联系。笔者早年在北川的支教经历,也为获取被调查者的信任提供了极大的帮助。在2011年和2012年的暑期支教期间,当地的NGO"北川中国心志愿者组织"曾反复提醒我们注意当地人所"忌讳"和"敏感"的话题。时至2017年和2018年,当笔者再次回到北川时,发现这些"忌讳"和"敏感"的成分依然存在于当地人的生活中。因此,在与当地人的相处过程中,笔者始终注意保持适当的距离,既避免冒犯对方,也不会因过于亲近而让对方产生逃避和防备心理。直到与对方建立起良好的关系后,笔者才会谨慎地提出一些敏感问题,一旦对方表现出不悦,便立即停止追问。此外,笔者还通过四川亲友的介绍,在县委宣传部进行了正式登记,从而得以顺利开展调研工作。

为尊重和保护受访者隐私,在本研究中,众多受访者的姓名都以字母缩写的形式出现(不排除有少数受访者提供虚假姓名),这亦体现出灾后社会调查的特殊性所在。

(二)文献收集法

文献的获取主要有三个来源:一是现有学术成果,包括与本研究相关的国内外专业期刊及论著所涉及的理论和调查。现有学术成果主要指汶川地震后的灾害研究,虽然学者们调查的事象和田野各不相同,但在阅读相关材料时,为笔者的田野以及田野中的一些现象勾勒出大致的面貌,成为本研究的重要参照;二是相关书面文献资料,包括内部档案资料、工作报告和管理公告、北川地方志等资料,主要由笔者从四川省图书馆、北川图书馆、地方政府办公室等地收集而来;三是网络资源,包括但不限于北川政府网站、百度"北川"贴吧、QQ群、微信群等。作为灾后移民,北川人对灾害话题的敏感以及对外界访谈的抗拒,使得访谈经常难以深入展开,而网络则成为一个观察地方社会生活的最佳窗口,在网络中,由于存在身份的隐蔽性,当地人会主动、大胆地发表意见,就一些具体事件而言,不同人的热烈讨论也会带来丰富的素材。笔者经常通过网络搜索关键词来获取相关信息,也会通过网络聊天主动引出一些话题的讨论,如本研究关于抗震纪念园使用情况、老北川空间结构和灾民真实心态等素材,便大多从网络论坛和网络聊天软件中获得。

二、田野点的选择

本研究以北川人于新县城的主要日常生活空间范围为主要调查区域,北川人聚居于新县城中的北川人安置社区(尔玛社区和禹龙社区),其日常活动范围基本在安置社区内部。在框定调查区域的基础上,本研究选择以"(温泉路)占道菜场""抗震纪念园"以及安置社区配套的"社区广场"为重点调研空间,其原因主要有三:

一是本研究主要通过观察北川人日常生活来发现"地方感"的形成,上述三处公共空间为北川人日常生活中的重要场所,几乎每天都有大量居民来此活动,并与县城内其他空间形成人气方面的差异。

二是上述三处公共空间的空间再生产都呈现出与空间初始规划相异的面貌。段义孚认为,当空间获得定义(definition)和意义(meaning)的时候,空间转变为"地方"。这意味着对上述空间的再生产进行调查和研究,更便于获得对北川人之地方"定义"和"意义"的理解,而这也与本研究关于"空间—地方紧张"关系的讨论产生较大程度的契合。

三是经田野调查发现,北川人汇集于上述三处公共空间的时间、实践活动存在差异,这便于我们观察北川人于不同空间中如何处理与过去、当下和未来的关系。如温泉路"占道菜场"的生成与北川人过往的生活经验有着密切的关联,它是勾连北川人"过去"的空间;抗震纪念园空间的休闲娱乐化是北川人直面现实生活与灾害纪念的选择,它是观察北川人"当下"生活面貌的空间;社区广场是一处政府有心营造的文化广场,它逐渐成为北川人的日常交际空间,重塑北川人的地方秩序感、认同感,折射出北川人对于未来社区生活的理解和想象。虽然"地方"经由地方社会的日常生活实践而呈现出"时间整体性",但不同空间再生产所附带的时间倾向,也更便于我们理解日常生活对规划空间"空间霸权"所附带的时间统一性(如灾后重建空间之进步性)的突破。

第二章
北川县城的历史地理沿革和城镇空间图景

第一节　北川县地理区位和历史沿革

北川羌族自治县,坐落于四川盆地之北,其地理坐标跨越东经103°44′至104°42′、北纬31°14′至32°14′,东毗江油市,南邻安县(今安州区),西与茂县接壤,北则与松潘县、平武县相邻,总面积为2854平方公里。

北川羌族自治县气候特点鲜明,冬季温暖而夏季凉爽,无霜期相对较长。受亚热带湿润季风气候的影响,降水充沛,且主要集中在7、8月份,降水量占全年总降水量的一半以上。据统计,北川县的年平均气温在15.7℃上下,年平均日照时数相对较短,这使得该地区成为全国光照的低值区。特别是秋冬季,常有连绵细雨,云层常常遮挡阳光,使得光照条件更加不佳。

北川羌族自治县的地质构造相当复杂,大部分地区以山地为主,地形起伏不定,沟壑纵横交错。西部属于岷山山脉,而东部则归入龙门山脉。在这片广袤的土地上,插旗山以其4769米的海拔傲视群峰,而香水渡则以540米的海拔成为地势的最低点,两者之间的相对高度达到了4000余米。北川的地势整体呈现出西北高、东南低的趋势,众多溪流在此汇聚,形成湔江、安昌河、平通河等水系,它们顺山势奔流而出,最终汇入更广阔的水域。

值得一提的是,北川羌族自治县位于北纬31°附近,与全球同纬度地区相比,这里保有最为完整的生态系统。县内林地面积广阔,拥有小寨子沟、千佛山两个国家级自然保护区以及竹林沟省级自然保护区,为众多珍稀动植物提供了宝贵的栖息地。其中,国家一级、二级重点保护动物就有74种之多,国家一级、二级重点保护植物也有13种,它们为北川增添了更多的色彩与活力。然而,尽管北川拥有丰富的自然资源,但由于地形复杂多变,人口分布显得极不均衡。

在山谷间的平坝区域,人口相对稠密,生活气息浓厚;但在一些偏远乡镇,如青片乡等地,由于地势险峻、交通闭塞,每平方公里仅居住着寥寥数人,部分区域更是原始森林密布,人迹罕至。

北川信史可追溯至先秦古籍《禹贡》,当时北川被记载为梁州之地。自古以来,北川地区便是少数民族的聚居地,尤以羌族为主。在司马迁所著的《史记·西南夷列传》中,对汉代西南地区的少数民族状况有着详尽的描述,其中提及的"笮"部落,便生活于今四川省汉源县东南地区。而"自笮以东北"所指的,便是现今的阿坝州以及北川县关内地区。在汉朝初年,这一带的少数民族仍处于分散的部落状态。

公元前111年,西汉帝国凭借其威势,使得冉骁部落归顺于朝廷。自此,汉王朝在冉骁部落的地域设置了汶山郡,下辖广柔等五县。北川关内地区便隶属于古广柔县,自此纳入中原王朝的版图。北周武帝保定四年(564),北川县境内首次设立了县级政权,县名即为北川,其管辖范围大致相当于现今的北川关内地区,至于命名的原因,则已无从考证。唐太宗贞观八年(634),唐朝在禹里(镇)增设了石泉县,其名源于当地的两块巨石和甘泉井。唐高宗永徽二年(651),北川县被撤销,其辖区并入石泉县。自此,石泉县的管辖范围扩展至整个关内地区,与最初的北川县辖区相吻合。

北宋徽宗政和七年(1117),石泉县升为石泉军,下辖石泉、龙安、神泉三县,隶属于成都路。元世祖中统五年(1264),石泉军升为安州,石泉县则隶属于安州。明太祖洪武七年(1374),安州降为安县,石泉县与安县均隶属于成都府。除了漩坪、白坭、墩上乡以及禹里乡部分地区由石泉县直接管辖外,其余地区均被称为"白草番地",分别由龙州土司、坝底、艾林土司管理。

至民国二年(1913),废除府、厅、州,改以道辖县,石泉县隶属于川西道(次年更名为西川道)。民国三年(1914),因与陕西省石泉县重名,石泉县恢复了其古县名——北川县。至此,石泉县名在北川共使用了1280年之久。1935年,自县境东南至西北,陆续实施改土归流,土司领地逐渐纳入县衙的直接管理之下,成为汉区,而原属羌藏民也逐渐被视为汉族。

1951年1月,北川县正式解放,隶属于剑阁专区。1953年,北川县改隶于绵阳专区。1985年5月,又改隶于绵阳市。1986年1月,北川县委、县政府向上级呈报了《关于申请建立北川羌族自治县的报告》。同年11月,四川省政府批准从1988年1月起,北川享受少数民族县的待遇。在接下来的数年间,北川一直坚持申请自治县的建立。直至2003年7月6日,经国务院批准,北川羌族自治县正式成立,成为全国唯一的羌族自治县。

2008年5月12日,北川县城曲山镇在地震中被震毁。震后,北川在安县安昌镇设立临时办事处。2008年10月,绵阳市决定由北川代管安县的永安镇、安昌镇和黄土镇的常乐、红岩、顺义、温泉、红旗、东鱼6个村。2009年2月6日,国家民政部批准,正式将上述乡镇划归北川县管辖。2009年11月9日,四川省人民政府同意设立永昌镇。2010年1月31日,永昌镇挂牌成立,为北川新县城驻地。在此背景下,北川县的人口、行政区划等都发生较大变化。截至2023年1月,北川羌族自治县辖9个镇、10个乡、202个村和33个社区居委会,县人民政府驻永昌镇云盘北路23号。截至2022年末,北川羌族自治县总户数7.89万户,总人口22.93万人,户籍人口城镇化率为30.15%。北川羌族自治县有汉族人口共140 296人,占总人口的61%;羌族、回族、藏族、土家族、布依族等33个少数民族人口共89 666人,占总人口的39%;羌族86 194人,占少数民族人口的96.1%。

第二节　北川老县城日常生活空间图景

北川自建县以来,县治一直设于禹里(古称"治城")场镇,此地位于北川县与茂县、松潘县的交通要道中,也因此形成当地重要的商品集散地。新中国成立后,县城仍然设在禹里乡。其后,因禹里乡地处偏远,交通不便,且匪乱严重,在大大小小的战斗中,造成大量解放军伤亡。1952年9月,剑阁川区将北川县县城驻地迁至更接近成都平原的曲山镇。相对于地势平缓的禹里,曲山镇位于湔江河谷间,这里又被称作"曲山关",为进出北川关内各地的门户所在①。

曲山镇坐落于为三座高山所簇拥的湔江河谷间,河谷地势相对平缓,与高山山顶落差达千米。从地图上看,地震前的曲山镇几乎已开发完山脚下的所有土地,建成地区整体呈现为开口向北的U字形,U字中间部分便是湔江,江面中还有一段自北边山脉延伸而下、高约100米的"龙尾"山脊,因而湔江河水未能"填满"U字中空部分,而是绕"龙尾"而过,同样呈U字形走势,流向远方。

---

① 关内各乡镇称为关内,其余乡镇称为关外,曲山镇位于曲山关外,这一叫法延续至今。

曲山镇西边为王家岩(山),紧邻镇东的是高耸入云的景家山,王家岩和景家山在镇南合拢,造就了镇南的"三道拐"景观,再向南3公里即地势相对平坦开阔的任家坪村。

曲山镇始建于明代,因附近有军事城堡而设曲山关。彼时,西至茂县、东北至平武的官军兵道粮道都从这里经过,因而形成了较小的场镇。但受水灾、地震等自然灾害影响,场镇发展缓慢,居民稀少,因而场镇的规模一直很小。曲山镇早期属于安县、北川县两县共管,直至1942年才全部划归北川县。

新中国成立初期,曲山有居民79户,320人。有穿斗木结构瓦房199间,草房2间,木楼5间;泥土街道1条,长300多米,宽约5米。1952年9月,县城由禹里乡迁至曲山。1953年,设立城关乡,乡内仅辖曲山场、新街、茅坝、沙坝、大水湾、杨柳坪等村。1962年,设城关镇。1981年,经行署批准,更名为曲山镇。

县城迁移至曲山镇后,行政机关和企事业单位相继建房,曲山镇规模迅速扩大,形成主街3条,全长1 653米。1976年,北川县将其改造为柏油街面。1986年,将3条主街拓扩改造为水泥街面,城区面积达0.35平方公里。在此后二三十年间,北川县陆续整治曲山镇街面,完善排水系统和供电线路,添置保洁设施,使曲山镇逐渐变成一座整洁的山区小城。曲山镇城区面积不大,路网密集。北茂(北川县至茂县)公路自南向北穿过整座老县城,并构成城区中长约1公里的主干道——文武街。自县城东的景家山山脚到县城西的王家岩山脚,则有一条东西向的杨家街,与文武街、迴龙街等主要街道交叉,形成多个十字路口,从而逐渐发展为曲山镇的中心地带。

改革开放以后,各行各业蓬勃发展,建设用地不能满足人口增长和经济社会事业发展的需要。80年代初,北川县计划越过湔江和"龙尾"山脊,将城区向东北(茅坝村方向)发展。1985年,北川县拓宽了自翻水桥至龙王滩大桥头长1 700米、宽12米的路,形成了一条从老城向茅坝村方向延伸的街道。1986年,经省政府批准的县城总体规划中,正式确定了逐步向北部茅坝村拓展的发展方向。

1992年,北川县正式启动茅坝新区开发。1994年,县政府办公楼在茅坝落成,由此带动了新区的开发。1995年2月27日,县政府及其10余个直属部门迁入。此后,10多个行政单位相继在茅坝新区建起办公、宿舍楼,先后建成公私房屋60余栋,建筑面积近10万平方米。茅坝新区地势相对平缓,新区东部紧邻景家山,新区西部的环城公路连上翻水桥、小河湾、老城区、"两桥一洞"等地,使老城与茅坝新区融合到一起。茅坝新区的建设将北川县城面积扩大了1倍,县城总面积达到0.7平方公里。2000年后,北川县还在茅坝新区中相继修建了大禹庙、大禹塑像、羌风羌韵景观、绿化景观等,使一个封闭落后的山区县城焕然一新,颇具地方特色。

至2000年,北川县已完成浇筑山体挡墙1.3万平方米,浇筑水泥路面3.5万平方米,安装新式路灯200余盏,实现广播电视、通信线路下地。县城边缘的禹龙干道全线贯通,翻水桥改建顺利完成,龙王滩体育场一期工程、羌乡民品市场均竣工且投入使用。湔江河县城段防洪堤实现全封闭,砌筑防洪堤19万平方米。新、旧城区人行道彩砖铺设、绿化带建设、排水管道改造、环卫设施升级等工程相继完成,城区绿化覆盖率达到84.5%,基本实现"亮、净、绿、美"要求,并于2001年4月5日通过市级卫生城市标准验收①。

从曲山镇南部的任家坪村向南出发,经安北公路可抵达相邻的擂鼓镇。地震发生时,北川县正在实施"曲山擂鼓一体化"的城镇扩展计划。然而,该项计划尚未进一步展开,特大地震就发生了。

第三节 地震后的北川老县城空间

在5·12大地震前,曲山镇是北川的政治、经济、文化中心,全镇下辖23个村,总面积为122平方公里。2008年5月12日14时28分,发生于中国腹地四川汶川的一场特大地震致使数万名同胞遇难、百万人痛失家园。北川便是这次地震的极重灾区,县城曲山镇更是在一瞬间被摧毁。

县城通往外界的一段公路"三道拐"长约2公里。地震中,"三道拐"被景家山飞泻而下的山石掩埋,路面有的隆起、有的下陷,高度差达数米,严重耽误了救援人员进入北川的时间。"三道拐"下就是曲山镇老城区,地震发生时,附近的王家岩山体在向东快速推移的同时,迅速解体、崩塌,半座山头从天而降,大半个老城区和城区附近的新街村被山体压垮,万余人的生命瞬间消逝。一时间,泥沙和黑暗包围整座老城区,周遭陷入一片死寂。

---

① 绵阳市地方志编纂办公室:《绵阳市志(1840~2000)》,2009年,第1190页。

茅坝新区的灾情同样惨烈,大量楼房在地震波的起伏下垮塌,崭新的建筑瞬间成为瓦砾。景家山大面积滑坡,茅坝中学等多处公共建筑被掩埋。山上"乱石窖"的巨石随之滚滚落下,大量建筑被砸坏砸毁。新城区外围的"两桥一洞"、龙王滩体育场、曲山电站则完全坍塌,人员伤亡十分惨重。

据当地不完全统计,地震前,曲山镇人口约为22 000人,地震中死亡人数约为15 000人,而能够挖掘出的遇难者遗体仅约2 000具,大量遇难者长眠于老县城地下,震后得以完全幸存的核心家庭不足一成。

地震后,北川县政府临时驻地改在附近安县(今绵阳市安州区)的安昌镇,大量幸存者被临时安置于绵阳市九洲体育馆和安县永兴镇的板房区。老县城遗址则被定位为中国最大的地震博物馆,待清理、修建完成后对外界开放。

第三章
被"赠予"的城镇空间：新县城的规划和重建

经过国家相关职能部门的全面勘测，老县城曲山镇一带被确认为地质灾害频发的高风险区域，其环境已不适宜人类居住，因此，北川的异地重建成为势在必行的重要举措。在国家的大力支持和全面援助下，北川新县城的异地重建工程迅速拉开帷幕。从精心挑选重建地址到整个县城的顺利落成，仅仅用了不到三年的时间，这一成就充分兑现了中国政府向灾区人民许下的在短期内"再造一个新北川"的庄严承诺。新县城不仅风光秀美，而且具有超前的城镇规划，密布的城市绿地，大气的山水景观格局，浓厚的羌族文化建筑风貌，这些成就不仅彰显了中国政府和知识精英的智慧与力量，也向国际社会充分展示了中国在应对自然灾害、实施灾后重建方面的强大能力和坚定决心。

第一节　新县城空间的重建与规划

一、重建：选址

从地质结构图上看，曲山镇地处四川盆地以北的龙门山脉断裂构造带，且是龙门山脉中央断裂带"北川—映秀断裂带"（长约 320 公里）的起始点，这里地基松散，地质状态极不稳定，地震、泥石流、洪水等灾害频发。再从具体地理环境看，曲山镇四面环山，山体高耸陡峭，尤其是城镇中心地带，靠近山脉合拢处，使得城镇格局紧凑狭长，人类居住的风险系数极高。在北川人的记忆中，当地曾流传过县城未来会被两边山体"包饺子"的预言。果不其然，在"5·12 汶川地震"中，县城周边山体大面积滑坡和垮塌，造成大量人员死伤。恶劣的地质条件，使得异地重建县城成为必然。

北川新县城是汶川地震后唯一一座整体异地重建的县城。2008 年 5 月 14

日,绵阳市规划局便着手北川县城异地重建选址工作,与此同时,中国城市规划设计研究院专家赶赴四川灾区参与相关调研。5月19日,中国城市规划设计研究院专门成立汶川地震抗震救灾绵阳工作组,启动北川新县城选址工作。5月22日,国务院总理温家宝在重访北川时说:"我们要再造一个新北川。"同日,北川县委县政府临时办事处在安县原县城驻地安昌镇挂牌。从此,异地重建成为北川政府今后三年的主要工作,老县城则被保留为地震遗址纪念馆。

北川异地重建事项自开始就充满争议,有部分人认为重建选址应于老县城附近,如于擂鼓镇、任家坪村等地寻址开建,异地重建易造成资源浪费,且异地重建必然伴随着长时间的选址、拆迁、重建、安置工作,这不利于地方恢复生产生活。另一部分人则认为,北川境内以山地为主,地质问题复杂,县城建筑用地需求较大,山地环境不利于县城的长远发展。异地重建更有利于重新规划北川的未来,便于将灾民从受灾状态转换到可持续发展的生产生活轨道上来,也便于城镇并入经济发达地区(成都市、绵阳市)的辐射范围内。

随着讨论的不断开展,北川新县城的选址原则逐渐成型:其一,新县城要求位于地质条件良好且稳定的地带;其二,新县城地理位置须接近大中型城市,便于全县灾后经济恢复和未来的可持续发展;其三,新县城选址地区的可用土地面积必须充裕,能满足县城未来产业发展及人口增长需要;其四,新县城周边行政区划相对简单,便于国家开展区划调整工作;其五,选址需要便于开展民俗文化活动,从而有利于羌文化的型塑和传播;其六,选址范围内需要一定的可依托的设施基础[①]。2008年6月3日,住房和城乡建设部抗震救灾规划工作组、绵阳市规划局、中共北川县委、北川县人民政府、中国城市规划设计研究院以及武汉勘测设计研究所共同完成《北川县城"5·12"特大地震灾后重建选址与规划研究》的编写,在对安昌镇东南、擂鼓镇、永安镇、安昌镇、桑枣镇五个选址方案进行论证对比后,最终推荐"安昌镇东南"作为北川新县城的选址所在。

就方位看,新县城选址位于安昌镇东南3公里处,安昌镇及其南部的黄土镇各划分一部分土地予新北川建设[②]。就地形看,新县城选址位于老县城以南约23公里处,地处川北山地至四川盆地的过渡地带,地势平缓,平均海拔仅

[①] 陈振羽、魏维、朱子瑜、孙彤:《可持续规划理念在北川新县城总体规划中的实践》,《城市规划》2011年第S2期。

[②] 在此之前,安昌镇和黄土镇均为绵阳市安县(今安州区)所管辖,其中,安昌镇曾为安县县城驻地,2002年,安县县城驻地迁至安昌镇以南约10公里的花荄镇。

540米左右。其中,县城可用地面积达11平方公里,大大超越老县城面积。就发展区位因素看,新县城选址位于川北地区至绵阳市的交通要道沿线上,距绵阳市区仅约35公里,新县城周边还分布有安昌镇、黄土镇、花荄镇等多个城镇,相较于"孤悬"山区的老县城,新县城选址有效强化了北川与其他地区的关联。

2008年7月10日,北川县代管安县安昌镇、永安镇、黄土镇的常乐、红岩等6个村,县境延伸至关外地区[①]。新县城征地拆迁范围涉及两县三镇,征地面积达31 159亩,涉及人数达11 552人。

2008年12月27日,中共中央总书记、国家主席胡锦涛到北川视察指导灾后重建工作,将北川新县城选址命名为"永昌镇"。"永昌镇是新北川版图的第29个乡镇,名字取旁边的永安和安昌两个镇各一字叫永昌镇,寓意北川新县城永远繁荣昌盛之意。"[②]2009年2月6日,民政部正式批复北川羌族自治县行政区划调整方案,将包括北川新县城选址在内的208平方公里土地从安县正式划入北川行政区划范围。

二、重建:规划与定位

2008年11月16日,国务院总理温家宝考察北川新县城选址,他提出新县城要按照"安全、宜居、特色、繁荣、文明、和谐"12字方针进行建设,要努力把北川新县城建设成为"城建工程标志、抗震精神标志和文化遗产标志"。此外,在《北川羌族自治县新县城城市总体规划文本(2008—2020)》中,还计划于2020年将新县城建成为北川政治、经济和文化中心,川西旅游服务基地和绵阳市西部产业基地,现代化的羌族文化城和生态园林城,融入绵安北一体化发展,形成以新县城为全县人口、产业集聚的核心[③]。按照"三年重建任务 两年基本完成"的最高目标,重建工作在党和国家领导人的关心及全国人民的支持下轰轰烈烈地展开。由国家层面派出的各界专家齐聚北川,参与新县城重建规划和设计工作。

2009年5月,中国城市规划设计研究院成立了"中规院北川新县城规划工作前线指挥部";同年10月,绵阳市北川新县城工程建设指挥部、中规院北川新

---

① 北川民间通常以曲山镇或禹里镇为界,称两镇以西北为关内,关内地形以山地为主,自然条件相对恶劣。两地以东南,地势逐渐趋向平缓,距离地区中心城市绵阳市较近,经济较为发达。
② 北川县人民政府:《北川年鉴》,2010年。
③ 《北川羌族自治县新县城城市总体规划文本(2008—2020)》。

县城规划工作指挥部先后成立,与山东援川前线指挥部共同形成应对全面重建"三个指挥部"联动的工作机制。代表地方政府的北川新县城工程建设指挥部负责总统筹;中规院北川新县城指挥部负责技术总协调和总体规划的监督落实,并对每一个单体建筑设计方案的图纸进行审核、备案;山东援建指挥部则负责援建项目和委托项目的建设①。

2009 年 5 月 12 日,北川中学开工奠基仪式的举行,标志着新县城首个项目正式开工建设。2010 年 9 月 25 日,山东省对口援建北川的 369 个项目整体移交②。12 月 18 日,首批入住北川新县城拆迁安置房摇号分配仪式举行,新县城规划区内的红旗、常乐、顺义、东鱼、温泉、红岩 6 个村(原属于安县黄土镇)的征地拆迁 3 984 户如期分到永昌(后改为"沐曦")、新川安置社区的新房(少部分拆迁户被安置于安昌镇的彩虹小区)。12 月 23 日,首批北川灾民入住新县城。2011 年 2 月 1 日,以"开启永昌之门 点燃幸福之火"为主题的开城仪式在新县城举行。

北川新县城由南部产业园、中部生活区和北部旅游休闲区三大片区组成。其中,产业园位于县城南部,主要由工厂、企业组成;北部旅游休闲区在新县城边缘地带,远离人们的生活半径;中部生活区则是新县城的核心地带,该区域面积约为 4 平方公里,建设有政府部门、学校、医院、景区、住宅区、商业区等设施。在中部生活区中,规划设计重点突出如下几点:

第一,禹羌风貌空间。

如果说三年重建、两年完成是国家为北川重建所设定的短期重建目标,那么,"中国羌城、大禹故里、大爱北川"则可被视作北川重建的未来蓝图。为进一步营造北川"中国唯一一座羌族自治县"的形象,在国家住房和建设部、中国城市规划设计研究院和四川省政府共同拟定的《北川羌族自治县新县城总体规划》中,指出注重民族特色风貌培育为北川中远期发展构建骨架。

北川新县城建筑设计均突出地方文化和民族风情,绝大部分建筑风貌都融入羌族传统文化符号。在设计手法上,县城建筑分为原生、传承和现代三种羌族风貌,原生羌风建筑主要集中在新县城中轴线"巴拿恰"(羌语,意为"做买卖的地方")街区一带,建筑普遍在 3 层楼以下,形体追求高低错落,以模仿山间羌

---

① 李晓东、何玉文:《打造新北川:规划统领》,《四川日报》2010 年 5 月 11 日。
② 北川县人民政府:《北川年鉴》,2010 年。

寨"原汁原味"的立体感,为整座县城的建筑文化氛围奠定了基调,巴拿恰街区的设定功能是发展灾后北川羌城旅游业;传承羌风建筑主要体现于四大居民安置社区内,设计师将特定色彩、禹羌特定文化符号及特殊建筑材料附着在安置社区的建筑底层、屋檐和门窗等处。每个安置社区又由若干个居民小区组成,居民小区建筑以4至6层为主,小区内部功能及布局与一般意义上的商品房小区差别不大;现代羌风建筑则主要体现在企事业单位和城市场馆等公共建筑中,这类建筑的外形保留了传统羌族建筑风格,但体积大大超越传统羌族建筑,其内部装饰、功能分区也和现代建筑一致,是现代建筑和本土建筑特色的结合。

第二,绿色城镇空间。

北川新县城综合生活区的空间结构由"山水环、生态廊、休闲带、生长脊、设施链、景观轴"[①]构成,城市格局望山融丘、理水亲人,城市肌理集约紧凑、疏密有致,空间形态整体趋缓、局部求变,体现出专家系统对新县城城市格局的理解和展望。其中,山水环、生态廊、休闲带均是新县城绿地景观,景观轴则主要展现历史人文景观。

"山水环"指代新县城依山傍水的城市格局——以远处的自然山体塑造城镇天然远景,以自西北向东南的安昌河作为综合生活区西部的水景屏障。

"生态廊"沿宽阔的"护城河"安昌河东岸建设,长约3公里,由南部生态公园、中部滨河绿化广场和北部体育公园组成,三个组成部分首尾相连,构成北川县的一道亮丽风光,并与多个居民小区、沿河商业街以及巴拿恰中轴线景观带垂直串联。

"休闲带"则指永昌河景观带,新县城将河水引入改造为内部水系。作为"城内河",永昌河以狭窄、蜿蜒为特点,水系贯穿新县城南北,沿途衔接政府机构、民居小区、城市中心文旅地带以及多个开放式特色公园绿地。

"生态廊"和"休闲带"中包含百余处公共绿地,人均公共绿地面积超过16平方米,既能保证居民在县城任意一点都可以于3分钟内步行到达公共绿地,又可以在发生灾害时起到人员疏散和避难的作用。

"生长脊"为连接安昌镇和永昌镇(新县城)的,作为城市最先启动的贯穿城市的交通干线和城市最重要的基础设施走廊。

---

① 朱子瑜、李明:《纲举目张——北川新县城城镇风貌特色的建构与探讨》,《建筑学报》2010年第9期。

"设施链"指城镇公共服务设施组成的"建筑链条",新县城公共服务设施主要围绕南北走向的县城主干道永昌大道而建,包括惠民服务中心、文化馆、北川中学等。

"景观轴"是一道长约2公里的人文景观带,打造有整座县城中最具民族风情的建筑群,自东北向西南依次建有文化馆、北川博物馆、抗震纪念园、巴拿恰步行街、禹王桥等建筑景观。其中,禹王桥横跨安昌河,河对岸则是县城更外围的山东大道。

第三,科学规划空间。

北川新县城作为汶川地震后唯一一座异地重建的县城,被中国政府视作中国灾后重建的代表性成果。新北川城镇规划和建筑设计方案汇集了国内顶尖力量——由北川、山东援建指挥部和中规院共同组成方案征集委员会,全国50多家具有甲级资质的设计单位受邀参与方案征集。规划设计专家一轮轮审查,中规院一轮轮把关,最终确定推荐方案,提交北川新县城规划委员会审定,每个环节保证了公平公开公正。在此过程中,吴良镛、周干峙、宋春华、张锦秋等国内顶尖级专家均给予了充分建议。在中规院的统计中,参与北川新县城规划建设的中国科学院和中国工程院院士有6位;直接主持新县城单体建筑设计的全国建筑设计大师有6位;参与北川新县城规划设计专家咨询、评审、论证的专家超过100位①。2012年,北川新县城灾后重建总体规划及实施荣获2011年度全国优秀城乡规划设计奖一等奖。

在选址上,正如前文所述,规划团队进行了深入的地质勘察和灾害评估,确保新县城选址在安全的地质条件上,避免了未来可能的地质灾害风险。同时,选址也考虑了交通便捷性和未来发展的需要,确保新县城能够与周边区域有效连接,并满足长期发展的需求。

在规划布局上,北川新县城通过科学的空间布局,实现了羌族文化与现代建筑的和谐共存。每条街道都能望见山景,体现了对自然景观的尊重和融合。此外,规划还同步考虑了羌族特色商业街和工业园的建设,为群众提供了就近就业的机会,促进了经济的多元化发展。

在规划实施过程中,北川新县城注重先进性和人性化的要求。规划团队在极短的时间内完成了总体规划、详细规划以及市政交通工程设计的编制,确保

---

① 李晓东、何玉文:《打造新北川:规划统领》,《四川日报》2010年5月11日。

了规划的科学性和可操作性。

北川新县城的规划设计还体现了对羌族传统文化的尊重和发展。通过规划羌族特色商业步行街等标志性建筑,新县城不仅展现了羌族文化的独特魅力,也为羌族文化的传承和发展提供了良好的空间载体。

北川重建动用了大量的人力、物力和财力,是21世纪初的中国动员范围最广的大型建设工程之一。在建设方案确定后,启动了200余个建设项目,历时不到三年便基本建造完成。卢旭阳认为,中国政府清楚地意识到需要用实际的执政绩效来证明体制的合法性,而快速完成大规模灾后重建是在绩效合法性压力下的优先选项[①]。相应的,在官方话语中,北川重建成果与中国社会制度的优越性画上等号,成为21世纪初中国灾后重建的标志性工程。

第二节 新北川县城空间图景

一、城镇空间边界

本研究旨在探讨灾后社会与重建空间之间的关系,因此,下文以北川人安置社区及其活动空间为主要描述对象和研究重点。

在北川新县城,北川人自称"北川人"或"老北川人",不少北川家庭的家庭成员从事"医师公"职业,吃"公家饭"。来到新县城后,部分幸存者继续端上"铁饭碗"。原黄土镇人则习惯自称"本地人"或"新北川人"[②],被征地后,他们失去了农田土地,成为"城里人"。随着新县城搬迁工作的完成,部分在外打工的新北川人因此选择回乡发展。

北川人安置社区位于县城北部,由尔玛社区和禹龙社区组成,两个社区相邻而建,每个社区的居住区域由5~8个距离相近、规划设计相似的安置小区组成,如禹龙社区由禹和苑、禹福苑、禹祥苑、禹泽苑、禹兴苑5个安置小区组成;被征地的原黄土镇人则被安置于新县城南部的新川社区和东南部的沐曦社区,其规划格局与北川人安置社区相似,如新川社区由新丰苑、新泰苑、新安苑、新盛苑、新瑞苑5个安置小区组成。

---

① 卢旭阳:《合法性基础、行动能力与灾害干预中的政府行为——以汶川地震灾后快速重建为例》,《思想战线》2015年第3期。

② 为便于区分,下文一律将被安置于新县城的原黄土镇人称为"新北川人"。

两地人的安置社区相隔约3公里,中间以景观中轴线(文化中心——抗震纪念园——巴拿恰街区——禹王桥)为界。这一安置理念源于重建时期规划方的实地调研。比如,北川人普遍表示希望与同乡聚居一处,这样有助于延续老县城的社会关系,有利于灾后心理创伤的恢复。同时,两地人的生活习惯、社会背景、灾后安置分配政策等均有差异,分开安置可以避免不必要的矛盾。

两大安置区域内各建有学校、菜场、商店等设施,可以满足人们基本的生活需求,往往只有看病、办证或做小生意时,才有人会去对方区域。因此,生活经历、日常习惯以及工作的差异,加上居住空间的分离,造成北川人与新北川人之间较少产生交集,双方缺乏了解,遑论相互融入。

尔玛社区中的"尔玛"二字得名于羌语,有"上天之子,兴旺之地"之意,社区位于新县城西北部,用地面积284 200平方米。新县城建成时,尔玛社区建筑面积为421 500平方米,容纳户数3 638户。尔玛社区辖区范围东至永昌大道(北段)、新川路,西至辽宁大道,南至石泉南街,北至安昌镇界。尔玛社区包括A、F、B、G、C、H、D、K、E 9个安置小区,共130幢安置住宅楼。

禹龙社区中的"禹龙"二字得名于北川为大禹故里的传说。社区位于新县城东北部,用地面积277 700平方米。新县城建成时,禹龙社区建筑面积为289 269平方米,容纳户数2 466户。辖区东到羊角路和永昌大道(中段),南至石泉南街,西临永昌大道(北段),北依安昌镇。辖区有5个安置小区,78幢安置住宅楼。

北川人安置社区的西部边界为滨河路,该路一边为3公里长、10余米宽的安昌河绿化风光带(即上节提到的"生态廊"),滨河路与绿化风光带沿西北—东南流向的安昌河东岸并列修建,另一边为安置社区。因此,滨河路也属于安置社区外围的"绕城公路"。考虑到交通安全影响,居民较少经滨河路去绿化风光带游玩休憩,平时穿行县城内外的汽车于此路通过。

北川人安置社区的北部边界不甚明显,细长且弯曲的马鞍路属于边缘地带。马鞍路以北,城镇建筑逐渐减少,荒地、农田和绿化区域增多,马鞍路向北两三公里处,便是安昌镇地界。

北川人安置社区的东南部边界由东北—西南走向的西羌北街和南北走向的羊角路连接而成,东南部建筑形态相对多样,有若干处安置居民小区、大型超市、中高端酒店、各类餐馆等建筑,可满足人们日常生活需求,也有县政府、县人民医院、永昌派出所、县政协、税务局、县检察院、县法院、县档案局等党政机关、事业单位。

西羌北街以南是大面积的待开发土地,面积达12万平方米,人们可经由青片路、新川路穿过这片土地,步行约15分钟后,便可达县城中轴线(景观轴)区域,来新县城的游客都会在此参观、游玩。北川人和新北川人亦会经常来此散步休闲。中轴线以东再走约15分钟,便是新北川人聚居的新川社区和沐曦社区地界,那里无论是商业还是人气,都远不及北川人安置社区,也显得较为冷清。

二、安置小区空间

老县城的居住空间大致可分为三类。

第一类是最为普遍的临街而建的单位宿舍楼,这些宿舍楼为县城各单位集资建成。有的楼栋具有办公和居住双重功能,即底层为单位办公场所,其余楼层为员工住宅,有的则是独立建设的员工住宿楼,选址往往毗邻员工所在单位。

第二类是当地人于县城街道旁以及县城周边自建的民居。地震前,北川自建民居已小有规模,它们多为两至三层的楼房,最高可达五六层。县城中自建民居的主人多为农民,在县城扩张和经济社会发展过程中,他们逐渐转为城镇户口,自建民居的一、二楼通常作为商业空间,居民在此从事自营超市、茶馆等商业形态,其他楼层则为居住空间。县城周边还保留大量农村小院,家家修建了楼房,居住空间宽敞。县城周边可利用土地不多,这些居民自建房密度较高,邻居间往来极其频繁。由于毗邻县城,每家每户都通过农业、手工业买卖而密切参与到县城生产生活中。

第三类是现代商品房住宅,这类住宅仅有几幢,较为富有的家庭会选择购房入住。当地第一幢电梯公寓建于新城区茅坝中学隔壁,在进行地基建设工作时,地震降临,终止了一切进程。

在震后漫长的三年时光里,多数北川人寻得了临时的避风港——绵阳市永兴县与安县的板房区,而也有一小部分人选择远走他乡,开启新的生活篇章。在板房区的日子,如同一道深刻的烙印,永远镌刻在他们的记忆之中。以永兴县的板房区为例,这片由山东省慷慨援建的安置之地,自2008年10月迎来首批居民以来,最多时曾容纳了三万余名受灾群众,人均居住空间不足10平方米,显得尤为局促。板房内的环境艰苦,冬日寒风穿堂,夏日暑气难耐,随着生活物品的累积,空间更显拥挤。加之隔音效果不佳,个人隐私难以得到保障,这无疑为北川人灾后的身心恢复增添了重重阻碍。于是,茶余饭后,人们更倾向于走出狭小的居所,投身于集体活动中,在公共空间内短暂地寻觅"正常的生活"。有的人,还在板房区的空地上播撒花种,用绿意装点生活,以此慰藉心灵。然而,当夜幕降临,回到那简陋的板房,现实的苦涩与未来的迷茫依旧如影随形,萦绕在他们的心头。

规模宏大、规划超前的新县城令北川人非常向往,早在重建时期,便有不少居民从永兴板房区偷偷跑去新县城"考察",看着未来的家园一天天从施工图纸上成为现实,他们会在网络上以及 QQ 群内发布新县城的照片,互相鼓励、打气。在北川人心中,北川新县城将带来更为优质的生活,更带来无限的希望。

2011 年伊始,伴随着北川灾后异地搬迁工作的开展,北川人住进了国家统一规划建设的安置小区,与以往北川人居住的自建房或单位自建房不同,安置小区由多栋单元楼组成,就外观看来,安置小区居住空间分异(residential space differentiation)并不明显,甚至带有计划经济时期城市的某些特点,即不同阶层在城镇内部极度均匀地分布,城市居住空间结构相对均质和单一[①]。具体而言,安置社区在形制、风格、布局等方面都似"稳定的分子型"或"蜂巢型",不同小区呈现出高度的相似性,并主要体现在以下三方面:

一是小区单元楼建筑风格相似。比如,最底层为灰色墙面漆或墙砖,颇具羌寨碉楼石料墙面的风格;中间二、三、四层墙面为白色,是羌族白石信仰的体现;上方五、六层为黄色墙面,以红褐色线条作为墙面纹饰,这一色彩搭配同样来源于羌族建筑;屋顶由平顶和坡顶组合而成,被统一刷成灰色。单元楼建筑高度、楼间距也大体接近。

二是小区内部环境相似。比如,小区的主要出入口处都配有地方政府搭建的物业岗亭,小区内部的绿化均为规划建设时统一种植,凉亭长椅、健身器材等设施也都统一购置。诸多相似之处使小区整体外观和谐呼应,压缩了设计时长。当然,由于小区内外部面貌存在种种雷同之处,初来乍到者易在此迷路。

三是室内格局相似。比如,除房屋朝向可能会有所不同外,同一面积住房的室内空间布局和设计基本一致。房屋交付时即为"简装成品",统一的浅灰色地板瓷砖、白墙、统一品牌的厨具和坐便器等。居民拿到自家钥匙后,基本可以实现"拎包入住"。有居民调侃,若换一个安置小区的同面积住房,把家里的装

---

① 方长春:《中国城市居住空间的变迁及其内在逻辑》,《学术月刊》2014 年第 1 期。

修和家具搬过去，会发现家庭生活条件完全没有变化。另外，安置小区及单元楼的称呼也被统一，如尔玛社区下辖的9个安置小区均按英文字母排列，如尔玛A区、尔玛B区。当地人通常依靠"尔玛某区"或"禹某苑"一类指称来交流地理方位，透露出浓郁的安置社区生活特色。

此外，为符合新县城整体风貌以及便于灾后管理，新县城各社区内部事务由同名社区居委会负责管理。社区居委会均位于社区中心地带，视线可触及社区每一个角落，以至于安置小区内发生任何事，都能第一时间为居委会所知，为地方社区治理带来便利。

三、城镇街道空间

老县城人口稠密，建设用地面积狭小，城镇街道普遍窄短，尤以老县城老城区的道路最为典型。老城区街道密度颇高，主要街道有曲山街、文武街、杨家街等，最长的街道不足500米，宽度不足8米，两边遍布着各式商店、单位、民居。老城区生活环境较为拥挤，一到周末或赶集日，人潮会把所有街道堵得水泄不通。老城区边缘为农田和农村宅院，但受山地地形限制，空间不算宽敞，道路均为乡间常见的小路。老城区以北的茅坝新区的建设为老县城带来两条相对宽阔的道路——禹龙街和茅坝街，两条街宽度约为10米，新区人口、建筑相对较少。在老县城生活的人们可以享受极低的时间成本，脚步稍快的人可以在15分钟以内从县城南部走到县城北部。比如，在茅坝上班的人，中午可以选择回老城区的家中吃饭，即便算上睡午觉的时间，下午返回茅坝上班亦不至于迟到。北川人常用"安逸"一词形容老县城生活，表达出对过往的怀念。

一位北川人撰文回忆老县城：

> 在这座小城里，会少了许多行色匆匆、纷纷扰扰。居住绿荫环抱中，出门可见青山绿水，移动几步可逛超市，开车数里可归山野，十分钟之前，还在歌城引吭高歌，十分钟之后，便可来到宁静的乡村，素淡质朴的乡村、羌寨美景将会一洗城里人身上的尘埃。①

虽然新老县城的行政等级并未发生更易，但访谈中能不时听到，当地

---

① 周永珩：《北川老县城，仍然在我们的梦里》（未刊稿）。

人不自觉地把北川新县城称为"城市"。与之相反,附近安县县城驻地花荄镇的居民却很少把花荄镇视为城市,即使安县已于2017年升级为绵阳市安州区。

以道路系统为例,新县城疏朗的道路系统,如同一道道分割线,为城镇景观设置和社会生活秩序勾勒出基本轮廓。专家们遵循"高密度、窄道路、小街坊"的路网规划模式,通过道路设置来打造"慢生活"的县城,举措大致如下:一是在不增加道路用地的前提下,显著提高路网密度,降低路面宽度,提高小城镇居民出行的便利程度。二是街道相对较短。比如,安置小区内部每段道路长度一般不超过200米,如此可限制机动车高速行驶。三是照顾居民的多样性需求,道路内侧多建有宽阔的人行步道。

事实上,新县城内的道路以双向四车道、六车道最为常见,最窄的道路宽度也达到8～10米,这种道路格局在南方县城较为少见。究其原因,是专家们为未来人口的增长和出行方式的变迁预留了充分的空间。老北川异地安置人口约为1.5万人,黄土镇征地安置人口同样约为1.5万人,总人口与老县城相当。然而,规划中的县城人口将在2020年达到8万～10万人。因此,专家们大胆地将新县城规划面积扩至老县城的10倍(包括大面积工业园区用地、水体和绿化用地),以至在相当长的时间内,新县城给人的观感和体验感是安静和空旷的,与老县城形成极鲜明的对比。如果说,老北川如同中国千余个县城一样,在漫长岁月中逐步实现城市面貌的改造升级。那么,新北川可谓快速实现新型城镇化的典范。

小　　结

在北川人结束灾后过渡板房生活后,他们迎来的不仅是北川新县城这一物理空间,还有诸多具备地方意义却未经身体实践的新的文化符号,这也预示着北川人要适应和认识新的家园,重新为自己在新城镇中寻找到"定位"。

事实上,为保留地域记忆,承载禹羌文化,延续城市文脉,提升安置居民的空间认同感,新县城社区和大量道路的命名都与老县城相关,如新县城的擂鼓路、曲山路、茅坝街等,均是老县城地名的"挪用";为向援建方致敬,新县城还以援建方来源地为新县城道路命名,如将县城外部的某条公路命名为"山东大道",充分体现出这座新县城的特殊意义。当然,"地方"是归属感、认同感和注意力等多种价值和情感的中心,北川人于北川新县城能否获得以及如何获得真正的"地方感",需要观察他们的生活,进入他们的内心世界,才能得出相对客观的结论。

第四章
去"地方化"与再"地方化":"占道菜场"空间的生成与演变

新县城并非只是一个物理空间的移交,也对北川人提出了更高的"入住要求"。其一,新县城永昌镇的一切空间结构面貌都因规划而成,空间中的诸多事象都在地方政府和社区居委会的管理和监督下运转,呈现出完全不同往昔的城镇空间管理方式;其二,规整有序的建筑规划系统、布局精巧的绿化带等,传递出不同以往城镇空间的秩序话语,亦构成新的"入住要求"。北川人搬入北川新县城后,必须排除一部分于漫长岁月中积淀而成的生活经验,转而迎接一个不属于他们感知和认知系统中的新的城镇空间。公共菜场的规范化便是非常典型的体现,这种规范和升级体现了时代、经济的进步和生活水平的提升,但却与本地人的生活经验较难匹配,进而引发种种矛盾,以至于出现"占道菜场"这类违规空间。本章对"占道菜场"的生产过程及北川人日常生活空间实践之中的感觉经验进行发掘和论述。

第一节 去"地方化":规划空间与违规空间的"交锋"

在北川新县城,北川人常去的公共菜场有两处:一处为地方政府修建的禹龙菜场,该菜场严格依照灾后重建规划框架建设。另一处为北川人及城镇周边民众共同参与促成的"占道菜场"。被视为中国灾后重建窗口城镇和中国 5A 级旅游景区的北川新县城,长期存在着这一违规空间,它是如何产生的?这一被共享的"违规"空间如何为当地不同行为主体所评价,灾后城镇规划及管理与北川人的日常生活之间又会发生怎样的互动?

一、"占道菜场"：一个"违规"空间的初现

目前，北川共有三处政府规划建设的公共菜场，分别是新川社区的新川农贸市场、沐曦社区的永昌农贸市场和禹龙社区的北川羌乡名品市场（当地人分别称之为"新川菜场""永昌菜场"和"禹龙菜场"，下同），其所有权均属北川羌族自治县禹羌资产管理有限责任公司（当地人称其为"禹羌投资公司"），公司股东为北川羌族自治县人民政府，管理权则由几家物业公司承包。其中，新川社区和沐曦社区相隔较远，各设立一处公共菜场，以满足居民日常生活。尔玛社区和禹龙社区距离较近，因此，禹龙菜场为两个社区所共用。

禹龙菜市场于2014年10月左右建成。在此之前，在尔玛社区内还存在一个被北川人称为"尔玛菜场"的公共菜场。从新县城建成移交到禹龙菜场落成这三年间，尔玛菜场承担了尔玛社区和禹龙社区居民的日常买菜功能。

尔玛菜场建设时间较晚。据《北川新县城建设项目表》来看，新县城首期规划建设221个项目，主要分为安置房、公益性服务设施、市政基础设施、景观及绿化工程、行政事业单位、市场服务体系六个大类。其中，农贸市场建设属于市场服务体系，其建设资金并非来自山东省援建和灾后重建基金，而是属于市场运作①，这意味着农贸市场建设需要地方出资。而在有关北川新县城重建的书籍、文件以及无数相关报道中，菜场类规划叙述几乎为零，可知无论是政府官员、各方专家或是记者，无一例外地都将目光和精力投向安置小区、行政场所、学校、绿化等"重点项目"的建设和宣传中去。据传，在更早期的中规院规划中，农贸市场原选址于北川县人民医院南部的一大块空地处（现此处为"御景豪庭"商品房小区），这一地块距尔玛社区和禹龙社区距离相等。后因土地财政的考量，该地块被重新定性为住宅开发用地。这就不难理解，为什么农贸市场建设进度相当迟滞了。甚至在主体工程基本完工后，此类项目仍未被提上建设日程，直到北川人即将入住新县城时，菜场建设问题才被重视起来②。

---

① 这221个项目包括山东援建（含山东援助征地拆迁补助费在内）的82个项目，社会捐建4个项目，业主自主建设14个项目，新县城工程建设指挥部组织实施建设项目121个。

② 时任北川县工商局局长肖太源曾多次提出菜场建设的重要性，但意见一直未被采纳。"2010年入住动员搬迁的时候，工商局肖局长很着急这个事，之前在县里说了很多次，也没动静，县政府根本没考虑这个问题。2010年9月的时候，他在县常务会上为这事发飙了，跟我们县领导争起来了，肖局长说我局长可以不当，但菜市场一定要建，不然老百姓来了新县城怎么活，起码要有个买菜的地方，没地方买菜都会乱套。"访谈编码：YFF20170320。

2010年9月29日，北川人安置社区的菜场经营招标工作紧急展开。消息一经发布，绵阳市内数家公司前来竞标，在为时半天的竞标过程中，北川人QBY创办的北川伯益福利公司（下称伯益公司）成功中标。在此之前，QBY就具备畜牧市场经营经验，早在2009年，QBY便在北川羌族自治县食品药品和工商质监管理局处注册成立北川伯益福利公司，等待参与新县城菜场营造的机会。2020年9月30日，北川县政府将位于新县城温泉路与茅坝街交叉口西北角一处二层建筑设为临时公共菜场。在规划中，该建筑原应用作尔玛社区居委会办公场所。相应的，尔玛社区居委会办公室迁往较偏僻的迴龙街东段。同时，为方便百姓生产生活，政府将该建筑免费提供给伯益公司使用，投资经营自负盈亏，并限令伯益公司于7日内完成场地的改造、装修和搬迁工作。

2010年10月7日，菜场内部改造完成，并正式被命名为"北川新县城生活服务点"。由于该菜场地处尔玛社区中心位置，因而被当地人称为"尔玛菜场"。同年11月，菜场公开进行摊位招租。2011年1月15日，商户入驻工作完成，菜场开始正式营业。

尔玛菜场占地面积为600平方米左右，上下两层楼共1 200平方米左右，有固定摊位240个（块）。地方政府和伯益公司以对外招租的方式经营菜场，要求承租商户以售卖水果、蔬菜、禽肉、熟食、清真食品和花圃植物等为主。一楼被分割为水果区、熟食凉菜区、豆制品区、清真区、蔬菜区、宰杀区、面点区、鲜肉牛羊肉区、水产区等数个区域，有固定水泥摊位若干，每个摊位的月租赁费为120元[①]；二楼被分割为百货区、日杂区、粮油区、副食区，按照经营形式又可分为门店区和自产自贸区。门店区域租给长期从事农副产品生意的商户，自产自贸区域提供给摊贩（主要以新县城附近的农民为主），给予他们在新县城卖菜的空间。由于摊贩流动性较大，为招徕人气，伯益公司提出开业三个月内免费向摊贩开放二楼摊位的承诺，三个月后按次数和面积向摊贩收钱，每平方米的摊位每天收取2元。以上信息在北川县物价局备案后，正式施行。带着对新生活的憧憬和向往，招租信息一经发布，菜场各店铺、摊位被抢租一空。

尔玛菜场内部清洁有序，食品摆放层次清晰，摊位四周都贴有白瓷砖，摊面

---

① 摊位费是当地俚语，即菜场管理方、集市管理方或摊位主人向摊贩收取的摊位日租费用，因收费方常需负责摊位的清洁卫生和秩序管理，因此，这一费用也被称作"清洁费"。与菜场固定摊位租户不同，清洁费一般都是日结，随到随交。同时，清洁费灵活性很大，绵阳市辖各县、乡镇的清洁费都不相同，收费方大多会根据摊位位置好坏、占地面积来综合评定费用，也有菜场或集市按照摊贩人头数收取费用。近年来，北川县境内及周边地区的清洁费一般在5角至10元不等。

铺有灰色金属盘架,属于典型的新型农产品贸易空间,不仅北川人对此非常满意,也令附近经济更为发达的花荄镇(现安州区区政府驻地)的民众欣羡不已。一位经常往返两地的菜贩回忆道:"(和尔玛菜场相比),花荄(镇)老街的菜市场乱七八糟,有时候沿街摆起(摆摊),把街都堵到(堵住)。"①

然而,尔玛菜场的一些缺陷也很快暴露出来:一是空间过载问题。为保持新县城规划外观设计的完整和规范,尔玛菜场的改造运营并不是将原建筑拆掉,而只对室内进行装修改造。因此,尔玛菜场只开设东门和南门。2011年初,尔玛社区和禹龙社区正处于分批入住阶段,人口较少,菜场内的经营活动并未显得拥挤。随着安置工作的完成,两个社区迅速涌入约15 000人,菜场内很快人满为患,两个大门既进出货也进出人,显得拥挤不堪。二是摊位不足问题。菜场二楼自产自贸区提供的摊位数较少,少数摊贩便与菜场管理方私下交易,将靠近二楼楼梯、过道处的"好摊位"长租下来。如此,可供其他摊贩的选择便更少了。同时,自产自贸区面积较小,摊贩们若想正常展示农产品,最少也需要两三平方米的面积,这就意味着摊贩每次入菜场起码要交5~6元给管理方,再加上运输农产品所耗费的人力和通勤费用等成本,种种问题叠加使他们对尔玛菜场的摊位设定渐生不满。三是摊位争夺问题。尔玛菜场分为上下两层,而两层楼农贸产品的经营种类并无明显差异,一段时间后,居民都不愿意为买菜爬楼梯,摊贩们也认为二楼做买卖颇为不便。因此,菜场一楼变得拥挤不堪,二楼逐渐无人问津,这进一步引发二楼经营秩序的崩溃——从起初按"先来后到"的秩序占摊位,到后来每天都有摊贩为争抢到更靠二楼楼梯、过道的好位置而发生争执。"二楼农民买菜区域不是固定的摊位,我们也不便划定位置,为怕秩序混乱,就让他们先到先占位,所以先到的农民就把摊摆在人流量大的楼梯附近,晚到的农民就占不到好位置。"②由于上述问题难以协调和解决,摊贩们陆续离开尔玛菜场,转而去菜场所在的温泉路(迴龙街—茅坝街段)贩卖,一时间,尔玛菜场周边遍地是菜摊。

事实上,早自2008年9月起,随着数以千计的施工人员入驻新北川展开援建工作,附近黄土镇、安昌镇、桑枣镇、永安镇的民众便嗅到了"商机",他们纷纷挑着担子或开着各式车辆,把大量食品、生活日用品运往百余个热火朝天的工

---

① 访谈编码:WXM20170410。
② 访谈编码:QBY20180605。

地。他们守在工地外,沿街摆摊、叫卖,并随各个工程的开启和结束而辗转。由于时逢重建特殊时期,主管灾后重建秩序的重建指挥部并未对摊贩进行严格管理,以至于三年时间内,他们中的许多人获得不小的收益。一位水果摊贩 WXY 道:

> 那个时候生意特别好做,山东人又多,工地上到处是人,买东西也都不还价,我们那时候这些在江苏打工的人都回来了,回来有几百人,一是等安置房建成,还有就是回来做生意。①

新县城建成后,大部分摊贩被城管赶出城,还有一部分摊贩进入尔玛菜场二楼继续经营。随着尔玛菜场二楼摊位秩序的崩溃,摊贩们开始在菜场外的温泉路上摆摊,此前被赶走的大批摊贩也"回流"到新北川,同样"入驻"温泉路。与重建时期分散流动的性质不同,摊贩们的据点转向集中固定,这也显露出温泉路具有明显的商业区位优势。

一是温泉路人流量大且集中。温泉路位于尔玛社区中心地带,全长约 900 米,宽约 8 米,呈东南—西北走向,由东南向西北依次分别与白沙街、龙尾街、茅坝街、迴龙街四条近乎平行的街道垂直交叉,最后与滨河北路相交。尔玛安置小区 E 区西北门作为温泉路的南端起点,白沙街至龙尾街间的温泉路路段(官方称"D 区和 K 区段")左右两边分别为尔玛安置小区 D 区和尔玛安置小区 K 区、商业门店等;龙尾街至茅坝街间的温泉路路段(官方称"C 区和 H 区段")分布有两处数千平方米的长方形荒地(城市避难场所)以及商业门店、幼儿园、尔玛安置小区 C 区和尔玛安置小区 H 区;茅坝街至迴龙街间的温泉路路段(官方称"B 区和 G 区段")分布有尔玛安置小区 B 区、尔玛安置小区 G 区和商业门店等,迴龙街至滨河北路间的温泉路路段(官方称"A 区和 F 区段")分布有尔玛安置小区 A 区和尔玛安置小区 F 区。尔玛社区内九个安置小区在温泉路上都有入口,或者说温泉路联通着九个安置小区,这一设计为温泉路带来充足的人流量。另外,相较其他三个安置社区,尔玛社区布局更为紧凑,也为温泉路人流量的集中带来保障。

二是温泉路受外界干扰因素小。相较与温泉路平行的滨河北路、永昌大道等城市交通要道,温泉路是尔玛社区中一条偏"内部"的道路,也是新县城内宽

---

① 访谈编码:WXY20170217。

度较窄的一类辅路,即便加上路两旁的人行砖道路面,温泉路总宽度也不超过10米。而与温泉路垂直交叉的道路多是主路,同时也是联通县城主干道永昌大道和滨河北路的重要通道,车流量相对较大,不便占道摆摊。

三是温泉路周边消费能力强。北川人"医师公"人口比例较高,稳定的工作意味着稳定的消费能力。且在摊贩眼中,北川人尽管经历了地震灾害,但他们始终是具有城镇户口的人。因此,东奔西走的摊贩们都总结出北川安置社区生意更好做这一经验。一位专卖应季水果的摊贩道:"我上午在隔壁(邻近的)安昌镇卖,下午来北川摆摊,我把卖相好的草莓都留到这里,安昌(镇)人不挑(剔),这里人挑(剔),会吃,舍得花钱。"①

四是温泉路商业形态多样。温泉路沿街门店较多,商业密度在新县城生活区域内最高,堪比巴拿恰街区。在白沙街至茅坝街长达480米的东侧路段上,各类门店60余家,茅坝街至滨河北路间520米路段间,门店大约20家。尔玛菜场位于茅坝街与温泉路交叉口,也对商业集聚起到正向作用。

如此看来,温泉路部分路段和尔玛菜场周边的街道秩序陷入混乱,便不足为奇了。需要指出的是,由于摊贩数量多,占道经营持续时间长,北川人也会将摊贩集聚占道经营的场所与公共菜场混称为"菜场"。为便于区别,本研究将其称为"占道菜场"。在中国,"占道菜场"也被称为"马路菜场""马路市场",是全国大部分城镇地区都有的经营形态,还有一些地方根据"占道菜场"出现的时间将其称为"早市""夜市"等。综上可见,从规划到建设,公共菜场这一与民众生活息息相关的公共设施长期未能受到地方政府的重视,从而导致"占道菜场"的出现,而公共菜场的"遇冷"和"占道菜场"的出现,为日后当地热议的空间秩序问题埋下了伏笔。

二、北川人:城镇空间秩序的"捍卫者"

对于彼时的北川人而言,入住新县城意味着灾后过渡期正式终结,他们得以回归稳定的生产生活,重新拥有属于自己的家园。超规格的县城规划也令他们寄予新县城的生活以很高的期望。时至今日,北川人在言谈中仍习惯性地夹杂着这么一句话——"国家使我们北川(城市面貌)进步了二十年"(一说"进步了三十年")。虽然关于"进步"时间的表述略有差异,但均说明新县城面貌较老

---

① 访谈编码:ZS20180410。

县城有着翻天覆地的变化。更重要的是,新县城的"进步"是国家权力所赋予的,蕴含着国家对灾后社会的特殊"抚慰"。因此,这种"进步"也是同级别行政区域难以超越的。作为新县城的一部分,街道空间自然也是从属于这"进步的二三十年"间的。然而,面对缺乏管制的摊贩群体和缺陷甚多的尔玛菜场,大部分北川人感到街道空间被人为破坏,他们对新生活的一些美好愿景也因此受到冲击。

作为彼时新县城最大的农贸市场,尔玛菜场不仅提供经营场地,还需向租户提供活禽宰杀等工作场地,而新县城规划中并未预留活禽宰杀场地,菜场不得不在一楼后门处开辟一处区域来完成宰杀,这块区域又被居民称为"鸡市"。鸡市毗邻尔玛安置小区,加剧了菜场和社区居民的矛盾。尔玛 A 区居民 XHY 道:

> 我们北川建得这么漂亮,你看到到处是绿化,街面也干净,房子整齐划一,哪里来的人都夸我们这里好。以前那个新菜场跟我们住的地方也就一墙之隔,整体闹哄哄、臭烘烘的,烦得不得了,冬天还好些,夏天到处飞苍蝇、飞蚊子哦,我们平时都不开窗户,睡觉也睡不安稳。①

上面这段话体现了菜场周边安置小区居民共同的心声,QBY 回应道:"鸡市味道大,很正常,但我们也特意将鸡市与买菜区域隔开,只能说尽量不影响百姓。"②他指出,在尔玛菜场经营的三年时间内,经常有居民怒不可遏地从家中冲进鸡市,和租户争吵,甚至发生肢体冲突。而菜场面积小更被北川人视作街道秩序混乱的根源——菜场经营者都需要用各类交通工具运输货物,而尔玛菜场内并没有多余的空间可予车辆停放,因而从菜场启用第一天起,大大小小数十辆货物运输车便长期占据尔玛菜场门前的空地,而该空地在规划中原属于人行道的一部分。对此,伯益公司方面也表示束手无策,既然北川政府一开始便将菜场定于毗邻居民小区的地方,上述问题就注定无解。

因菜场而集聚的大量摊贩也给尔玛社区带来不小的困扰。每天清晨 7 时左右,摊贩们便陆续进入北川新县城,他们围聚于尔玛菜场周边,有的摊贩就地摊上一块塑料布,摆上蔬菜瓜果,有的摊贩在电瓶货车上售卖,一些摊贩还会支起五颜六色的帐篷,用以遮阳挡雨,还有的摊贩用高分贝的电子喇叭不断重复

---

① 访谈编码:XHY20180114。
② 访谈编码:QBY20180605。

吆喝所售卖的货物种类和价格。摊贩们的流动性非常强,每天来摆摊的地点和人都会有所变化,唯一不变的是他们每天对各类空间的侵占,不管是人行道、机动车道、小区门口或是绿地,都能看见他们的身影。经营结束后,一些摊贩选择直接离开,而不会主动清理遗留在路旁的垃圾和污水。

社区环境受到的冲击,终究由尔玛菜场承担了指责。有尔玛社区居民在百度"北川"贴吧发起投票——"大家觉得搬迁尔玛小区的那个菜市场好不好,来说说自己的意见"并设置三个选项。共有95人投票并参与讨论,其中64人投票给"好,新建市场能集中管理"选项,他们普遍认为尔玛社区空间秩序已经让人忍无可忍;24人投票给"不好,老百姓已经习惯了到这里购置菜品"选项,从投票下方的言论看,部分居民选择"不搬迁菜场"的原因并非认同尔玛菜场,而是担心新菜场的建设成本最终会转移到每位老百姓买菜成本中;余下7位投票给"无所谓,到哪里买菜都一样"选项。

从北川人的角度出发,会发现当地人对别处另建公共菜场寄予很大期望,似乎新菜场的建设将会带来各种问题的解决方案。

三、选址与协商:新的公共菜场的规划与落成

北川人所期待的这座公共菜场是一个名为"羌乡名品市场"的建设项目,它与老县城曲山镇唯一的大型公共菜场同名。羌乡名品市场为北川县自主建设项目,该项目位于云盘北路和尔玛路交汇处西南角,占地面积约为1 600平方米,建筑楼层为3层。羌乡名品市场建设迟缓,直至2012年下半年方建成,建设资金高达4 000万元。羌乡名品市场面积较大,能容纳大量摊贩,避免对周围生活环境的破坏。从区位角度看,该市场地段位于禹龙社区中心位置,距尔玛、禹龙各安置小区的路程相对均衡,且与临近的居民小区间也有道路相隔,扰民程度较轻。

令人意想不到的是,2013年年初,建成不久的羌乡名品市场被地方政府卖给个人,其功能由农贸市场变为商场,并被更名为"银泰广场"。银泰广场于2013年下半年正式对外招租,2014年10月正式开业。目前,商场内的业态有超市、药店、健身房、网吧、美容院、茶馆、快餐店、儿童乐园等,与"农贸"二字已无任何关联。

其后,另寻地方兴建公共菜场势在必行。2013年春,有传言称新菜场要建在毗邻禹祥苑的禹龙广场上。一石激起千层浪,与禹龙广场一墙之隔的禹祥

苑、禹和苑居民纷纷通过找居委会投诉、打市长热线、上网发帖等方式来抗议。与尔玛社区居民一样,禹龙社区居民同样承担起捍卫县城规划秩序的"职责",把重建时期的"国家规划"作为最具说服力和最合理的理由,以此来指责地方政府的"短视"。

为避免社会矛盾和财政浪费,北川县政府转而把矛盾归结于伯益公司,认为目前占道问题和物价问题是因伯益公司经营不善引起的。2013年10月,北川县政府收回伯益公司的经营权,并给予伯益公司部分经济赔偿,由政府接管尔玛菜场的运营。然而,事与愿违,政府接管后,此前存在的问题同样无法解决,几乎每天都有菜场租户、摊贩、居民冲进菜场办公室,为各种琐事与管理人员争吵。终于,2013年年末,北川县政府下定决心,另寻土地兴建新菜场。而根据重建规划要求与既往经验教训,在新菜场选址过程中,北川县政府需考虑以下三个方面:

一是土地方面。新县城内大部分土地都已在重建时期完成建设,待开发区域业已被设置为县城商业开发储备用地,对地方经济具有重要作用。事实上,羌乡名品市场的出售也有经济因素的考量,北川县政府因考虑到农贸市场建设成本短期内很难收回,便将其改为商业项目,以促进地方经济发展。此外,新县城由中国城市规划设计研究院和中国建筑设计研究院共同规划设计,具有极高的权威性。对于北川县政府而言,很难轻易对新县城的布局、用途或面貌进行更改。换言之,新县城绝大多数土地的使用性质在规划时期便被确立,且菜场建设所需土地面积较大,这就要求新菜场只能于规划区外选址。

二是距离方面。在中国社会,日常买菜活动通常由具备更多闲暇时间的家庭主妇、中老年人等完成。因此,新菜场选址要考虑上述人群的出行方式和时间成本,避免因距离过远而产生矛盾。同时,新菜场还要遵循距离公平原则,选址位置要适中,以符合两大安置社区居民的共同期待。

三是成本方面。鉴于以往的经验教训,地方政府必须考虑到建设成本问题、收费问题和菜场所有权归属问题。与大中型城市不同,由于消费能力和人口的双重不足,除尔玛菜场外,新县城只有个别超市兼营肉菜瓜果等日常消费食品,但价格偏贵,很难惠及普通家庭。而尔玛菜场的经营模式同样不可持续,为收回装修等前期投入,以及覆盖税费、维护费、人员管理费等"看不见"的成本,伯益公司选择设置较高的摊位费,商户和摊贩则相应地提高菜价,从而成本被转嫁到消费者头上。这些现实矛盾予北川县政府以警醒,作为公共服务设施和公益性项目,若公共菜场继续为私人或民营企业所管理或承包,则难以兼顾社会效益。综合考虑之下,地方政府决定将新公共菜场的所有权收归国有。

经多次会议综合讨论后,禹龙社区以北的一块储备用地进入地方政府视野。从位置角度看,该区域位于马鞍路北侧、永昌大道以东、汶山路以西,属于新县城的边缘地带的储备规划用地。同时,该区域紧邻禹龙社区,但地块面积又不足以进行商业开发,正适合开放公益性场所;从距离角度看,该区域与禹龙社区的禹和苑小区间隔着 10 余米宽的马路,噪声等污染对居民影响相对不大。禹龙社区居民基本可于 5 分钟之内步行到达,尔玛社区中,除 E 区居民需步行约 10~15 分钟外,其余小区居民均可在 10 分钟内步行到达。

新公共菜场选址消息很快传出,两大社区几乎没有出现反对的声音,这为地方政府带来充分的信心,并加快了对公共菜场进行立项、筹备、建设的速度[①]。

2014 年 6 月,同样被命名为"羌乡名品市场"的公共菜场正式挂牌营业,由于地处禹龙社区管辖范围内,该公共菜场也被当地人称作"禹龙菜场"。禹龙菜场为单层半开放式建筑,彩钢棚顶结合钢架结构,这种建筑结构在国内大型农贸市场中较为常见。菜场坐西北朝东南,正门正对禹和苑北门。禹龙菜场经营权为国有全资企业北川羌族自治县禹羌资产管理有限责任公司所有,菜场的日常管理由宏林物业有限公司负责。

从业态分布来看,禹龙菜场占地面积约 2 500 平方米,用于招租的门店如下:业态用途分为饰品、小百货 4 家,干杂、百货 14 家,活禽宰杀 2 家,活鱼宰杀 2 家;固定水泥摊位共计 58 个,每个摊板长约 2.5 米、宽约 1.2 米,业态用途为水果、蔬菜、鲜肉、熟食、清真、花圃等;市场管理用房 2 个。另外,为方便商户及摊贩停车,菜场隔壁设有停车场 1 个,面积约 500 平方米。

从租价来看,禹龙菜场的租金由县物价局设定,保证其与周边城镇同类公共菜场租金相接近。菜场外段的 1~5 号门店的价格为每月每平方米 30 元,菜场中段的 6~10 号门店、18 号门店的价格为每月每平方米 27 元,菜场内段 11~17 号、23 号门店的价格为每月每平方米 25 元;固定摊位租赁价格为每月

---

① 在中规院最早的新县城规划中,公共菜场原本应坐落于尔玛社区东部和禹龙社区东南部的一块开阔地带(现此处为北川商品房小区——御景豪庭)。后经各种因素考量,公共菜场先是移向尔玛社区温泉路一带,后又选址如今的银泰广场处,再选址马鞍路。据选址变更轨迹看,公共菜场地段从安置社区的中心不断移向社区边缘,而有关经济成本维度的考量是公共菜场被"边缘化"的重要因素。

每平方米20元；临时摊位（即农产品自产自销区，位于固定摊位区后面）每个摊位（2～3平方米）每天收取2～4元的费用，这笔费用包括公共照明、用水、垃圾清运及公共设施费。为控制成本以及物价，菜场建设成本较低，装修简单，可容纳更多元化的经营形式和更多人员的进入。

综上可见，禹龙菜场从多方面吸取了尔玛菜场的教训，既相对增加了面积，同时也给予摊贩一定的"让利"，以便于他们以更低的成本参与到经营活动中来。更为重要的是，禹龙菜场的规划与新县城的城市规划与定位不冲突。可以说，禹龙菜场的落成是多方讨论、协商的结果。

在禹龙菜场开业的同时，经营三年之久的尔玛菜场正式关闭。由于尔玛菜场地处尔玛社区中心地带，建筑使用权并未交还予尔玛社区居委会，而被禹羌投资公司出租给饭店和超市，继续作为商业场所对外经营。长期占据温泉路的小摊贩或被要求进入禹龙菜场经营或被尔玛社区居委会联合城管部门驱散，一时间，占道经营现象从温泉路消失。

第二节 再"地方化"："违规"空间的合理化进程

令人意外的是，禹龙菜场的开业并未解决占道经营问题。2014年7月，摊贩们又陆续回到温泉路摆摊设点，恢复正常秩序不足一个月的温泉路重新陷入混乱。从此，温泉路占道经营现象便一直存在于北川人安置社区，且随着占道经营的规模日渐壮大，竟使温泉路成为新县城最为热闹的地方之一。每天傍晚时分，温泉路都会迎来百余位摊贩，以至于在北川新县城，"占道菜场"已取代禹龙菜场的主要功能。为什么占道经营能长期在北川新县城生存？陈映芳指出，违规空间作为一种社会空间，不仅是生活者的违法行为的产物，是执法者与违法者之间互动关系的产物。在运作层面，它是社会各种力量交互缠绕、交替进退的空间；在价值规范层面，它又是某种共享性的意义空间[①]。几经周折之后，从占道经营的"卷土重来"，不难推断出北川社会或已达成某种共识，而正是这种共识推动着"占道菜场"存在的合理化。

---

① 陈映芳：《"违规"的空间》，《社会学研究》2013年第3期。

一、"违规者"群体的"道义"资源与空间诉求

摊贩群体再次"回归"温泉路后,其立场更为坚决,也使得城管的劝导工作更为艰难。为便于分析,我们可以将温泉路的摊贩大致分成三类:

一类摊贩被城管称作"游商"。这类摊贩普遍为青壮年,人数较少,多以露天售卖应季蔬菜瓜果等"快消类"农产品为生,每隔几日便会去绵阳市或成都市的大型农贸市场批发蔬菜瓜果来北川新县城及其附近乡镇售卖。"游商"来源复杂,他们大多并非北川人,而是来自相距较远的三台县、江油市,也有来自更远的德阳市、南充市。他们的运输工具较为"高端",以中小型卡车为主,占地面积大。因此,他们通常都会选择在温泉路路口售货,这样便于及时驾车躲避城管或交警的盘查。当然,车辆会阻碍"游商"与同行交流,有顾客光顾时他们就招呼,没有顾客时他们就玩手机。"游商"货物存量非常多,需要尽快卖完,为避免顾客问价耽误时间,他们会把货物品种及其对应的价格写在小黑板上,或将相关信息制作成录音,再用分贝极高的喇叭播放出来。因而他们与城管间的"交锋"也更为直接,城管不来巡逻的时候,"游商"就开喇叭,城管来巡逻,"游商"就关喇叭。这种"游击战术"令城管相当头痛,城管对于"游商"自然也更为不客气,使得"游商"对非买家普遍保持一种"生人勿近"的态度。某次笔者去温泉路做调研,友好地与一位卖水果的"游商"打招呼,未料对方很不客气地回问我:"你想干啥子(什么)?"

对比之下,另一类摊贩可被称作"坐商",他们是占道经营的主力且来往频次相对稳定,不少人在街道上有固定的"摊位",也不需提前来"占位"。

"坐商"中有一部分是黄土镇、安昌镇的农民,以中老年人为主,他们利用闲暇时间垦荒、种菜,所种植的农作物主要有油菜籽、玉米、花生、日常蔬菜瓜果等,自耕自种模式下所售卖的菜式种类相对较少。他们中的大部分人几乎每天都用自行车、小型电瓶车、摩托车等轻便的交通工具将蔬菜瓜果运送至周边几个乡镇的菜场或集市售卖,经营形式也非常简单——或在地上铺两到三张蛇皮口袋,再将运来的蔬菜瓜果分门别类摊陈于上;或将一块小木板横架在其交通工具上,再挑出成色较好的蔬菜瓜果摊放在木板上以作展示。对于他们来说,售卖农产品极为寻常,既可以挣点钱花,也能打发时间。这些农民摊贩对笔者说:"我们不是卖菜的,他们(游商)才是卖菜的,我们就是来玩,自己种的吃不完,就拿到这里来。"或道:"我们哪里是什么做生意的呀,我们就是讨口(要

饭)的。"

另一部分"坐商"是新北川人,入住新北川后,城镇生活环境和生活方式让这些被征地的农民陷入迷茫。尽管他们因征地拆迁等获得一些补偿,但补偿款用完后,普遍没有新的收入来源。于是,许多新北川人于新县城"垦荒"。有的人偷偷在小区花坛里种上韭菜,有的人在永昌河裸露的河堤上种上大片油菜,有的人在新县城外围种菜,还有的人甚至在田间搭上帐篷或简易砖瓦屋,并在周围种些常吃的菜,吃不完的就拿出来卖掉,如若与政府地块开发相冲突,他们会灵活地换块荒地继续耕种。在新北川人看来,自己为了北川县城异地重建丢掉了土地,是对新县城、政府和国家"有功"的人,并且在拆迁征地动员时,一些乡镇领导还向部分村组作出有关重建后帮助青壮年安排工作的承诺,而之后承诺久久未能兑现。因此,他们讲述自己占道理由时显得格外理直气壮:

> 这里都是农民,种点菜,卖点……城管把我(的)秤给弄走,他不准卖,我又不怕,我就是要秤,我又把秤拿回来。我又没喊着卖,我又没鼓动人家买,又没妨碍交通,又不违法。①

还有一部分"坐商"是失业或退休的北川人。自入住新县城后,北川人跟新北川人一样,也利用闲暇时间在新县城周边开垦荒地,并把菜运到温泉路上售卖。从一系列行为过程来看,他们与其他"坐商"并无分别。有所不同的是,他们具有灾民身份,自认"弱势群体",提到自身占道经营行为更有底气。陈映芳指出,虽然我们在城市生活中处处可以看到民众以违规的形式表达对规则的不满,在此过程中,"以道德主义为武器",一直也是摊贩与管理者博弈互动中的重要方式②。正如摊贩们指出,禹龙菜场摊位费的收取会直接关系到他们的收入,上缴摊位费后,他们也会相应提升菜价,这样他们小本买卖与菜场生意人"正式摊位租户"之间的价格优势便会消失。事实上,公共菜场适当收取摊位费是全国通行的做法,并非北川特色,因不肯缴纳摊位费而占道经营的现象在全国城市管理中也较为常见。但结合上文提及的"道德主义",北川人的辩解便显得更有底气。

对此,北川城管LBT坦言:

> 不光是北川,城市管理有个难题,造成一系列违章情况,不单单是要在

---

① 访谈编码:GJW20180514。
② 陈映芳:《"违规"的空间》,《社会学研究》2013年第3期。

那里卖,还涉及很多社会问题,社会就业,社会保障,游商小贩会说政府有些问题没给我们解决,我就在这里卖,不给政府添麻烦,你们还要怎样怎样。有次镇长来这里视察,他们都不认哦,不管哦,还有人跟镇长当街吵架,那人反正就一句话"我要生活",他们还把这些问题作为占道经营的挡箭牌,他们还有一层意思就是说我拿这个(占道经营),要政府重视,要政府解决我的事情。这些我们没法解决,只能按城市管理规定跟他们解释。①

第三类摊贩是新北川周边乡镇菜场内的租户,他们多是本地或附近的青壮年,来温泉路主要目的是销售菜场滞销的菜。因此,他们一般不与旁人闲聊,除非遇上光顾他们生意的顾客。更多时候,他们紧盯路边的行人,一有人凑近摊位,他们便会招呼两声。这类摊贩在温泉路摊贩中虽占有一定比例,但并不固定,可能一两天来一次,可能一周来一次。与其他类摊贩所不同的是,他们的行动或多或少有些"被动"的意味。因此,他们同样存在"道义"诉求。在他们看来,正是其他摊贩的占道经营,把消费人群都吸引到温泉路,致使他们的"小本生意"寡淡,才不得已参与到占道经营中来。与之相反,禹龙菜场中有几家售卖日杂百货等商品的门店,由于商品不适宜拿到温泉路售卖,店主们对"占道菜场"的存在意见颇大,认为其抢走了禹龙菜场的生意。某日当他们获知我是外地来的学生时,竟一致向我抱怨,希望我能"向上"反映,取缔"占道菜场"。

摊贩们重新占据温泉路反映出另一个问题,即禹龙菜场开业后,并没有吸引到大量客流。因此,在摊贩与城管之间的拉锯战中,摊贩们更为理直气壮的原因还在于地方社会对占道经营态度的悄然改变,他们无一不指出禹龙菜场具有位置偏、"地势"(人气)不足等缺陷。对此,城管想予以回击,却找不到有力的话语,因为这是摆在眼前的客观事实。同样的问题,笔者也在禹龙菜场管理方宏林物业处得到证实,物业人员道:"我们让小贩进菜场来做生意,城管来管的时候,他们就进来,城管走,他们就出去。他们也不是怕花2元钱摊位费,而是觉得外面生意好做。"②对于摊贩来说,摊位摆放在哪里并不是问题,哪里人气旺才是关键,只有顾客多的地方,生意才会好,这也从侧面透露出居民意向对摊贩回流温泉路起到了很大作用。

在此背景下,北川城管不得不作出让步。2016年春,北川城管首次与摊贩

---

① 访谈编码:LBT20180617。
② 访谈编码:LM20180607。

群体达成一致,口头上允许摊贩进入温泉路摆摊,但同时也提出限制措施,只有在每天下午5点半后,摊贩方可进入温泉路。在当时来看,这一临时性举措是颇为实际的,既方便城管集中管理摊贩,也方便居民和摊贩买卖,还保证了禹龙菜场与"占道菜场"的经营时间不产生直接冲突。

二、空间秩序"捍卫者"诉求的变更

一个有意思的现象是,在绝大多数居民口中,摊贩大多被假定为黄土镇人、安昌镇人和新北川人,尤其是新北川人被提及的次数最多,评价也更为丰富多样。实际上,正如上文所述,温泉路摊贩群体成分较为复杂,有黄土镇人、安昌镇人、新北川人,也有桑枣镇、花荄镇等其他县市乡镇的人,更有专门以流动经营为生的商人,甚至也有一部分北川人。

在提及"占道菜场"无序混乱时,一些居民往往会向笔者"科普"新北川人安置社区的凌乱,比如"你不知道吧,他们还在阳台上养鸡哈哈哈哈""他们生活习惯很差,一住到新房子里来,都把坐便器改成蹲着的那种马桶"等等。在关于"占道菜场"的访谈中,"懒、素质低、卫生差"等话语,几乎穿插在每个涉及"新北川人"的话题中,从而形成一个相对稳定的叙事模式。然而,当笔者反问他们有没有去过新北川人安置社区时,他们多会说"我是听别人说的"之类指向不明的话。笔者曾于2016年在新川社区的新丰苑小区暂住过四个月,就个人观察而言,新北川人安置社区环境状况确实不如北川人安置社区,但这并非一个简单的素质问题能概括,还由社区管理差异、政府重视程度、人口结构等系列原因所致,比如新北川人安置社区老龄化程度较高,青壮年在外打工现象普遍。且如本研究第二章所述,地震前,相当一部分北川人也曾是农村户口,他们长年依靠在曲山镇周边稍开阔的山地间从事农业种植、家禽家畜养殖为生。入住新县城后,也有一部分北川人曾试图在安置小区内种菜,但相较于沐曦社区和新川社区,尔玛居委会和禹龙居委会对社区景观管理非常严格,因而未能实现。可见在相关叙事中,北川人不仅放大了对新北川人的指责,还有失公允的嫌疑。

话语是最敏感的社会变化的标志[①]。居民把新北川人与占道经营进行联

---

① 巴赫金:《马克思主义与语言哲学》,《巴赫金全集(第2卷)》,河北教育出版社1998年版,第359页。

系的背后,还隐含着对灾后分配差异的不满。早在2011年,笔者第一次来北川时,便在当地听到这样的顺口溜:"北川人(地震)流血,山东人(援建)流汗,黄土人(征地拆迁)赚了几十万。"在这句顺口溜中,北川人指的是在地震中死伤无数的老北川人,山东人指代的是北川新县城援建方山东省,而黄土人则是因北川新县城异地重建而被征去土地的"原住民"。六年后,当笔者再次踏上北川的土地时,此类地方叙事仍在发酵。

禹福苑居民WX在提及摊贩占道时还说过这样一段耐人寻味的话:

> 反正底下的人(新北川人)跟老北川人一打交道一说话,老北川人就知道对方是底下的人(新北川人),我们平时吃穿玩都跟底下人(新北川人)玩不到一起,他们吃穿用度都是大块大块的,他们很高傲。我们老北川人一人30个平方米,我家四个人就给120平方米。我没钱,买新县城的房子贷款5万元,120平方米的房子7万多元,还出去借了2万元。当时屋子里啥也没有,又去借,打工来还,我老公还在外面,很多人家都这样。地震后占(征)了他们房子,给他们分房子,70平方米一个人,一家5个人350平方米,一套120平方米,分三套,地皮子(拆迁征地)还给他们拿钱。他们住一套,卖两套,钱都拿去赌了,天上掉馅饼。黄土人(新北川人)白天都跳广场舞,手上都戴起(首饰),好过得很咧,儿女养老保险(政府)都要给他们买。我们啥都要自己花钱,(养)娃儿(孩子)要钱,还贷款,家里(添置)家具要钱。①

从以上叙述中可以发现,表面上北川人是在抨击空间失序问题,实际上也暗含对一些社会现象(尤其是灾后分配差异)的不满。在北川人眼中,黄土镇本是落后的,因灾后重建而快速城镇化,出现大量"因灾受益"的人。然而,他们却通过一些不文明的习惯去损害"对黄土镇发展有帮助"的北川人的利益。因此,北川人认为,如果新北川人不占道经营,新县城绝不可能变得脏乱差。对灾后分配差异等问题的不满与空间侵占结合在一起,使得攻击对象转向新北川人。通过这些话语,北川人获得自身作为空间失序"受害方"的道德优势,成为新县城规划秩序的"捍卫者",并形成一定的社会舆论——"温泉路不是他们摆摊的地方"。

关于权益或者道德争辩的话语(discourse)往往是策略性的,从中折射出不

---

① 访谈编码:WX20180505。

同身份的人们在地位协商中的微观政治①。在一片指责新北川人的舆论声中,也有很多北川人对占道经营现象表示理解,尤其在城管劝说摊贩离开温泉路的情境中,甚至有居民选择支持摊贩。一般情况下,我们会认为这是同情弱势群体使然。所不同的是,笔者从北川人口中并未探出任何有关城管过度执法的实例。那么,就要从具体语境中去理解他们的"潜台词"。有时候,北川人为摊贩"说情"的原因并非出于某种道义,而是借此表达对公共菜场的不满。

比如,有北川人认为,只要政府或企业能把菜农卖菜的摊位问题合理解决,其他问题都可迎刃而解。

> 这不是卖蔬菜老百姓的问题,这是当初设计者的问题。我觉得新县城最好给附近农村卖菜的老百姓一个地方来摆摊做小生意,让大家都能满足自己的需求。②

> 问题的关键是我们北川县政府没有给农民一个合适的摆摊的地方!每个人都要生活、要吃饭,如果有个合适的地方做生意,哪个想待在大街上晒太阳咧?③

这些有关抨击菜场规划的言论,为居民自身光顾摊贩生意,甚至"不得已"间接参与支持占道经营卸下了道义负担。

调查发现,禹龙菜场开业后,北川人对占道经营的态度发生着微妙的变化,尽管仍不时有居民打城管热线电话举报摊贩违规经营,但针对的通常是少数游商噪声扰民问题。同时,网络上也很少有讨论摊贩占道经营的话题。甚至在很多时候,居民会主动干预城管对摊贩的劝导工作,这让城管人员感觉十分为难:

> 这里住的人有一点点事情就要打电话(投诉),如果这个事情影响到他了,明明知道是不合规的,他也要打电话(投诉),噪声扰民打电话(投诉)他认为是合理的,但如果我们劝导占道经营,同样是这个人,他就要骂你了。④

笔者曾在禹和苑小区租住过三个月,经常路过禹龙菜场。相比"占道菜场"

---

① 米歇尔·甘博:《金浪——斯里兰卡西南沿海地区海啸救助的公平分发话语》,邱月译,《西南民族大学学报》2017年第1期。
② 访谈编码:WY20180611。
③ 访谈编码:YY20180513。
④ 访谈编码:HJF20180331。

的热闹,禹龙菜场的人气可以用"惨淡"二字来形容。当地居民表示:"菜场那边上午11点就没什么人了,整体(居民)都在温泉路上这边买,把第二天要吃的菜买了。"①当被问及原因时,居民给出的理由大致如下:一是禹龙菜场距离较远,二是禹龙菜场菜价较高,"占道菜场"则弥补了禹龙菜场的两点"缺陷"。那么,居民给出的理由是否真正成立呢?

(一) 距离问题

关于禹龙菜场距离问题,居民的主观叙述和客观现实间是存在偏差的。以往尔玛社区的居民抵制尔玛菜场的原因之一是菜场距离居住小区过近,影响生活环境。如今尔玛社区的居民抵制禹龙菜场的原因之一则是菜场距离居住小区过远。有人调侃道:"每去禹龙菜场就是一次朝圣和修行,感谢摆地摊的顶着被赶的风险践行着'群众路线'。"但正如前文所述,除尔玛E区距离禹龙菜场约1公里外,其余绝大部分安置小区至禹龙菜场的步行时间都在10分钟以内。因此,所谓的"距离远"并不绝对,也不具备普遍性。另外,彼时尔玛菜场经营时,禹龙社区的禹福苑、禹兴苑、禹泽苑距离菜场路程均约1公里,但这三处安置小区的居民却未曾抱怨菜场距离等问题。据此,笔者曾多次对居民的说法提出质疑,而后居民们往往会思考一下,再给笔者一个似是而非的回答:"对,其实也不远,就是不想跑到那里去。"对此,禹龙社区居委会工作人员LJ给出的解释更为详细:"老百姓都不往禹龙菜场那里跑,因为市场(菜场)一般都应该摆在城中心。"②这一理由虽然不能完全解释现有的问题,但也给予我很大启发。在其后的调查中,笔者注意到,菜场方位对于当地人买菜卖菜意向存在一定的影响,即北川人对居住空间与菜场之"距离"的衡量,并不完全指物理空间的距离,也指"心理距离"。

(二) 价格问题

北川县政府对于禹龙菜场摊位费的调控并未能让北川人普遍感到满意,而关于禹龙菜场菜价问题的评价,并不完全符合客观事实。

比如,一部分人认为禹龙菜场与"占道菜场"的菜价并无差别,只是"占道菜

---

① 访谈编码:XM20180614。
② 访谈编码:LJ20180515。

场"的存在仅为买菜者提供了更多的选择。笔者曾就菜价问题询问茅坝街"清真小吃""七味面馆""四季鲜"三家小饭店的店主,由于他们常年计算买卖成本,对菜价较为敏感,因此,第一时间就给予很明确的答复。

还有一部分人认为禹龙菜场的菜价高于"占道菜场",这成为他们偏向"占道菜场"的一大理由。认为前者菜价高的居民通常会第一时间指出新县城是国家5A级旅游景区的组成部分,而景区物价高是一个理所当然的现象。居民YQX说:

> 来这边(温泉路)卖菜的农民,一斤可以(比周边城镇)多卖几毛钱,反正觉得新北川消费高,(新县城)超前50年嘛,开始的时候定位就特别高,后来慢慢不说,大家好像达成某种默契一样,反正就这样消费。①

事实上,就当地旅游市场现状看,只有逢年过节等小长假期间,才会涌入大量外来游客,且游客主要集中于新县城中轴线一带,即巴拿恰—新生广场景区,而安置社区与县城中轴线间隔较远,几乎没有游客来安置社区参观。因此,北川菜价高是源于景区物价高之说似乎并不客观。

在入住新县城前,北川人都靠财政拨款和外界捐款维持生活。入住新县城后,自费购买安置房又让他们背上负担,加上新县城经济长期不见起色,当地不少人选择去外地打工……在笔者与北川人的交往中,他们无不自豪地宣称北川人具有"爽快""大气""不爱讨价还价"等"优点",也不止一位北川人跟笔者提及地震灾害是如何让他们突然"看开"、如何改变他们"存钱观念"的,甚至乐此不疲地讲述幸存者们在震后两三年间大肆消费的经历。以上话语也可以从温泉路摊贩口中得到证实,摊贩们都说北川人的生意更好做,因为北川人不怎么喜欢还价,县城下来的人就是跟小地方的人不一样等。然而,新县城经济长期不景气的现状未能使北川人乐观的心态得以持续,恢复正常生活秩序的北川人不得不面对物价问题。尤其是菜价,常常成为他们抨击新县城物价的一个"靶子"。比如,他们会以亲身经历向笔者证明温泉路某种蔬菜比禹龙菜场略便宜几毛钱到一元钱不等。他们给予的解释是,"占道菜场"中的商品少去摊位费等差价,售价必然会更"亲民"。然而,正如前文所述,温泉路摊贩群体异质性程度高,还包含相当一部分菜场租户,他们一般不会在温泉路售卖时随意调整菜价,

---

① 访谈编码:YQX20180611。

这不利于光顾公共菜场的顾客的维系。综上可见,北川人产生公共菜场消费高于"占道菜场"的认知更似由长期特殊生活环境所导致的消费心理所引发的。

此外,在部分北川人去周边城镇买菜的话题中,有一些人认为,相较"占道菜场",安昌镇、黄土镇的菜价还要更划算,对此,他们同样以新县城生活成本高、物价贵等作解释。但细究之下,这些话语与现实生活存在两个矛盾:一是城管部门和尔玛社区从未承认过"占道菜场"的合法性,也不向摊贩收取摊位费,而周边安昌镇、黄土镇的城市管理方都会在菜场或摊贩聚集处划出指定售卖区域,摊贩进入后要交清洁费(摊位费),这些附加的成本必然会摊到菜价中。二是只有老年人可享受免费乘坐北川和安昌镇之间的公交这一福利政策,其他人若要去安昌镇或黄土镇买菜,还得另付公共交通费用。如此计算,周边城镇的菜价优势对于北川人而言,并不会很明显。当然,买卖活动中也存在个体差异,关于菜价的判断会带有强烈的主观情绪和认识,正如有居民提出完全相反的看法:

> 我觉得两边(北川和安昌镇)菜价差不多,吃饭生活这些方面北川比安昌(镇)还低,我觉得安昌还更高,北川人少嘛,菜贩子越来越多,有竞争,价格能高到哪里去啊。①

尽管如此,这并不意味着许多北川人的感受和行为是完全盲目的,也不意味着菜价不存在结构性差异的可能。我们若从摊贩角度出发则会另有发现——尽管绝大部分温泉路摊贩都表示自己的菜价和周边城镇并无差异,但在白沙街某五金电器门店的店主与我的交谈中,则透露出卖家的逻辑——他认为由于新县城人口数量在震后数年间未得到有效增长,且居住区域不集中、人流量分散,这导致新县城绝大部分门店的经营辐射能力偏弱,这位店主透露:

> 我现在租的门面(店)一年6500元,消费(人口)又少,大家(商家)把利润看得重要,我薄利多销也能赚,比如我卖东西,卖1个能赚5毛钱,卖10个赚5元钱。这里人少,我只能卖出去2个,如果我想赚5元钱的话,单价就得提高。②

无巧不成书,在安昌镇西河桥集市附近,笔者从摊贩口中听到类似的话语

---

① 访谈编号:YQX20180611。
② 访谈编号:WHQ20170416。

逻辑：

> （北川政府）建菜场收我们清洁费（摊位费）也没啥嘛，但新北川住得太分散了，我们卖东西就是哪里人多去哪里，新北川人都没有……桑枣（镇）摊位年租金是1 000多元，有些摊位承包给私人（个人），私人（个人）说涨价就涨价。桑枣（镇）那边老太婆（摆摊）收五角、一元，我们年轻一点的去卖，（收费）30（元）一上午，我朋友在那里卖百货一上午交了110元钱摊位费，也是贵。就算这样，还是非常热闹，人非常多，因为人气旺，能挣钱。①

综上可见，摊位费的高低对于卖方而言并非关键，能否挣钱的根本在于客源的多少，人流量会对商品的定价产生较大影响，而这一问题则触及了新县城"缺乏人气"这一软肋。

(三) 人气问题

2018年3月，在摊贩聚集较少的尔玛C区，当笔者提及菜场话题时，几位中老年人突然显得较为激动，他们纷纷指责摊贩是社区内最大噪声来源。随即，当笔者问他们是否希望"占道菜场"搬走时，他们却七嘴八舌地为"占道菜场"进行辩解。

> 居民："这边也闹热（热闹），车子在这边叫（摆摊叫卖），像耍（玩）一样……下午我们也去逛，下午喜欢去，去耍（逛）一耍（逛），反正就是买菜……现在终于挪到那边（温泉路白沙街—龙尾街路段）去了，现在好点了，主要是卖水果那些，都是外面来的，各个地方的都有，都是乡下做生意的。卖菜的没有多少吆喝。"

> 笔者："如果城管不让他们来呢？"

> 居民："那我们不愿意，那样就没有乐趣了，已经形成习惯了，就要（逛）一耍（逛）。老北川（人）都喜欢这里，有乐趣，出来闹热（热闹）一点。晚上都喜欢出来耍（逛），玩玩，家里没有水果就在路上买点。"

戏剧之处在于，同日笔者来到尔玛D区7号楼走访，该栋楼位于小区出口处，外墙下便是温泉路摊贩最为集中的地段，笔者逐一登门拜访紧挨温泉路的6家住户，原本受占道经营影响最大的他们竟一致赞成摊贩在家门口卖菜，并

---

① 访谈编码：LX20180610。

表示"占道菜场"对他们的生活不会造成任何负面影响。

此次访谈为笔者理解"占道菜场"能在新县城"扎根"增加了一个突破口,启发笔者重新理解北川人对于菜场功用的诉求,也勾连起以往访谈中被笔者忽略掉的细节——来自安州区的摊贩 MYX 告诉我:

> 这里干啥子(什么)都方便些,有点人气,一个县城没有卖东西的,冷冷清清的。我在这里卖东西,跟老北川的人关系不错,这里老年人都维护我们,很多来买花生的都不问价,就说"好多钱(多少钱)?"。①

一位常年于尔玛社区 B 区门口卖猪肉的摊贩说道:

> 绵阳、安昌、黄土、花荄都挺好的,这些地方都很热闹,绵阳大市场东西都摆在外面。热闹了,经济才会活,我摆摊是为经济活力作贡献。②

本研究第一、第二章曾分别对北川老县城与北川新县城的城市肌理进行过详细介绍,曲山镇地理区位因素决定其城镇规划不能像平原城镇般摊开,该镇共 4 条主要街道,街道宽度 8 米左右,建筑均沿街而建,见缝插针般紧挨在一起,居住环境容积率非常高。地震前,0.7 平方公里的县城容纳了 3 万余人,这使得整座县城既显得拥挤,也显得非常热闹,城市肌理更有益于北川熟人社会的建构,他们回忆往事时都会说,过去在老县城,走在街上,路人都是街坊邻里,谁家做什么,谁人在哪家单位,做什么生意,都一清二楚。街头巷尾发生什么事,一个小时内便能传遍全城。

与北川老县城不同,几乎每一位来新县城的人都会感叹县城之空旷、人口密度之稀疏、市场面貌之不景气,北川人最常说的一句话便是"新县城没有人气"。新县城的"人气"是北川人口中经久不衰的话题,在他们的叙述中,新县城人气不足大致有以下四个原因:

一是新县城就业机会少,很难吸引外地人前来安家落户。

二是新县城发展前景不明,许多北川人都选择搬迁到居住环境更为热闹、生活购物更为方便的绵阳市主城区和安州区等地居住。

三是作为旅游目的地,新县城吸引力不足,除小长假外,几乎没有游客来北川。笔者在北川的室友 WYG 一直对北川具有旅游城市的"头衔"非常不解:

---

① 访谈编码:MYX20170310。
② 访谈编码:LJ20170410。

北川这个地方特别奇怪,只有逢年过节的时候,人才会多点,在外面打工的人啊,游客啊,会来北川,来了其实也没啥子(什么)好耍(玩)的,留不住人,你(北川)这边有什么特色吗？自然风光在乡下,县城说是说羌族特色,但毕竟不是羌族那种原汁原味的建筑嘛,人家来看下就知道这里没啥子(什么)好耍(玩)了,看一下就走了。所以我们这里还是冷清啊,环境越好越显得冷清,像鬼城。①

如果说上述三个原因属于本地人的体验总结,那么第四个原因则最为直观,即人气不足与新县城规划思路有着密切关联。新县城建于平原地带,建设用地面积为7万平方公里,相比老县城,建设用地面积整整扩大了10倍,而新县城人口至今不足4万人,略高于地震前老县城的人口数。而且北川人和新北川人安置区分散于县城的不同方向,这也意味着当地不仅人口密度普遍较低,各安置区也相对独立。即便在各安置区内,超前的规划也使人际的交往变得疏远。另外,新县城总体规划按照"山水环、生态廊、休闲带、生长脊、设施链、景观轴"这一空间结构设计构思摊开,"景"是规划重点,而园林便是最好的型塑景观的符号。为突出绿地景观作为城市"绿色基础设施"的作用,使城市防灾避险空间分布更均匀更充分,新县城建设了大量城市防灾和公园绿地,建成区绿地面积占建设用地的17%,正如当地政府宣传中写的那样——北川人在新县城任何一个地点出发,可以于300米内进入一处绿地或公园。北川县城绿化率在全国同等行政区内都极为突出,县城景观因此格外秀丽。一位记者如此描绘:"作为全国唯一一个异地重建的新县城,与荒芜破碎的老城相比,北川新城完全像一个秀美的大公园,宽广而略显寂寥。常人所想象的繁华与拥挤,在北川新县城里完全无从见到。大片的草地和公共绿化将北川新城分割为一块一块的花园组团式结构。"②然而,块状绿化区域穿插分布也加重了人们居住的松散。如尔玛K区与尔玛H区之间、尔玛D区与尔玛C区之间,都相隔着数千平方米的防灾绿化带,禹福苑、禹祥苑也与禹龙社区其他小区间隔着数百米的绿化岛。

WYG调侃道:

> 小区之间吧,白天看着还稍好点儿,一到晚上,你有时候都不敢乱窜,

---

① 访谈编码:WYG20180502。
② 彭戈:《北川:重生五年》,《中国经营报》2013年5月13日。

> 简直就是个无人区,你说这是不是规划的问题?绿化多嘛,好是好,但留了那么多空地干啥子(什么)?没的(没有)人气,再说哪有那么多人来北川这个小地方住?①

如此一来,"占道菜场"便有了存在的价值,它有效带动了周边的人气。每天,摊贩来到温泉路,吆喝声、讨价还价声不绝于耳,使温泉路成为新县城最热闹的地方。对人气的渴求也促使北川人开始抨击城管的严格管理,他们纷纷指出,摊贩是吸引人气的,不宜强化管理。

> 我们这里原来就是一个普通得不能再普通的小县城,现在把北上广的管理方式学过来,把这个地方管得死气沉沉的,经济不活跃哪来的人气?还好有摊贩在这边,没摊贩,没人气,新北川跟老北川就没本质区别,死城一座。②

类似的批评逻辑还出现在新县城创优争先相关工作中。北川连续多年参与申请国家卫生县城、省级文明城市、省双拥模范县等活动评选,在检查验收期间,北川城管都会暂时性地把城内摊贩全部赶走。变化不定的治理也让很多摊贩不敢再随意进出新县城,这让北川人谈及此事时有些不满:

> 小摊贩就是被那些城管撵走的,要是不撵他们,北川肯定不像现在这个样子,说不定早就热闹起来了。现在没事就创建这个城市、创建那个文明县城,乱七八糟荣誉一大堆,给老百姓带来什么实质的利益?要我说就要完全放开,把小摊贩弄进来,先把经济盘活了,再来创建卫生城市。北川现在四不像,没有大城市的命,得了大城市的病,也不知道根源在哪里。③

出于对"人气""热闹"等一类体验的追求,北川人开始真正接纳占道经营,容忍它的种种弊端。尽管"占道菜场"仍会对附近居民生活产生负面影响,但其对居民心理、情绪方面所产生的积极作用却是禹龙菜场无法替代的。

综上,在禹龙菜场的投入使用后,相关形势发生如下转变:

一是以往北川人逐渐习惯两处"菜场"的同在;二是居民对于占道经营的批判逐渐细化,从对城市规划秩序的捍卫转向向对个别不文明现象的批判;三是

---

① 访谈编码:WYG20180502。
② 访谈编码:GJW20180514。
③ 访谈编码:CG20180521。

居民与摊贩间由"斗争"转向"合作",为城管工作带来更大难题,以至于"占道菜场"的管理变得更为复杂。

另外,在以往关于城市违规空间的研究中,摊贩、管理者两方的博弈常被视作观察重点,而同样参与到违规空间生产中的社区民众则在一定程度上被忽略。事实上,摊贩群体的产生与其群体的逐利性息息相关,他们的行动必然要在极大程度上迎合消费群体的喜好。因此,摊贩的各类"话术"尽管能给管理者造成一定的压力,但消费群体一再的"姑息"才是促使违规空间生成的深层次原因,温泉路再次转变为"菜场"的背后是买卖双方的互相接纳与合作。

三、多方协作:违规空间的"合理化"改造

中国社会主义的城市的理想型是条块整洁、功能清晰的生产性城市[①]。城市空间生产是由规划单位承担,其后维护社会主义城市功能和审美由承接地方政府承担,并与相关考核挂钩。在与北川地方官员的交谈中,他们经常不自觉地表露出北川这座县城具有的特殊性和进步意义,最常见的话便是"北川是5A级景区、中国灾后重建的窗口"等。这一系列话语来自中央政府、城市规划者、科学家等主要规划者,其后为地方政府完全承接,并通过具体工作实践来匹配这座城镇,而附近城镇面貌较为落后的永昌镇与安昌镇、花荄镇、黄土镇等更成为他们经常比较的对象。然而,多年来,温泉路摊贩占道经营现象却不断试图打破规划而成的空间理念,让地方政府束手无策。

在北川城管看来,如果说因规划失误引发的违规空间问题"情有可原"的话,那么在禹龙菜场建成后,占道经营的死灰复燃,似乎是摊贩们"为了违规而违规"。分管城市管理工作的北川羌族自治县城乡规划和住房保障局(以下简称"住建局")副局长勾云章解释道:"(禹龙)菜场内,我们强烈要求给零商(摊贩)们一个便宜的摊位。工作也做了,也有人得到了优惠,但很多摊贩都不愿意进去。"[②]负责尔玛社区和禹龙社区日常管理工作的是北川羌族自治县城市管理监察执法大队第四中队(以下简称"城管四中队"),自入驻新县城开始,他们工作的主要任务之一便是劝导摊贩离开温泉路,而禹龙菜场开业后,他们的工作重点变成劝导温泉路摊贩进禹龙菜场经营。但现实问题的复杂性让他们一

---

① Whyte, Martin King, William L. Parish. Urban Life in Contemporary China, Chicago: University of Chicago Press, 1985.
② 访谈编码:GYZ20180701。

再以失败告终,细究失败原因,可由如下三点概括:

第一,社会背景的限制。"摊贩—城管"问题是近年来屡为中国社会所热议的话题,相关的事件不仅在网络媒体上引发过一次次的热议,在主流媒体上也曾一再被问题化①。而北川的特殊性更加深了城市管理的复杂性,对于北川城管而言,日常管理过程中稍有不慎便会牵扯到灾后安置、灾后分配等话题,从而小事化大。城管 LBT 说:"我们(北川)相比黄土(镇)、花荄(镇)、绵阳(市)的城管都要更规范(文明),因为我们面对的群体不一样,(我们)面对的都是弱势群体,领导跟我们说的,要人性化(管理),我们不会为难他们的,只要他们配合我们。"②所谓的"弱势群体"包括北川人和新北川人,而前来经营的摊贩自然也会"恃弱而骄"。

当解释多年来温泉路从不收取占道经营摊位费这一问题时,LBT 道出其原因:

> 按道理(惯例)说,政府对在公共场所以寻利为目的(占道经营)的小贩收取一定的清洁管理费用,是合理的。包括绵阳(市)、安昌(镇),都是这样。你占道,要在我这儿审批,就得交钱,包括产品促销、广告审批。在这点上,我们北川跟任何地方都(是)不一样的,涉及城市管理的所有东西都是无偿服务,无论搞多大活动,我们只给活动内容做个规范。领导们都觉得老百姓对收费很敏感,所以勾局(长)说城管不赚钱,民生好一半。③

第二,执法权力的制约。北川住建局下属的城管执法大队是唯一一支专职从事城市管理工作的队伍,执法大队履行职能面对的是"三无"的困境,即无编制、无正式执法人员、无综合行政处罚权④。除勾云章具有公务员身份外,其下四支执法中队 30 余位城管人员全部为社会公开招聘的"协管",他们只能对摊贩进行劝导和解释,执法力度弱,执法效果差。

第三,社区舆论的转变。正如前文所述,尔玛菜场运营时,经常有居民通过拨打城管热线、登门投诉等方式举报摊贩占道经营行为。此时的社会舆论对摊贩处境较为不利,摊贩面对城管还有些许忌惮。在北川新县城"创卫"等关键时

---

① 陈映芳:《"违规"的空间》,《社会学研究》2013 年第 3 期。
② 访谈编码:LBT20180617。
③ 访谈编码:LBT20180617。
④ 李剑:《制定单行条例规范民族自治地方城市管理的问题研究——以北川羌族自治县城管立法为例》,《西昌学院学报(社会科学版)》2018 年第 1 期。

段,他们会配合城管,暂时不出现在新县城。而禹龙菜场建成后,摊贩逐渐获取社区舆论的支持,他们在这种三角关系中的地位日渐稳固,舆论也给予摊贩更多"谈判"的资本,无形中给城管人员带来压力,促使他们不断改进管理手段,劝导方式愈发温和,如此一来,占道经营乱象愈发严重。

北川是一座极其特殊的县城,除"国家使我们北川(城市面貌)进步了几十年"外,北川人对新县城的另一句常用赞美语是——"我们北川新县城是国家5A级旅游景区"。虽然有些人会因新县城旅游资源过少且景观过于集中而质疑其景区身份,并调侃这一评定结果因国家"特殊照顾"而来。但不可否认的是,居民对于新县城现场总体规划的认可度是相当高的,当然也包括对管理者于县城环境维护等方面工作的肯定。需要强调,在北川,除了以开发旅游业的巴拿恰街区、温泉路会出现侵占公共街道外,其余绝大多数街道都非常清洁、整齐、有序,即便在一向被北川人视为"脏乱差"的黄土人安置区域,也不会出现大规模占道经营的场景。此外,新县城建成至今,上级领导视察、外地交流访问、大型活动举办等地方接待事项从未间断,为了给外界以更好的展示,县城管系统的压力不言自明。而北川人安置社区作为灾后重建的"窗口",其空间形象的维护和管理就更显重要。正如尔玛社区居委会工作人员 PAR 所说:"我们社区是国家级、省级示范社区,我们各项工作都走在前面。"①

如何使占道经营现象进入"正轨"并使之可控,成为北川管理者必须直面的问题。LBT 原为安昌镇城管,为彻底整治占道经营乱象,2016 年年底,被调往负责尔玛社区城市管理工作,就任城管四中队中队长。由于有着多年的工作经验,其调任也被住建局领导寄予厚望。然而,在摸底调查一两个月之后,LBT 认为,相较新北川周边城镇,温泉路占道经营情况所反映出的问题更为复杂:

> 我就发现,我跟这里占道经营的人沟通很多次,让他理解,但不得行(不成功)。他说从新县城建起(时)我(他)就这样(占道)了,他觉得他在这里卖天经地义,你(我)是突然来管理的……如果当时哪怕我们采取一点点强制行动,势必要引发群体事件,何况我们还没有执法资格。当然,(问题)也有可能出在我们自身,我也实事求是说,管理方面不力,久而久之就造成了(这样的局面)。②

---

① 访谈编码:PAR20180615。
② 访谈编码:LBT20180617。

为此,城管四中队召开会议,会议的设定前提是,如果无法彻底规范温泉路,如何能同时保证街道空间秩序的可控与社会需求的满足。因此,会议重点针对两个方面展开讨论:一是什么时间允许摊贩进入温泉路,二是什么地段可以向摊贩开放。

在时间方面,为避免与禹龙菜场经营时间产生冲突,会议一致通过将允许摊贩进入温泉路的时间定为下午。由于温泉路是尔玛社区主要辅路,车辆、行人较多,且附近有一所幼儿园,如果摊贩进入温泉路的时间与居民下班时间、儿童放学时间邻近,会增加安全隐患和管理难度,所以必须把摊贩经营的时间相应提前。

在空间方面,多年来,摊贩习惯性地以温泉路—茅坝街路口(原尔玛菜场附近)为中心,向温泉路两边延展。但茅坝街是北川新县城干道,如此会造成交通秩序的失控。因此,需要对经营空间进行适度"挪动"。

基于上述讨论,会议总结出新的办法,即将"占道菜场"范围限定于温泉路白沙街至龙尾街路段内。同时,将经营时间设定为下午4点半至晚上8点半。如此一来,摊贩进入温泉路后既可有较为固定的地段,便于城管对其进行集中管理,也与下班、放学高峰期错开,更可避免早晚噪声扰民。

随后,LBT向永昌镇政府和住建局提交整改方案,并指出温泉路占道经营问题很难完全取缔,但也不能任由其"烂下去"而变成自由市场。最合理的办法便是根据实际情况设置临时经营场所,并在时间上和区域上对其进行规范和控制。为谨慎行事,永昌镇政府联合城管四中队在相关区域内开展民意调查,凭调查结果决定下一步行动。

2017年5月初,城管四中队和尔玛社区联合制定了"关于尔玛小区温泉路D区和K区段流动菜贩的民意调查表",由负责处理尔玛D区和K区社区事务的3位社区组长[①]携带调查表进入D区和K区,逐家登门询问居民意见,调查表列有居民姓名、性别、年龄、是否同意摊贩在此(温泉路D区和K区段)摆摊、电话及备注信息,共102位居民接受问卷调查。这些居民以中老年人为主,他

---

① 尔玛社区分别有16位居民小组长,他们多由普通居民担任,长期负责社区的登记、维稳等工作,平均每个安置小区有2位小组长负责,每位小组长负责5~6栋居民楼的行政工作。小组长每天的工作就是于安置社区公共生活区域内进行巡查,发现问题、立即上报,并负责帮忙处理一部分社区事务。如部分北川人在老县城有种菜、私搭乱建的习惯,来到新县城后,一时难以从行为习惯层面适应新县城的城市管理规范。为维持灾后安置社区形象,居委会则安排小组长深入与居民个体进行交流,解决社区面貌问题。禹龙社区也有相应的社区组长职务,由禹龙社区居委会选聘。

们对占道经营与居住环境间的冲突有着切身感受,也是家庭采购食品的"主力军",他们的意见相对更能代表居民心声。而令城管部门和居委会意想不到的是,102位居民中,仅有5位居民提出反对意见,其余97位均同意摊贩于规定时段内于温泉路人行道上设摊。这一结果也大大加速了温泉路"占道菜场"规范计划的实施。2017年5月中旬,一纸《关于规范温泉路临时市场的公告》(以下简称《公告》)被打印千余份,由城管四中队分发,并向温泉路摊贩和尔玛部分区域居民"做工作"。

关于规范温泉路临时市场的公告

尔玛小区温泉路临时市场是解决困难菜农的生计问题,是一项民生工程,方便群众生活而增设的临时摊区。为了使临时市场经营更加有序,便民而不扰民,永昌镇人民政府、县住建局根据《中华人民共和国道路交通安全法》《绵阳市市容和环境卫生管理条例》《北川羌族自治县城市管理综合行政执法条例》等法律法规的相关规定,结合实际,对临时市场的经营秩序作进一步规范,现将有关事项公告如下:

一、经营场所:温泉路(龙尾街—白沙街)段;

二、经营时间:早:6:00—8:00,晚:16:30—20:30,其余时段需全部进入农贸市场经营,如遇重大检查或特殊活动我们将提前告知经营户,请各位积极配合我们的管理;

三、经营范围:仅限农副产品的经营销售,禁止活禽畜、水产品、烧烤、百货及其他商品的生产和加工等;

四、经营规范:

1. 不得损坏绿地、树木,污染、损坏公共设施及路面;

2. 不得乱扔果皮、杂物,乱倒污水,经营时产生的垃圾需自行收集清理;

3. 不得使用音响、喇叭等设备叫卖;

4. 每个经营摊点必须摆放在台阶上,摆放宽度不得超过2米;

5. 禁止所有车辆(含摩托车、三轮车、平板车)装载货物在临时市场销售;

6. 所有车辆装卸完货物后,需驶离经营区域,不得停放在人行道、非机动车道或机动车道上;

7. 晚16:30—20:30临时取消温泉路(龙尾街—白沙街)段停车位;

此公告于2017年6月19日正式执行,请各经营户理解、配合并支持我们的工作,对不按规定经营的,将予以清理和处罚,并永久取消其临时市场的经营资格,对辱骂、殴打城市管理相关人员的,由公安机关依照《中华人民共和国治安处罚法》予以处理,构成犯罪的,依法追究刑事责任。

特此公告。

北川羌族自治县永昌镇人民政府
北川羌族自治县城乡规划和住房保障局

《公告》基本采用了城管四中队的讨论结果,也是北川县首次从官方层面将"占道菜场"定性为"临时市场"。《公告》透露出地方政府对"占道菜场"这一违规空间的定性及有限的"合理化"。当然,从《公告》文字中不难推断,《公告》的实施只是地方政府的一次"权宜之计","占道菜场"的未来走向仍有很大的不确定性。

第一,"临时市场"的性质界定。

目前,在城市管理方面,"临时市场"并没有国家层面的综合性立法(法律和行政法规)作为依据[①]。《公告》中所指的《中华人民共和国道路交通安全法》,其实依据的是该法第三十一条规定:"未经许可,任何单位和个人不得占用道路从事非交通活动。"对此负责的应该是交警,然而,只有少数"游商"在北川遭遇过交警处罚,且效果十分有限。再来看地方管理条例,《绵阳市市容和环境卫生管理条例》第二十条规定:"市、县(市、区)人民政府应当科学规划和合理布局集贸市场,完善配套设施,引导农产品、日用小商品经营者进入经营场所从事经营活动。根据需要,可以设置早市、夜市、摊区、临时农副产品市场等,经营者应当按照规定的地点、时限有序经营。任何单位和个人不得擅自在城市道路、广场以及其他公共场所从事摆摊设点、兜售物品等经营活动。"《北川羌族自治县城市管理综合行政执法条例》中有相似内容,分别为第十条(市容市貌管理)第六项"禁止占用道路、桥梁、人行天桥、地下通道、广场及其他公共场所售卖、回收物品"、第十一条(环境卫生管理)第四项"集贸市场商品交易分行划市,保持场内环境卫生整洁、设施完好、通道通畅。根据城市规划,合理设置早市、夜市、临时摊区。集贸市场内应当划定和预留自产自销空间,设定临时经营区域,

---

① 四川省的条例贯彻和体现了《国务院关于进一步推进相对集中行政处罚权工作的决定》的相关精神,其依据充分、结构明晰,重要事项及其程序性规定已经比较具体。在四川省条例搭建的框架下,北川城管立法将省条例的授权充分发挥,将"留白"根据本地情况加以补充,将原则性规定细化、赋予操作性(李剑《制定单行条例规范民族自治地方城市管理的问题研究——以北川羌族自治县城管立法为例》,《西昌学院学报(社会科学版)》2018 年第 1 期)。

并设置标牌"和第十二条(环境保护管理)第二项"未经批准任何单位和个人不得在城市使用高音广播喇叭、音响器材等发出超出国家标准的噪声干扰居民生活。生产、经营产生的噪声排放应当符合国家、行业和地方标准"。地方条例中,相关经营活动必须在政府指定场所中进行,但这类场所并不包括公共道路,否则便是非法行为,从业人员还须接受处罚。而在现实中,由于城管缺乏执法权,相关条例在北川并不能有效实施。据此可见,《公告》与现行法律条文和地方规章制度是有所冲突的。虽然占道经营无法合法合规,但地方政府的处理思路是将违规空间"合理化",从而达成令多方都能接受的结果。

第二,"临时市场"的"合理化"处理方式。

在经营时间方面,《公告》不仅限定了日常经营时间,也指出"如遇重大检查或特殊活动我们将提前告知经营户,请各位积极配合我们的管理"。实际就是指特殊时期摊贩须接受政府指导,退出新县城。显然,地方政府在"不得已为之"的同时,把"解释权"牢牢握在手中。尔玛社区工作人员 PAR 说:

> 如果说有检查,我们就去通知他们不能摆。一旦例行检查和重要接待,(这里)肯定就不符合规范,我就给他们(摊贩)说"你们本来就是违规行为,但没造成很大负面影响,我们也就帮你们。但现在上面检查、领导接待,你们这几天就别来。我一年给你 360 天(摆摊),你 5 天不帮我忙啊?"这个是相互的,是不是哈(呀)?所以遇到这种情况他们(摊贩)也理解、配合。①

在经营空间方面,《公告》第四条指出:"每个经营摊点必须摆放在台阶上,摆放宽度不得超过 2 米。"这里的台阶便是高于温泉路路面的"人行道"。对于北川城管来说,"占道"的底线是不可占用机动车道,"人行道"则可被灵活使用。其本质仍是违规行为,处理方式仍是"权宜之计"。但显而易见的进步是,能适当缓解温泉路交通拥堵现象。对"人行道"的占用,还需考虑是否会影响人行道旁门店的利益,在处理过程中,北川城管还挨家登门与店主商量,以保证"临时市场"的顺利运营。

第三,"临时市场"的"合理化"目标。

在地方政府看来,"占道菜场"绝非"合规"的。然而,《公告》以"民生工程""便民"等词汇提供了设立"临时市场"的正当性,也兼顾了居民和摊贩两方的现

---

① 访谈编号:PAR20180615。

实需求和道义诉求,实现违规空间的"合理化"处理。但这并非对温泉路放手不管,在经营范围方面,通过"仅限农副产品的经营销售"把便民对象设定为"困难菜农",避免了其他类经营形式涌入温泉路。

> 温泉路毕竟不是市场,人气也好,老百姓需求也好,它就是一条街。占道经营就是方便农民卖农副产品,蛋啊菜啊禽啊,不能卖杂了,不好监管,特别是食品安全,我们永昌镇食品安全工作抓得非常紧,经常去检查。而且必须每个小贩子(摊贩)都要来我们这里办证,不能脱离我们监管,如果有问题,马上赶他走人。①

综上可见,"临时市场"的设立无法可依、无规可循,长远来看,这一新违规空间似乎不可持续。尽管如此,我们还是不能忽视三方人士对推动占道经营"合理化"的努力和《公告》的出台起到的关键作用。《公告》发布后,温泉路"占道菜场"秩序有了较大改善,居民、摊贩、城管三方的对立态势也随即缓和。

第三节 "菜场"亦"集市":灾后重建空间上的地方文化逻辑

自从获得地方政府的许可后,每天下午,温泉路上长达200米的路侧人行道被各类摊点占满,行人摩肩接踵,讨价还价声不绝于耳,机动车出入其间尤为耗时,司机们不断按喇叭提醒行人、摊贩避让,似乎一切都已尘埃落定……而经调查,"占道菜场"的"合理化"并未能拦住北川人去周边城镇买菜的步伐,尤以中老年人为主。面对笔者的问询,这些人很详细地给笔者"科普"——他们通常于双日上午去安昌镇赶集,单日上午去黄土镇赶集,少数人竟然能说出本县及其临县下辖大部分乡镇的赶集日期。还有人告诉笔者老县城曲山镇有一个很大的"场",逢赶集日,县城人山人海相当热闹。从他们的表述中可知,对于北川人而言,赶集是日常生活中司空见惯的事象,是深入人心的地方传统,"场"也似乎是一个更为理想的买卖农副产品的空间。而在与摊贩群体的交流中,笔者发现"赶场"二字同样以很高的频率从他们口中出现,甚至他们的经济来源、生活

---

① 访谈编码:LBT20180617。

节奏等都与赶集有着密切关联。

在安昌镇某信用社工作的北川人QDZ道：

> 我们小时候,最开始一四七(农历每旬逢一、四、七日)、三六九(农历每旬逢三、六、九日)那种,有什么东西拿到市场上交易,久而久之,老百姓就觉得这里人比较多,比如说我今天哪怕没得事(没有需求),既不买,也不卖,也就是人多,我就要去凑下热闹。赶场(集)就是你去买东西,我去卖东西。我小的时候看我外爷(外祖父)背着菜,别人问他去干什么,他说我去赶场(集)。如果他去买东西,也说赶场(集),有次我问他去赶场(集)干什么?他说买只猫回家。这边逢集那边逢场,他们这些小贩都清楚,今天去安昌(镇),明天去桑枣(镇),后天去花荄(镇),我们这就有这样的文化。①

与地方政府将"占道菜场"作为"违规空间"的认知不同,在北川人眼中,"占道菜场"更像是一个"场"。"占道菜场"与北川城镇治理显得格格不入,却最终得以继续运营,这固然和当地灾后治理的严格分不开。但我们同样要注意到,"占道菜场"的形成和演变是由集体行动导致的,其并未因政府的管制和打压而消失,相反,在空间协商过程中达成多方均能接受的结果。这背后是否也隐含着其他因素?

人类学在对空间与地方的认识中,相对更为关注人类活动对特定地方形成所开展的文化实践,并将这一文化实践过程所达成的地方称为"地方创造"(place making)。人们从特定的地域空间中创造地方时,文化是必备的要素,地方创造被视为对空间的"文化区域化"(cultural territorialization of space)实践②。如前文所述,新北川的各级管理者试图以严格的规则对北川进行管理,试图改变一般县城中常见的"无序"状态。然而,地方社区同样通过话语和行动对新县城这一空间进行理解和改造,并实现"地方"意义的再造。对此,笔者认为有必要借助"场"的视角来对公共菜场和"占道菜场"进行再探究。

一、地方传统集市的时空演变

"场"在学术研究领域通常被称为"集市"。集市在我国有着悠久的历史,它

---

① 访谈编码：QDZ20180619。
② Gupta, Akhil & Ferguson, James. Culture, Power, Place: Ethnography at the End of an Era, in Akhil Gupta & James Ferguson (eds.), Culture, Power, Place: Explorations in Critical Anthropology. Durham: Duke University Press, 1997.

最初指买卖之所,即人们在约定的时间内卖出买进、交换物品的地方①。传说早在黄帝时代已有关于商品交换场所和时间的记载,但人类的这种早期交易最初并没有固定的时间和固定的地点,随着分工的深化,有了更多的剩余产品,交换变得更为经常,出现了固定时间和固定场所的交换,最初的"市""市场"便形成了。随着朝代更迭,农业、手工业的发展,无论是城市还是农村,都有集市的存在②。集市作为一定地域物质交易的场所,使孤立、分散的个体农民家庭得以连接,农民在大大小小、不同功能和层次的集市卖出买进、交朋会友、娱乐休闲,小商小贩在集市间辗转流动,集市成为地方性社会的中心③。

在四川地区,去集市这一活动被称为"赶场""逢场"等,四川地区多山地丘陵的地理环境使集市贸易显得尤为重要。王笛指出:"长江上游集市贸易的发展与居住散布形式密切相关。分散居住的各乡农民均需要以基层市场来进行交换,以弥补一家一户独居生活上乃至心理上的欠缺。"④在四川省广大农村地区,地形导致交通的不便,集市成为民众与外界互通有无的非常重要的渠道。传统社会时期,普遍存在皇权不下县的治理模式,县乡镇集市的存在与国家政治之间的关联较为疏远。即便如此,四川地区还是显现出其独特性,如常建华的研究发现,因集市对地方社会影响极大,四川地区的一些集市设置还需要县吏审批,由知县对场进行掌控,以便于维护社会秩序以及防范一些社会问题⑤。以上特性使西南地区集市研究与华北、闽西等地的集市研究有着显著的差异,也受到中外多位学者持续的关注。

民国初年,集市与国家政权的关联日益紧密。一方面,国家介入到集市管控中来,如新建立的基层政权逐渐与乡村社会原有的市场中心重合,集市在一定意义上,成为国家统合乡村社会的出发点⑥。以北川县为例,民国《北川县志》中,北川县全境地图被划分为五个区,每个区都有相应的集市,分别是东区通口场、邓家渡(场)、陈家坝场,南区擂鼓坪场、漩坪场,西区石板关场、坝底堡

---

① 吴晓燕、李赐平:《乡村集市的政治学解读:缘起与拓展》,《天府新论》2008 年第 4 期。
② 吴晓燕、李赐平:《乡村集市的政治学解读:缘起与拓展》,《天府新论》2008 年第 4 期。
③ 吴晓燕、李赐平:《乡村集市的政治学解读:缘起与拓展》,《天府新论》2008 年第 4 期。
④ 王笛:《跨出封闭的世界:长江上游区域社会研究(1644—1911)》,中华书局 2001 年版,第 105~107 页。
⑤ 常建华:《清代乾嘉时期的四川赶场——以刑科题本、巴县档案为基本资料》,《四川大学学报》2016 年第 5 期。
⑥ 吴晓燕:《集市政治交换中的权力与整合:川东圆通场的个案研究》,中国社会科学出版社 2008 年版,第 6 页。

场、麻窝场街道,北区小坝地场、片口场、龙藏场、外白场、中区开平镇(场)、苗头镇(场)、县城各街①,以上"场"(集市)名与如今北川下辖乡镇的名称多重合,北川乡镇多因集市发展而来,它们的一大基本功能便是为周边数个自然村落提供社会交往和物品交易等的场所。因此,这些乡镇在民间都以"某某场"来指代。另一方面,传统社会小农经济逐渐被卷入到渐渐开放的社会化体系中来,集市商业交易仍得以自然发展。在近代,集市在中国大地上数量激增并分布广泛,以至于每个农村家庭至少可以进入一个集市。施坚雅指出,如果说农民是生活在一个自给自足的社会中,那么这个社会不是村庄而是基层市场社区。基层市场共同体是中国乡村基本结构单位,这一市场由与基层集镇密切往来的周边数个乡村构成,市场为民众提供经济活动,为地方社会提供交际活动中心②。

民国时期,北川乡镇的"场"都有固定的举办时间。有资料记载:"城乡场市如片口每日赶集外,余皆定期赶集,向以阴历为标准,至今仍之有,遇日数逢双(农历二、四、六、八、十等日)赶集者小坝地是也,有逢单日(农历一、三、五、七、九等日)赶集者龙藏是也,若本城、麻窝(农历四、七、十等日),漩平、擂鼓坪(农历三、六、九等日),邓家渡、石板关(农历三、六、十等日),坝底堡、陈家坝、通口(农历一、四、七等日),皆问二日(俗曰'小场')或三日(俗曰'大场')赶集一次,赶集之日(俗曰'逢场'),商贾云集、百货杂陈,市面有繁盛之观,否则俗曰冷场,多呈冷静之象。"③

新中国成立初期,社会逐渐趋于稳定,四川地区的集市贸易和"赶场"习俗得以自然延续。而自1953年国家出台"统购统销"政策开始,二十多年时间内,国家对社会的整合在极大程度上改变了社会政治结构的经济基础。集市贸易作为小农经济的一个方面,被视作有资本主义倾向,从而成为国家行政管控的一环和被改造的对象,其存废完全由国家掌控,国家根据其意志以及对形势的判断决定集市的开闭、交易规则与秩序④。

1978年十一届三中全会召开,提出"恢复集市贸易",中国政府在思想上清除"左"的影响,放松了对集市交易产品种类、交易主体等的各种限制,集市恢复

---

① 杨钧衡等修,黄尚毅等纂:《北川县志》,1932年,第560页。
② 施坚雅:《中国农村的市场和社会结构》,史建云、徐秀丽译,中国社会科学出版社1998年版,第5~10页。
③ 杨钧衡等修,黄尚毅等纂:《北川县志》,1932年,第512~515页。
④ 吴晓燕:《集市政治交换中的权力与整合:川东圆通场的个案研究》,中国社会科学出版社2008年,第91页。

正常秩序,赶场活动重现生机,政府转而成为集市活动的引领者①。此后,随着城市化进程的不断加快,各地开始出现新型商品交易空间(农贸市场或公共菜场),并逐渐代替传统的露天集市。

进入21世纪后,在四川省各大中型城市中心城区,集市逐渐成为历史,它们陆续为超市等新型商品交易市场所取代。如在绵阳市市辖区,年轻人几乎完全不了解"场"的相关信息,即便是年长的人也早已习惯去超市购买农副产品,集市已经无法满足城市居民的生活需求。但在城市郊区、县城、乡镇等地,集市仍保留着强大的生命力。一位北川人在聊赶集话题时说道:

> 你看绵阳,就没有赶场(集)。但在绵阳的农贸市场外有很多人堆(围)在外面,我感觉他们就是想有热闹的感觉,想拥有赶场(集)的感觉。因为在绵阳就是逛街,在我们小地方才是赶场(集)。②

在绵阳市市辖区外的绝大部分地区,集市与新型商品交易市场两类交易场所或同时存在或相互融合,集市并未因社会变迁而消失,这源于如下几个因素:

一是社会需求的旺盛。据学者统计,1977年,四川省集市数量为4600个,1984年超过6000个③,如今,全省有近6000个集市④,仅在绵阳一市,集市便有近250个⑤。可见即便在中国城市化进程不断加速的数十年间,四川省的集市活动仍保持着极强的生命力。此前研究普遍认为,经济现代化将导致集市数量的减少⑥。四川省集市数量之多,也意味着现代经济并未对传统经济模式造成巨大冲击,或者说四川省的现代化进程还未能完全消解传统经济。与中、东部地区不同,四川省内各地域、城乡间的发展极其不均衡,城镇化率长期低于全

---

① 1983年,国务院发布的《城乡集市贸易管理办法》中明确指出集市贸易是社会主义统一市场的组成部分,要推动其"由以自给、半自给经济为基础的农民互通有无、调剂余缺的农贸市场,变为沟通城乡物资交流的综合性商品交换市场"。
② 访谈编码:LX20180610。
③ 侯锋:《农村集市的地理研究——以四川省为例》,《地域研究与开发》1987年第2期。
④ 吴晓燕:《集市政治交换中的权力与整合:川东圆通场的个案研究》,中国社会科学出版社2008年版,第91页。
⑤ 其中,江油市35个乡镇(35个场),盐亭县35个乡镇(33个场),梓潼县33个乡镇(30个场),三台县64个乡镇(64个场),平武县15个乡镇(15个场),北川县22个乡镇(19个场),安州区18个乡镇(17个场),游仙区21个乡镇(数据不明),涪城区14个乡镇(数据不明)。
⑥ 杨庆堃指出:"在现代的经济系统中,人口的积聚会减少零碎的交易活动中心数目,造成集中化的大规模企业,地域和人口的单位都是随之扩大。这样,人口数和交易活动中心的数目,就成了一个反面的或负项的相关数。这相关数之所以变成负式,是因为专业化和分工制的发展,以致许多小中心凝聚成少数的大中心"(杨庆堃《市集现象所表现的农村自给自足问题》,《乡村建设》第14、第17期,转引自章有义《中国近代农业史资料》第3辑,北京:生活·读书·新知三联书店1957年版,第317~319页)。

国平均水平。绵阳市 2017 年末统计数据显示,全市总人口为 483.56 万人,常住人口城镇化率 51.01%。这便意味着全市有 230 余万人口分布在乡村,且受地理因素制约,农村人口居住极为分散。因此,集市的重要性不言而喻。同时,作为农业人口大省,集市买卖成为四川省农民提高收入的来源之一。再就集期而言,在传统社会,集期通常在民众生活约定俗成中形成。施坚雅指出,市场活动的周期性可以在某些特定的日子把对其产品的需求集中在有限的地点,当一组互相联系的市场按共同的周期性(而不是每天)时间表运营时,业主(流动性较强的摊贩)就可以按照每个集镇的集期依次巡回于各个集镇①。改革开放后,随着地理因素对集市交易的影响越来越小以及市场经济发展向好,集期普遍缩短,以满足居民日益增长的消费和交易需求。

在当地从事运输业的北川人 CG 回忆道:

> 改革开放前,赶场(集)大概是十天一次。(20 世纪)80 年代,那时候我差不多 10 岁,赶场(集)时间就变了,间隔变短了,我们漩坪(乡)改成逢(每旬)三、六、九赶场(集),曲山(镇)改成(每旬)一、四、七,治城(禹里镇)改成(每旬)二、五、八,我们北川县的三个"大场"。当时四邻隔壁(邻近乡镇)都觉得这下好安逸啊,这几天就可以去赶一下(赶集)了,都欢欣鼓舞啊,我妈妈和孃孃(阿姨)都觉得方便了,很快就可以上街了。赶场(集)时间都是县上公布的,然后通知乡政府在广播上公布的。②

如今,四川省多为百日场③和隔日场,集市非常频繁。如北川周边乡镇的很多农民每天都会往返于永兴镇、花荄镇、黄土镇、永安镇、桑枣镇等地的集市,相邻集市的逢场时间都会巧妙错开。而同样存在集市文化的河北省、山东省等地区,集期多以每旬三次、半月一次、一月一次,甚至一年三五次为主,隔日场较为鲜见。集市之密集和集期之频繁既可反映出普通民众对于相对廉价的商品

---

① 施坚雅:《中国农村的市场和社会结构》,史建云、徐秀丽译,中国社会科学出版社 1998 年版,第 11~12 页。
② 访谈编码:CG20180521。
③ 集期缩短通常折射出商贸交易频繁的社会背景,侯锋曾对四川集市集期演变进行过研究:"四川大部分地区以旬为基本循环单位,按星期循环偶有出现,主要出现在城市居民集中的场镇,如城市边缘和县城,是解放后由周改为星期的。周期间隔以一旬三次即三日场为主,其循环方式为'一·四·七'、'二·五·八'、'三·六·九'等,在四川各地场镇总数中占到一半以上。在经济较发达的地区,场期间隔缩短的趋势明显,如成都平原多为隔日场,在较偏远的地区时间间隔增长的趋势明显……百日场为每日都有交易的场镇,多为县城和较为繁华的市镇以及有稳定的往来客流的水陆运转码头"(侯锋《农村集市的地理研究——以四川省为例》,《地域研究与开发》1987 年第 2 期)。

仍有广泛的需求,也可说明在现代社会,集市作为地方社会商品交易生活的一部分,仍对人们的生产生活产生影响。

二是交通状况的改善。在传统社会,赶集主要以步行为主。在这种情况下,赶集基本停留在日常生活半径 10 公里以内。在四川省,赶集往往还需要翻山越岭,人们可到达的集市数量相对更少更集中。改革开放后,乡镇公路建设持续进行,土路逐渐升级为水泥路,即便身处深山,也可以经由公路去往集市,再加上自行车、三轮车、摩托车等交通工具的普及,参与赶集活动更为方便。今天,四川省农民甚至把赶集范围扩大至 15 公里左右,这在以前是无法想象的。

三是现代商品交易市场的吸纳和兼容。自 20 世纪 80 年代起,为便于对市场进行管理,四川省各地方政府开始对市场进行规划建设,棚顶公共菜场等新型商品交易市场成为城乡基础设施中必不可少的一部分。这大大改善了传统集市秩序混乱、一盘散沙的空间结构,也改变了集市自古以来"以街代市"的局面。一方面,新型商品交易市场在一定程度上吸纳了传统集市的经营模式,有助于传统生活方式、经营形式的延续,如永昌镇、花荄镇等乡镇中,其棚顶公共菜场内均有农民的"自留地",使得批发销售、明码标价与零散经营、讨价还价等不同交易形式得以兼容,也使传统集市与新型交易市场有效融合。另一方面,新型商品交易市场也常被地方政府视为农民的贸易中心、农副产品贸易服务中心和信息服务中心[①],以联通和承接城市高级市场和乡村社会的货物转运职能,从而吸引更多的农民、个体商户和企业参与到市场交易活动中来,而集市被新型商品交易市场所兼容,自然也方便更多的人群由此受惠。

然而,由于传统市场模式与现代市场体系的差异,集市如今也面临着城市化和现代市场管理制度的冲击。

一方面,随着市场的开放,国家由市场的直接控制者开始向规则制定者、秩序引导者和权益保障者转变[②]。近年来,全国范围的公共菜场逐步实现私有化,个人和私企逐渐参与到市场的建设和经营中来,一些地方政府总体上对公

[①] 吴晓燕:《集市政治交换中的权力与整合:川东圆通场的个案研究》,中国社会科学出版社 2008 年版,第 115 页。

[②] 四川省广大地区多是执行国务院《城乡集市贸易管理办法》(国发[1983]18 号)第 27 条和《四川省商品交易市场管理条例》第 8 条的规定,包括(川工商[2003]36 号)文件明确:集贸市场指县级以上人民政府或县级以上人民政府委托工商行政管理部门划定的市场。同时(川价费[2004]103 号)文件再次明确:"城乡集贸市场的具体划定和设立由当地(县级以上)政府按照《四川省商品交易市场管理条例》的有关规定确定。"(吴晓燕《集市政治交换中的权力与整合:川东圆通场的个案研究》,中国社会科学出版社 2008 年版,第 300 页)。

共菜场实行"管办分离"的原则,工商、卫生等部门只负责发放执照、例行检查和食品安全,这既影响到原本农贸市场的"公办性质",甚至公办公共菜场已从很多大中型城市消失,很大程度上挤压了集市的生存空间,也间接使得由摊位费等经营成本问题引发的菜价高昂现象在多地持续发酵。在发达地区的城市化进程中,随着新的市场管理规则的逐渐确立,即便是棚顶菜场,也常作为脏乱差的象征而大量消失或在城市开发中被边缘化,取而代之的是食品生鲜专卖店等更为精细化和专业化的经营空间。

另一方面,随着政府对城市管理要求的提高,集市秩序与现代城市公共秩序、"非正规"经营活动与不断升级的城市管理双重逻辑的冲突也成为地方政府工作中的难题。各级政府并不排斥以摊贩为代表的个体经济和经营模式,如四川省物价局曾针对社会关心的问题作出指示,若沿街、沿路临时摊位未进入集贸市场,市场不得向其收取集贸市场管理费[①]。然而,这些民生政策并不代表违规占道经营现象会被放任自流。集市经营主体为农民,其农业生产经营商品化程度在不断提高,市场化趋势越来越明显,但他们依然保留着以家庭为单位的传统经营方式。而新北川超前的设计、建设与管理模式自然是要与这种传统经营获得进行切割的,以至激发最为传统的经营模式和非常先进的空间规划、管理理念这对矛盾。需要指出,正是北川的特殊性使得这两者间的矛盾显得更为微妙和复杂,地方政府在处理时也更为棘手。

二、集市空间于灾后地方社会的意义

结合前文可知,之所以在关于"占道菜场"的访谈中,"场"这一概念被当地人不断提及,是因为集市这类消费空间和经济面貌在中国西南地区仍然具有旺盛的生命力。尤其在四川省市级以下行政区划中,集市是人们日常生活中必不可少的,没有集市的生活是难以想象的。因此,当我国大部分地区围绕占道经营而出现类似德塞托提出的以日常生活实践"战术"来反抗规范和治理空间"战略"等现象时,在四川省大部分地区中,这类矛盾表现得并不明显。正如当地城管在对比黄土镇、安昌镇和北川新县城的占道现象时指出:"北川县不好管,安昌(镇)、黄土(镇)那边我们跟小摊小贩都熟悉了,几十年了,大家相互配

---

① 吴晓燕:《集市政治交换中的权力与整合:川东圆通场的个案研究》,中国社会科学出版社2008年版,第122~132页。

合。"①可以说,由于存在"赶场"习俗,摊贩并不需要"发明战术"便能合理占道经营。然而,北川新县城的治理模式却在激化城管与摊贩的冲突,并在上述多重原因的共同作用下,最终形成北川城镇管理主体与占道主体之间存在既"斗争"又"合作"的特殊局面。

除城镇治理层面的特殊性外,我们需认识到,灾后异地重建与安置这一特殊的社会背景,促使北川人迅速抽离过往的生活方式,但"场"这一日常空间的特殊意义却并未从北川人的"地方感"中消失。

(一) 老县城日常生活与赶集记忆

在北川人眼中,传统集市与现代公共菜场的融合是一个非常自然的过程,老县城的杨家河坝菜场便由这两种消费空间融合而成,从中我们既可发现当地集市强大的生命力,也会对我们审视新北川的种种问题带来帮助。

老县城曲山镇曾多次建"场"。第一次建在乱石窖处(现在老县城医药公司仓库一带),时间无考,名曰回龙场,清咸丰六年(1856)被大水淹没;第二次建于清末,定名为曲山场,分两段,以麒麟石拱桥(原老县城县政协一带)为界,这里也是北川县与安县原分界处,桥北为位于北川县的"新场",桥南为位于安县的"老场"。1942年,桥南被划入北川县,成为曲山镇的一部分。曲山镇虽然建"场"较早,但四面环山,人烟稀少,场镇规模一直很小。新中国成立时,曲山镇仅有一条150米长的烂泥路,居民300余人,全镇只有3家小杂货店,1个理发工人,2个裁缝。民众所需的土布、针头、麻线都只有在赶集日从外地来的货郎担上才能买到②。

1952年,随着县城驻地迁至曲山镇,行政机关和企事业单位在曲山镇相继建房,城镇规模迅速扩大,除了旧有街道,又形成几条新街和几条小巷。在此后二三十年间,街面陆续得到整治,人口也逐渐增加。从当地1987年统计数据来看,曲山镇下辖8个居民小组,人口规模已达4 197人、1 013户。人口的增加以及县城经济的发展带来集市的繁荣,在曲山镇最早形成的主要街道夏禹上街和文武街交叉口,就形成一个较大规模的露天集市,这里最早被当地人称作"十字口"。

---

① 访谈编码:LBT20180617。
② 北川县地名领导小组编:《四川省北川县地名录》,1987年。

随着社会经济的发展和县城规模的扩展，80年代末，集市逐渐沿着夏禹街向北延伸，与一条更宽更长的迴龙街垂直交叉，迴龙街把夏禹街切为上街和下街，并形成新的十字路口，为便于区分，北川人称新的十字路口为"下十字口"，称之前的"十字口"为"上十字口"。夏禹上街和夏禹下街因集市繁荣而成为县城最繁华的主干道。每逢赶集日，两边商家都会把门板卸下、摊开，用几条长凳支撑，把店内的货物摆在门板上，赶集结束时再关上，冷场天（非赶集日）就在门店里卖。

20世纪90年代初，地方政府对夏禹上街和夏禹下街进行了路面硬化，整条路泥泞不堪的场景得以改观，政府还常派专人对路面进行打扫。同时，因"场"的存在严重阻碍北川县委、县粮食局、县农业局等单位人员的出行，上十字口不再允许摊贩摆摊，"场"的中心继续北移，移至下十字口。为进一步整顿集市空间秩序，提升街道管理质量，摊贩被要求在路两边的人行道上售卖货物，市场管理委员会（县工商局下属部门）还在下十字口放置了一批金属棚铺，出租给部分摊贩，一个棚可以容纳两家摊贩同时进行售卖活动，其余流动摊贩也被纳入管理范围，每次赶集都要上缴1角、2角不等的清洁费给管理部门。集市的兴盛不只有利于周边农村的农民，更带动了集市周边商业活动的兴盛。在夏禹上街路段两侧，门店鳞次栉比，新的服装店、电器店等门店纷纷围绕下十字口开业，下十字口成为北川最繁华的地段。

1998年下半年，北川县政府于迴龙社区至茅坝社区中间位置的杨家街上修建了一个大型农贸市场，市场被命名为羌乡名品市场。羌乡名品市场地处曲山镇杨家河坝一带[①]，因而当地人又称其为"杨家河坝菜场"。菜场为棚顶结构，占地面积数千平方米，开设多个出入口，无论从县城哪个方向走进来，都无须绕路。市场内既有商户租赁区，也有农民贸易区，甚至还有较为宽阔的街道。新型农贸市场在无形中也改变了当地人对于"场"的认知，棚顶市场替代了传统集市露天占道的经营空间，使赶集活动由室外走向室内，摊贩都在政府的劝说下进入市场售卖。

与此同时，曲山镇依然沿袭着单日赶集的习俗。近百年间，尽管全中国集市面貌都已经历种种巨变，但对于很多至今生活仍与集市有着种种交集的百姓而言，这个变迁的过程是相当缓慢的，北川人将杨家河坝菜场视作集市传统的

---

① 杨家河坝原本在曲山镇边缘，是湔江河边河滩的，原本只有菜地、老建筑公司、城建局和交警大队等，随着城镇面积的进一步扩展，尤其是茅坝社区开始后，县政府对杨家河坝进行筑堤填坝，把这处荒地改造成县城的一部分，并建成一条街，取名杨家街。

延续也从属于这个过程。每逢单日,曲山镇周边农村成百上千的农民会走进杨家河坝菜场进行商品交易①。21世纪初,曲山镇城镇人口较20世纪80年代末增长了约7倍,增长的人口大部分来自北川县下辖乡镇。农民在加快融入城镇生活的同时,也保留着传统赶集的生活方式,从而极大地丰富了集市生活,从集市中往往能观察到乡村社会与城镇社会的种种互动。杨家河坝菜场也是北川人的老县城记忆中一处重要的集市空间,2014年,一位网名叫"山羊角角花"的年轻女士在"北川贴吧"②发布怀念杨家河坝菜场的文章。

记忆中杨家河坝的菜市场

放假了,我每天早晨都会与妈妈来到杨家河坝的菜市场。市场里的品种可谓琳琅满目,让人目不暇接。有蔬菜、家禽、水果、水产、肉类、野生食品等等,真是品种繁多,应有尽有。

回忆起市场里的蔬菜区,有来自景家山农户自己种植的时令新鲜蔬菜,戴着大铁帽的茄子,穿着绿衣的青菜,鼓丁包状(表面不平整)的苦瓜,"披麻戴孝"的新鲜玉米,大着肚皮的南瓜,银装素裹的大冬瓜,巾巾吊吊(条状)的豇豆;有从东溪山里挖来的野生山药,弯弯扭扭,奇形怪状地放着;有刚从大水湾地里摘来的弯豆角,上面还有一滴滴晶莹剔透的露珠,看起来真清新;还有从石椅子运来的水果,是这么的新鲜和诱惑,不禁想拿起偷吃一个。市场边还摆放着土鸡蛋、野果子、野菜……

对了还有水产家禽区,湔江河里的鱼儿在水中吐着一柱柱水串;框里的螃蟹挥舞着大钳子;看,家禽区那边,一只只膘肥威武的小坝土公鸡,拍打翅膀"喔喔喔"地叫着,那里的人儿正在忙碌着呢。那时老北川的居民,家里的腊肉、鸡、鸭都会拿到菜市场去,他们动作麻利,一会儿就帮你打理得干干净净。

小时候的我身体不怎么好,奶奶说猪脚大补,特别是关内的"玉米猪"的猪脚更是养生精品。妈妈心疼我,从不宽裕的家庭里,拿出积蓄到菜市

---

① 集期频率是反映集市发展水平的一类指标,一部分北川人认为,杨家河坝菜场的投入使用及其周围商业环境的形成,当地已基本脱离以往依靠"赶场"获取物资的生活,这也意味着北川已形成"百日场"。但就生活习惯而言,"赶场"习俗和认知在当时并未改变。"百日场"即定期集市发展的最高形式,正如北川人形容江油市和绵阳市的商业环境时,一般都会笼统地说"人家那边是百日场"。

② 百度"北川贴吧"作为北川人和新北川人共同的论坛,在当地较有影响力,截至2018年9月,关注者近7.8万人,甚至北川县多家单位都在该论坛设置管理员,以随时获知舆情。在这里,可以看到北川人生活的方方面面,也是了解北川人生活的一个窗口。曲山镇的"杨家河坝菜场"却是该论坛中为数不多的为北川人所热议的一处公共空间。

里买上一根"玉米猪"的后腿。只见一会儿工夫,老板已经给我们烧好、洗好、砍好了,我和妈妈付好钱,顺着石梯回到家。奶奶用砂锅微火炖煮,小小的我守在砂锅边,盼着。半小时后香气扑鼻,(我的)口水一个劲往回咽……

老北川菜市场的一切,每一个摊位,每一个位置都还历历在目,如今长大了,回忆起当年的情境还是那么的怀念……

作者对老县城空间的怀念,既表达了杨家河坝菜场在北川人生活中的重要地位,也反映出菜场是城镇内外交流的重要空间,如文中所出现的景家山、东溪山、大水湾、石椅羌寨、湔江河等地,无一不在距离曲山镇 10 分钟车程内,而从这些地方运入杨家河坝菜场的农副食品,自然绝大多数都与"赶场"习俗有关。在当地语境中,"去菜场"和"赶场"是同一个概念。杨家河坝菜场中的菜更多是周边农户自己种的产品①,在访谈中,我不止一次听北川人说新县城买来的菜和老县城的不一样,则是源自对老县城的"场"与新县城菜场周边生态的比较。

杨家河坝菜场的成功还体现于其井然的空间秩序,无论什么商品都有其对应的销售区域。在这个菜场中,职业型商贩逐渐出现并成为主力军,并受到消费者的认可。在从传统集市与新型商品交易市场相融合的过程中,城市管理方式也在平稳过渡,杨家河坝菜场投入使用后,极少出现摊贩重回街道进行经营活动的情况,即便偶有出现,也很容易得到解决。

于安昌镇西河桥菜场租门店卖糕点的北川人 ZD 道:

(老北川杨家河坝)菜市场修好后,就不准在外面卖菜了,当时没有城管,当时好管理,(管理员)一说,(摊贩)就进菜场了。突然我就觉得北川不热闹了,不像一个县城了。后来我去菜市场,才知道人都(从街上)进菜市场了,逢单(日)街上会更热闹一点,我们也会多买一点。曲山人都进大菜市场,那边有个梁子,那么宽,随便怎么吼,那边宽得很。②

显然,对于北川人而言,杨家河坝菜场是一个较为理想的公共菜场,它不仅满足了地方社会关于物资交换和经济贸易的需求,也将现代公共菜场文化与地方集市传统文化有效结合到一起,给予赶集习俗充分发展的空间。换言之,杨家河坝菜场空间更似下十字口集市空间的延续,去杨家河坝菜场赶集继而成为

---

① 一般来说,新北川菜场摊位租户所售卖货物主要来自绵阳市、成都市等大城市的批发市场。
② 访谈编码:ZD20180511。

北川人日常生活中的重要部分。

(二) 地方集市传统与"占道菜场"空间评价

如果说新县城与老县城在菜场发展模式问题上存在断裂的话,那么,安昌镇菜场(包括集市)则似乎与老县城实现了"无缝对接"。入住新县城至今,很多北川人都未踏足过2公里外的新川社区和沐曦社区,但几乎每位北川人都去过5公里外的安昌镇,有些人甚至每周都会去。安昌镇是安县曾经的县城驻地,在北川人眼中,无论是城镇面貌、建筑规模,还是商业氛围、生活气息,安昌镇与曲山镇有着诸多相似之处,这对他们产生很大的吸引力,从购物、逛街到喝茶、吃饭,北川人有无数个去安昌的理由,仿佛北川人安置社区应该与安昌镇合并才更为理想。其中,赶场便是北川人前去安昌镇最常见的理由之一。

2018年4月的一个上午,笔者去安昌镇考察赶集活动,发现该镇西河桥集市周围存在更大规模的占道经营现象。相比北川温泉路,西河桥集市所在的街道秩序显得非常混乱。一对占道经营的摊贩夫妻与笔者交流时,提及禹龙菜场:

> 新北川就是景区,是旅游城市。新菜场(禹龙菜场)根本没人去,不知道为什么要弄在那个偏僻的地方,他们那边没大型市场,安昌这个市场白天人也多、货也多……我们不熟悉新北川的规矩,东西还要拿下来卖,像我们卖水果,要把水果搬下来卖,西瓜这些水果怎么方便搬?卖完还要搬上去,好麻烦。①

这对摊贩夫妻的抱怨与前文北川人的相关叙事存在一些共性,并透露出三个信息:一是就空间位置而言,禹龙菜场较为偏僻;二是北川在人气方面存在极大缺陷,而这种缺陷与周边城镇相比,显得与众不同;三是相比定位高端的北川,安昌镇城市管理较为宽松,且其市场规模未受县政府驻地迁移的影响,西河桥集市仍对周边农村、城镇产生吸引,前来买卖的人非常多,生意也更好做。

相较杨家河坝菜场,禹龙菜场或可被视为更"进步"的商品交易空间,这不仅包含空间规划的"进步"中,也包含日常维护的"进步"。然而,这一空间实际上与当地人关于菜场的认知存在一定的断裂,让他们很不适应。

---

① 访谈编码:LX20180610。

在访谈过程中,笔者也试图将赶集现象与自己的家乡江苏省盐城市的情况作对比,或因地域差异,笔者极少在家乡见过赶集类景象,盐城地区菜农占道经营的规模也无法与北川同日而语,因此一时间也难以理解北川人对于"占道菜场"的热衷。戴维·英格利斯认为,仅仅把社会(社会结构、社会机制、社会体系等)和日常生活相联系是不够的。没有哪个人类社会能够脱离具有一定观念、价值观、规范、信仰以及思考方式的人而存在,即一个特定的群体如何思考和做某件事,是由该群体的文化决定的①。于是,我们接下来需要思考的问题是,究竟怎样的公共菜场才符合北川人的需求和想象?若对此有所探究,或许不难理解禹龙菜场缺乏"人气"以及温泉路"占道菜场"长期存在的原因。

1. 距离与位置

老县城集市位置随着县城的发展方向几番变更——早期于上十字口,后随着县城向北发展又逐渐转移到下十字口。到1991年,由于城镇用地不够,曲山镇向北拓展,很快,一个与回龙社区(曲山镇老城区)大小近乎相等的茅坝社区拔地而起。与此同时,政府兴建的杨家河坝菜市场正好也位于茅坝和回龙两大社区中间的位置,两边的人去集市距离大致相等。而县城外围的人士去杨家河坝菜场一般需要的步行距离约为1公里,这样长的买菜距离却并未引发他们的不满。禹龙社区的一位小组长回忆:

> 老北川全是种菜的,我们是(老县城)城边边上(外围)的,不需要买菜。后来扩县城,我们茅坝的,(政府)把地占完了,买菜就要进城买。三轮车,一块钱,大家可以一起去买菜,你东西买得多,可以一个人坐三轮回去,帮大家带回去,下次就换作我来,掏一块钱坐三轮,给大家带东西,其他人走路(步行返回)。②

同样,在北川人去安昌镇赶集需要乘坐公交车,但赶集活动和他们来回公交车站的步行距离要远远大于他们去禹龙菜场的步行距离。由此可见,北川人口中所谓的"远"并非一个经过精确计算的地理距离。若要理解他们的"距离感",应该从当地人的认知中去把握。

访谈中,这位小组长还透露出一个关键的信息:

---

① (英)戴维·英格利斯:《文化与日常生活》,张秋月、周雷亚译,中央编译出版社2010年版,第5~6页。
② 访谈编码:JXY20180608。

(杨家河坝)菜场在县城中心位置,如果把菜场放新街(回龙)社区的教育局那边,茅坝的人肯定不愿意来,你(若把菜场)放茅坝那边去,新街(回龙)社区的也不愿意去。①

这位小组长的话虽然过于绝对,但却透露出当地人理想的集市空间位置与城镇地理中心往往是相重合或相接近的,当地人也会以此来衡量集市空间位置是否得当。在北川县的地方志或文献中,"场镇"常作为城镇的别称,城镇的发展史便是一部建"场"史,如北川县片口乡"解放前是北川与松潘边境上比较繁荣的重要场镇,有18个县的客商来此经商或路过"。"场"常被视作城镇的中心并设在城镇最主要的街道上,城镇中心往往意味着人气的集中,民众也都围绕"场"址周围的街道兴建房屋,这有利于商业活动的集聚和繁荣。位于城镇中心区域的集市往往还占有交通便利优势,以它们为中心,可全方位辐射周边农村,有效联结其他各层级市场,便于人们往来和货物运输。如安昌镇以北的永安镇,位于联结绵阳市和关内的商道上,是方圆十余里最为繁华的集市。又如震前的北川县漩坪集市紧挨302省道旁,直通绵阳市等数座城市。

如今,超前规划成为城镇发展的主流,在很大程度上偏离了过去由人口变化、城镇面貌自然演变促成的集市地理位置变更,而民间社会对此则表现出不知所措,甚至拒不配合,这在笔者与北川通口镇居民PGJ关于该镇震后重建问题的一次交流中也有所体现。

P:我们那个乡镇是修(重建)得最不合理的,如果说你有时间可以去看看,真的,大家对这一段反映特别强烈。

我:那边有什么不好?

P:不好的多了,当时我还把这个事反映到绵阳市,北川县嘛,都反映了。

我:您能举一些例子嘛?

P:能啊,就比如说我们北川通口镇,它是一个古老的乡镇,在几百年前,挺繁华的,一个小镇就有很多会馆,广东人修的会馆,福建人修的会馆,陕西人修的会馆,就足以证明我们那个地方的繁华了。解放以后呢,也还是可以。最糟糕的就是地震以后,这个地方的经济急剧下滑,没有人来,赶集的人没有了。

---

① 访谈编码:JXY20180608。

我：为什么？

P：因为设计不合理啊，他（政府）在离我们老的场镇1公里的地方，又修了一个新的场镇，它那个地方，要说是新的场镇，不如说是新的政府大楼修在那里，那个地方距离我们街道1公里，而且小的干河把它隔开了，然后修了两洞（座）桥。其实那个桥都没有必要修的，这个修起（好）以后，把市场（集市）也移开（走）了，移到最末端去了，移到了老城跟（和）新城之间，这样一来，很多外地来做生意的，到了下午1点多，到不了1点，上午10点就没人了，就没人来赶集了。

我：您的意思是说，过来卖东西的人把东西都放在新的场镇，但是来的人很少，所以……来的人都习惯在老场镇上？

P：对对对。它就把这个地方分散了，也就是说，新区和老区分成两段，然后新区也没人，老区也没人，分散了嘛，赶集的人少了，大家都不愿意来了，外地做生意的（人），也都不愿意来了。

我：所以……新北川这边……

P：也是这样！[1]

通过对话可知，虽然通口镇政府新建的集市距离老集市仅约500米左右，但实际上是将集市从城镇旧"中心"移向城镇新"中心"，城镇新开发区域并不完善，人气不集中，也造成集市与居民聚居区从"相嵌"到"相切"或"相离"，从而影响到整个城镇的商业气息。安昌镇出现过类似的问题，西河桥集市位于安昌镇最中心的十字路口以北100米处，历史悠久，是方圆十几公里最大的集市。但在安昌镇如今的地图中，西河桥集市实际位于安昌镇城区的东北方。随着城镇人口的不断增加，安昌镇政府将东南方下河坝区域作为该镇发展开拓区域，学校、商业、小区纷纷建立。2017年2月，为方便幸福小区、彩虹小区、竹园小区和安昌幸福小学等单位、小区居民的生活，也为了缓解西河桥市场的交通、环境、城市管理压力，镇政府在下河坝处建了一处"鑫旺阁农贸市场"（当地人称"下河坝菜场"），菜场规格与禹龙菜场看齐，有水泥货台100多张。新菜场建成后，安昌镇从事农贸活动经营者一律进入市场，所有商户不得占道经营。该菜场距离西河桥集市步行距离仅1公里左右，然而，菜场建成至今，始终未有经营者前去经营。居住于下河坝菜场附近的居民宁愿步行20分钟，也要去西河桥

---

[1] 访谈编码：PGJ20170330。

集市买菜。"安昌西河桥那边是老菜市,很多年了,现在政府撵大家去下河坝(菜场)买菜,老百姓都不愿意去,下河坝(菜场)的人不集中……西河桥(集市)也要热闹点。"①

如此看来,禹龙菜场与下河坝菜场存在一些相似之处:首先,两处菜场均位于城镇非人口稠密区。下河坝地区是安昌镇新近开发区域,但人口、市场环境远不如西河桥繁华地段,同样,尔玛社区人口是禹龙社区的两倍,商业分布是禹龙社区的数倍,更较禹龙社区繁华;第二,下河坝菜场和禹龙菜场离城镇繁华地段的距离并不遥远,但均被认为是"遥远"的。

上述案例表明,城镇地理中心往往与集市空间位置重合度较高。但随着现代社会的高速发展,集市空间位置与城镇拓展往往不能同步。此时,人气对集市的重要意义便显露出来,成为人们评判集市空间位置的重要维度。只有人气集中到一定程度,集市方会形成和兴盛,也更易为居民所接受,而空间距离则显得不那么重要了。

2. 空间与人气

在老县城,每至赶集日,集市都会涌入大量客流。随着杨家河坝菜场的建设以及城镇经济的发展,集市的繁盛会带动周边形成更大规模的商品交易区域,使上、下十字口与杨家河坝菜场连成一条热闹非凡的城镇商业轴线,可逛性极强。杨家河坝菜场外围都是卖油盐酱醋等调味品的门店,再外围则分布着数十家服装店、饰品店、日化用品店、足疗店、理发店、菜馆和茶馆等,由此形成老县城远近闻名的"女人街",终日人声鼎沸,生意兴隆,当地人称这里什么都有、什么都能买到。

在传统社会,许多城镇由一个个集市发展而来,正是这种开放性和可延伸性给予集市以更大的空间想象和空间生产的可能。在赶集活动中,人们不仅赶"场"内,也赶"场"之周边。即是说,集市不单包括交易空间,还包括交易空间周边整体的环境。如此看来,"场"在当地人的意识中,并非一个孤立的空间,而是一个多方向辐射的空间整体,"场"也没有壁垒分明的边界,它与周边的建筑、民居、街道都浑然一体。如此看来,当老县城的"场"进入杨家河坝菜场,但杨家河坝菜场未与外界隔绝——菜场的多个入口都与外界道路(如"女人街")相通,且菜场内部有宽阔的街区,这样巧妙地把菜场内外联结到一起,最大限度地保证

---

① 访谈编码:HRH20180613。

了菜场的开放性,其设计并未完全改变传统"场"的形态,而是相当于把以往"场"从室外迁入室内,给予当地人一种连续感,使得人们去杨家河坝菜场既是买卖农副产品,也是赶集。在此过程中,北川人赶集这一生活习惯并未因菜场建设而发生断裂,菜场与菜场周边的任何一处都有可能是买方赶集目的地所在。赶集活动作为一个线性的轨迹,它的每一段甚至每个点都可能对赶集者产生意义。相比之下,大多数新型商品交易市场(如生鲜超市等)则是一个相对孤立的空间,它具有明确的边界(围墙),割裂了农副产品买卖活动与外界环境的交流,买卖活动往往在固定空间内,不会外延。而人往返商品交易市场之间的路线也被固定为两点一线,中间很少产生多余的停留。在人们的指称中,公共菜场有自身独立的命名,这一命名只指代菜场本身,无法囊括周边区域。

  如此看来,安昌镇西河桥的集市也属于这种开放性空间。该集市实际指的是以西河桥北为起点,包含紧邻桥北的菜场[①],以及菜场周围的西山路、翼泉街、河岸路等数条长街。每逢集场日的上午和中午,走近西河桥,便可看到人山人海的赶集场景,无论是摊位还是人数,均是温泉路的数倍。全长约50米的西河桥上停满了交通工具,摩托车、电动车、自行车沿着桥的走向摆了整整三排,约有数百辆之多。一些卖家也把运菜的三轮车停在这里,约有数十辆。走过桥北即是集市中心的菜场,数百个摊贩围绕着菜场四周的数条街一字摆开,所售商品有蔬菜、肉类、禽类、糕点、水果、面食等食品,有鞋袜、衣物、假牙等百货,还有农药、老鼠药、捕鼠器、笤帚、编筐等,很多摊贩还把五颜六色的棚子搭起来以作遮阳。与此同时,四条街周边的店铺也都把商品拿到街边卖,叫卖声、电动车喇叭声、汽车喇叭声此起彼伏,除翼泉街这条连接西河桥的主干道可以勉强行车外,其余道路都被买卖人群占据[②]。稍好的地段被西河桥周边居民划分出租,有的人对摊贩进行"筛选",长期出租,价高者得,有的人按面积、地段对摊贩收取每平方米每次1元到10元不等的"管理"费用,摊位清洁费则需另交社区。尽管如此,从四面八方赶来的摊贩依然把几条道路由头至尾摆满,摊位之间几乎没有可落脚的空间。

  集市的开放性空间对人气培育极其有利,它的管理相对宽松,可进入性强,空间形式也充满变数,无论是卖家还是买家,都能在一种漫无目的的"赶场"过

[①] 西河桥北的菜场为私人所承包。菜场面积不足700平方米,行走、运输、买卖都不方便,建筑外观也极其破旧。因此,摊贩也不愿意进入菜场内,而是围绕菜场四周摆摊,少数在菜场内经营的摊贩也都按面积划分摊位。

[②] 西河桥集市清洁费由集市所在社区负责收取。

程中,寻找到自己的目标和乐趣。一方面,前来"赶场"的卖家越多,商品种类越完善,买家选择余地就越多,同时,商品种类的丰富也能促进卖家之间的竞争,从而降低售价,使买家从中得益。另一方面,买家的集聚为卖家带来一个良好的生意氛围,从而有利于买卖得以在合适的氛围下顺利开展。同样作为开放性交易空间,陈亮在其夜市研究中也指出"人气"的重要性,"价格、生产、人口、安全因素,都是比较稳定的商业'地势'",但对于经营者而言,这些要素可以由"人气"二字来概括,如"'人气'对于大排档而言,是不间断的客人带来的热度和厨房里不停工作产生的温度给人的一种最直接的身体感受"①。

人气越高的集市也意味着存在更大的市场、更友好的商业环境和更多的选择。西河桥集市的兴盛也带动了桥南岸的生意,有数家沿河茶馆一大早便顾客盈门,店主们都把布棚搭在岸上,下面放置了数张茶桌,桌边围满了喝茶、打牌、摆龙门阵的客人,还有各色小吃摊散落在此,掏耳工、理发工穿梭其间,人声鼎沸。再向南三四十米还有一条不足百米的火神庙街,有不少卖农副产品、小商品为主的摊贩聚集在此,人气同样火爆②。

笔者到西河桥集市时是上午9时,待离开时已临近中午,不少摊贩已将货物卖完,但集市人气几乎丝毫未减。待笔者打车回到禹龙菜场,发现约2500平方米的空间内不足30人。禹龙菜场尽管预留了一定的空间给摊贩群体,但农产品自产自销区只占菜场总面积十分之一。此时,只有三五个摊贩坐在那里,没有人光顾他们的生意。根据规模而言,西河桥、杨家河坝菜场辐射的是周围十余公里的百姓,而禹龙菜场则不存在这种吸引力,若根据施坚雅的区分,西河桥、杨家河坝菜场更似中心市场,后者则似基层市场③。正如尔玛社区居民HP所说:"以前老北川那个菜场什么东西都有得卖,现在这个就是菜市场(只是卖菜的市场)。"④

禹龙菜场正门对面,马鞍路上的一排门店,有的开业,有的歇业,还有的没租出去,门口杂草丛生,大多数北川人对这些门店也非常陌生,他们很少来到此处。即便是我,一位居住于禹和苑长达四个月的外地人,平时也都是走到温泉

---

① 陈亮:《以势谋地:移民的城市生存空间和生计策略》,《广西民族大学学报(哲学社会科学版)》2018年第1期。
② 赶集时间一过,下午的西河桥两岸便会恢复平静。
③ 施坚雅:《中国农村的市场和社会结构》,史建云、徐秀丽译,中国社会科学出版社1998年版,第5~10页。
④ 访谈编码:HP20180701。

路、茅坝街附近购买食物和日常用品,直到快离开北川时,我才意识到自己竟然从未光顾过离我只有50米远的马鞍路上几家门店的生意。我跟尔玛社区居民FLJ提及这个问题时,他也表示赞同,他说:"我也不知道为什么,我很讨厌来这个菜场,但是我喜欢去温泉路那里走走。"①

3. 交往与热闹

地震前,北川人的居住模式、交往格局、生活习惯都未完全脱离乡土社会,在北川人眼中,集市并非只是一个纯粹的交易空间,更是一个地方社会公共生活中不可缺少的休闲空间和交往空间。集市的形成与发展带有诸多传统社会经济活动的烙印。传统社会的经济活动依靠传统社会关系,如亲属关系、熟人关系等来组织、协调和构建。在这里,没有专门的市场组织,也没有正式的市场制度,也无独立的管理机关。大部分活动都是参与者之间的相互作用及互动行为构成的,这些互动行为主要是乡村社会生活需要所驱动的②。对北川人而言,"场"是一个城镇中司空见惯的空间,如果没有就好像缺少了什么。禹龙社区居民HST道:

> 我感觉男性很少逛菜场,我去菜场都是老婆叫我去买什么,比如说买青椒,我买了就走了。但是赶场(集),就像温泉路那种,我还会主动去逛一逛,比如晚上,我带着儿子女儿去逛一逛,去感受那种感觉,比如说卖金鱼的、卖花草的,我就要看看,(公共)菜场好像只卖蔬菜。我的鞋垫、指甲刀等都是在温泉路买的。在温泉路买东西很放松,买不买无所谓,不会觉得老板会不高兴。但在(公共)菜场,看一下不买,人家(卖家)心里会有想法,(公共)菜场那些人忙得根本不会跟你聊天,味儿还大,没有那种放松的感觉。我有时候很有种冲动,就想去温泉路买,就想去看看。我很不喜欢去买菜,再凉快、再热,我绝不会领着我的儿子女儿到(公共)菜场里面去逛,但温泉路我就会(带孩子去逛)。③

HST之所以有这些期待,是因为他认为"场"的空间氛围会传给所有人一种积极、正面的感觉,同时指出缺乏买卖双方交流的公共菜场是存在"缺陷"的,这种"缺陷"既与前文提及的此类空间是否具有延展性的问题有关,也与此类空

---

① 访谈编码:FLJ20180619。
② 陆益龙:《从乡村集市变迁透视农村市场发展——以河北定州庙会为例》,《江海学刊》2012年第3期。
③ 访谈编码:HST20180615。

间中是否存在由若干人际互动所营造出的热闹气氛有关。

"场"最大特点是"热闹","赶场"便是一个极为热闹的过程,而"热闹"最主要的元素便是人际频繁的交往与互动。台湾学者潘英海指出,"热闹"是中国人生活中相当特殊的一种社会心理现象,它是一群人在某个时间、某个空间,依循一定的文化规范,所"制造"出来的事件,此事件是让人去参与、去体现一群人所共享的某些文化价值观,并凝聚个人与群体之间的关系①。而集市的特性往往能促使热闹氛围更为直接地显露出来。如徐京波指出,往返于赶集路上的交往包括在路途中偶遇的熟人,这可扩大原有的社交范围②。田野调查期间,笔者经常于傍晚去光顾温泉路一家冰粉摊的生意,而尔玛社区志愿者服务流动点便设在冰粉摊旁边,负责志愿工作的大多是老北川人。他们在工作期间,总会不停地与路上的人打招呼,那些路过的人也都会停下来与他们寒暄几句,有些人还会坐下来,与志愿者们畅谈,聊天的内容都是家长里短鸡毛蒜皮。在我的追问下,志愿者们会与我分享他们与路人的关系——大抵是老县城的旧相识,或是原同事,原邻居,或之间存在着共同认识的人。

新县城最明显的特点之一便是缺乏人气,这种现实空间情境作用到心理层面,便导致人们对热闹的向往和追逐。当地人需要一个能让他们真正感受到具有生活气息的公共空间,在这种情况下,"占道菜场"便为北川新县城填补了这个缺位。集市对于人气的汇集和对热闹氛围的培养,也让他们暂时回到类似老县城的生活情境中。人们回忆老县城时,提及生活中最为热闹的事通常围绕"羌历年"展开,在平淡的日常生活中,"羌历年"是突出的,是反结构的,是热闹异常的。震后县城的超前规划、相对分散的安置和邻里关系的淡化都使北川人无不怀念以往的城镇空间和社会氛围,他们开始不断对这种邻里之间的陌生感产生怀疑和不满,觉得北川不再是一个充满人情味的城镇,这种感受转变成他们对新县城内容易"热闹"的空间的向往。于是,每天下午的温泉路成为突出的、反结构的和热闹异常的。提及温泉路,北川人的第一反应是"这里好热闹",能够让他们暂时体验到以往"出门就能遇上、抬脚便能到达"的关系中去。当然,这对于大多数久居于城市的人(包括如今北川的青少年在内)而言,是很难产生这种体会的。

---

① 潘英海:《热闹:一个中国人社会心理现象的提出》,载杨国枢编《本土心理学研究(一)》,台北桂冠图书公司1993年版,第330~337页。
② 徐京波:《从集市透视农村消费空间变迁——以胶东P市为例》,《民俗研究》2013年第6期。

地震后，每个北川人的亲友圈都发生了剧烈变化，"劫后余生""大难不死"的共同经历也在很大程度上促进北川人建立起一种"患难与共"的思维，他们普遍认为老北川的人际交往要相对更亲密，这也深化了他们心中"同乡"这类"弱关系"的内涵。格兰诺维特指出，"弱关系"（Weak Ties）通常存在于社会各团体（如邻居、同乡等）内部，是维持团体与外界沟通、拓展的纽带，相对于具有较强个体同质性（个体所属行业、价值观趋同）、较为紧密的人际关系（情感方面）等一类"强关系"（Strong Ties，如亲戚、好友、同事等），"弱关系"是个体异质性较强的那部分连接，关系虽然脆弱，但存在范围比"强关系"更为广泛，对一个人的生活和工作也更为重要[①]。正如在新县城中，北川人间一旦发生矛盾，便会有人质疑："都是老北川下来的人，至于如此么？"

热闹与人的内在之间的关系，不能以一般的逻辑理性来了解。在"体验"热闹的状态下，人们的参与是"投入"于情境中，人的认知则是一种"领悟"或"领会"，个人内在体验赋予集体性的临若状态新的意义，个人与集体得以转化、连接[②]。对于北川人而言，除却社会交往外，"体验"热闹是他们共同的追求。一个有趣的景象是，每天下午4时左右，随着摊贩的"入场"和人气的增长，位于"占道菜场"中段的尔玛K区小广场上的几条石凳上，总会一下子围聚数十位居民，他们中的很多人并非相识，亦不居住于K区附近，而是特意赶来此处，或聊天或呆坐，尽情享受周围的喧嚣。

小　　结

本章从北川人安置社区温泉路占道经营现象入手，讨论中国社会常见的违规消费空间如何在新县城中成为各方角力的焦点。围绕"占道菜场"的数度变迁，指出北川人对于占道经营现象的态度变化，其背后隐藏着特殊的社会心态和文化逻辑，即"占道菜场"并非主要由社会消费层次差异而衍生，也并非仅作为地方社会日常消费空间而存在。一方面，"占道菜场"的形成与地方传统生活"场"文化相关，其形成位置及其所带有的人气、热闹等特质，贴合北川人关于

---

① （美）马克·格兰诺维特：《镶嵌：社会网与经济行动》，罗家德译，社会科学文献出版社2007年版，第86页。

② 潘英海：《热闹：一个中国人的社会心理现象的提出》，《本土心理学研究》1993年第1期。

"场"的记忆、认知和想象。另一方面,"占道菜场"之所以于新县城严密的规划和管理中表现出顽强的"生命力",是因为该空间作为灾后社会情感世界的依托而存在,这种特质是政府规划下的公共菜场所不具备的。在此背景下,城镇空间治理与地方社会逐渐达成和解,"占道菜场"以合理不合规的状态存于新县城,尽管该空间的"身份"不具备足够的稳定性,但可以确定的是,新的富有情感内涵、认同感和归属感的"地方"正由此产生。

"地方"为人类的活动提供着与空间不一样的意义,由于"地方"的相对稳定,从而使生活其中的人对其产生依赖感,甚至在很多时候,人们会忽视"地方"的存在,只有空间遭遇突变方能引发对地方进行感知。当灾害改变了北川人最为熟悉的日常空间和生活习惯时,人们便与"地方"失去了联系,曾经的归属感、舒适感也随之被切断,从这个角度看,便能理解"占道菜场""生命力"之旺盛的根源所在。很多北川人会特意来到温泉路,他们并不是为了进行买卖活动,而是为了感受这种类似于老县城中"赶场"的氛围。灾后的人口剧减和重建城镇空间规划的不足,使得温泉路"占道菜场"并非作为北川人生活中的"调剂品",而更似"必需品"般存在,其"顽强"存在也表明地方文化惯性的强大。

一般情况下,每天中午 12 点左右,便有摊贩在温泉路与龙尾街交叉路口占位蹲守,偷偷向过路的居民售卖。下午 2 时,临近城管上班时间,他们或开车暂时离开或用帆布将货物盖住,不再公开售卖。下午 3 时左右,摊贩们陆续到来,温泉路开始逐渐热闹起来,不时有居民往这条路上走。摊贩们把菜筐、电瓶车等放置在台阶上,边与其他摊贩聊天,边用眼睛瞄着城管的巡逻车。几位城管也会选择此时下车,沿街巡视,看到有摊贩未到规定时间便将货物摆放出来,他们会让摊贩用帆布将货物盖起来或命令他们将货物搬回身后的电瓶车上。下午 4 时,摊贩们已基本到齐,白沙街至龙尾街的温泉路路段两边被占满。一见巡逻车发动,摊贩们互相"报信":"城管走了,城管走了。"一时间,百余位摊贩忙活起来,而买菜卖菜、闲逛、路过的人也从四面八方走来,人声鼎沸,摩肩接踵,整条街似立刻"活"了一样。李培林"一个由亲缘、地缘、宗族、民间信仰、乡规民约等深层社会网络联结的村落乡土社会,其终结并不是非农化和工业化就能解决的"①这一论述在新县城中得以印证。单日是黄土镇的赶集日,双日是安昌镇的赶集日,摊贩们经常上午去"逢场"的街市卖菜,下午把卖不完的带到

---

① 李培林:《巨变:村落的终结——都市里的村庄研究》,《中国社会科学》2002 年第 1 期。

温泉路继续售卖,这种安排在某种意义上与传统集市"时空协调"的集期安排原则不谋而合①。而北川居民也很快习惯了这种规律,他们上午或去禹龙菜场,更多的人选择下午来到温泉路买菜。

结合当地历史文化和社会背景来分析,我们可以说"占道菜场"处于一个"集市化"的阶段,但这并不意味着温泉路已成为集市,正如一位北川人所形容的那样:"四川(省)是有这个赶场(集)习惯,但现在生活水平提高了,这种现象已经开始慢慢有点淡化了。"这句话体现出一个最基本的社会发展趋势。实际上,从老县城由"单日场"逐渐向"百日场"演变,到大批门店开张经营,便可以看出北川集市正向新型商品交易市场转变,只是这一过程较为缓慢。而地震及灾后重建后导致的人口减少、物价提升、居住分散等种种原因,促使他们对集市空间重新加以依赖和想象,但这并不能从根本上改变社会发展趋势。2018年夏天,在笔者离开北川的时候,根据《关于尔玛小区温泉路D区和K区段流动菜贩的民意调查表》中所登记的联系方式,随机拨通了一个签署"同意"设立临时市场的居民YH的电话,在电话里,这位居民说出了另一个想法:"我现在又反悔在上面签'同意'了,我感觉温泉路这边还是有点乱糟糟的。"②这样的回复并不奇怪,新县城高规格的规划也影响了当地人于城市空间的认知,当地人自然也会用发展的眼光看待占道经营。同理,温泉路"占道菜场"与周边城镇生命力蓬勃的集市也存在一定差异。目前看来,周边城镇的人极少进新县城从事以买为主的"赶场"活动,更多的人员只是过来售卖产品,即是说,"占道菜场"市场顾客群主要以北川人安置社区居民为主,而周边城镇的百姓购买商品往往会选择去市场更大、商品种类更多的黄土镇或安昌镇。因此,"占道菜场"实际上是承担了北川人安置社区公共菜场的部分职能。另外,"占道菜场"经营时间和空间设置始终在地方政府的管控下,尽管摊贩偶有违规,但并不能从根本上实现空间和时间的自主和弹性,也不能实现地方社会层面某些"约定俗成"。因此,尽管有北川人认为温泉路"占道菜场"就像恢复了"赶场",但不能简单地将其等同于"场"。这也可以证明,"地方感"并不是一个完全稳定和封闭的感觉、经验和

---

① 时空协同实际是简单的回避原则:周期性集市有着时间分布和空间分布双重属性,因而需要考虑时间间隔和空间间隔的关系。时空协同即是通过时间间隔和空间间隔来安排各集镇的集期,从而避免集市与集间的竞争,使居住于附近各地的居民有较多可选择的赶集日的机会,保证流动商人和小商贩以最少的时间和往来花费光顾每一集镇(侯锋《农村集市的地理研究——以四川省为例》,《地域研究与开发》1987年第2期)。

② YH,北川人。

知识概念,它会随着时间以及地方社会与外界的交流而不断发生变化。

另一个有意思的现象是,新的"违规"现象开始在这个空间不断发生,如《公告》不允许温泉路售卖农副产品以外的商品,而笔者却发现一两个卖内衣和饰品的小摊支在路边,一部分摊贩还将售卖区域扩展至龙尾街与茅坝街路段。为之头疼的不仅有城管部门,还有尔玛社区居委会:

> 我们也想弄一块地,一方面做避难场所,一方面做临时菜场,但好像行不通。新县城有个特点,稍微动点什么都要经过中规院,县上(县政府)也没办法。之前县上(县政府)申请过的,但整体设计不能打乱设计方案,包括修商品房,外墙装饰、格调和层高都要审批,过不了根本没法修。①

长远来看,北川"城镇化"程度将进一步提高,占道经营情况或会成为历史。但我们也必须认识到,现代城镇规划必然是整体性和外向性的,异地安置的城镇及周边地区的经济发展情况,以及地方社会对传统文化、生活习惯的坚守,也会与新的物理空间产生必然的互动,且这一互动是一个漫长的过程。李耕指出,城镇规划设计要给人们留下生计活路,即便是"北京城市边缘破落的大规模棚户区,对周边农村却一直是辐射关系……如果设计者只顾把城市边缘棚户区改造为城市中心人群的文旅消费场所,而无视它在另一个城乡链条上的位置的话,设计必然是片面的,没有触及该地块更完整的结构性位置"②。北川重建后,重新聚合的人群更为复杂,不仅有因灾致贫的群体,也有因重建而改变生计的群体,更有城镇周边的人口,他们的经济实力、社会关系和生活意愿与"进步数十年"的新县城空间是较难协调的,也不可能因为物理空间的"进步"而立即作出相应的思想上、行动上的改变。在这一现实背景下,大量低收入群体包括各种移民脱离了原有社区进入新环境,如何使他们适应新的城镇空间,如何处理好他们与新的社区之间的关联,则需要规划者进一步思考。

---

① 访谈编码:PAR20180615。
② 李耕:《低收入群体的社会学视角及其对空间设计的启示》,《世界建筑》2018年第8期。

第五章
抗震纪念园的空间规划、意象及使用争议

2017年1月的某个傍晚,笔者与北川人WHY一起于新县城中轴线巴拿恰街区散步,当路过一处热闹的市民广场时,WHY指着广场上那块高耸的纪念碑,主动向我讲解:

> 这是建设新县城的时候修的纪念碑,碑下那组雕像很有名,是大师的作品。最上面那个男的代表从地震中走出来的北川人,中间那个女的穿着羌族服饰,代表我们北川的羌族人,最前面的小孩子是新县城的未来,代表北川的新生力量,所以雕像下这个广场叫新生广场。①

顺着他的手势指引,我的目光投向了新生广场。只见那片宽广而平整的空地上,矗立着各式各样的大型儿童游乐设施,它们将原本建筑色彩略显单一的广场点缀得五彩斑斓、充满生机。很多孩童在这些设施间快乐地穿梭,时而奔跑,时而跳跃,欢声笑语不绝于耳。纪念碑基座上也有很多孩童在嬉戏打闹,还有个别孩童攀爬到雕像上,而他们的父母则在周围交流、玩手机……眼前的场景与一般县城常见的儿童乐园无异。在这里,萧瑟、冷清的冬日县城似乎一下子充满了生气,WHY对此景习以为常,谈笑间,我们离开了这里。

一个月后,笔者又路经新生广场,无意中听当地一位导游熟练地向外地游客介绍道:

> 整个抗震纪念园中,最耀目的是新生园的主题雕塑,在这座取名为《新生》的雕塑中,一个手举铁镐的男子浅浮雕,象征着英勇顽强、不屈不挠的灾区人民走出灾难,投入到轰轰烈烈的灾后重建中,也象征着中国人民战胜一切困难的勇气和力量。右前方是一个妇女和儿童的圆雕,妇女身着北

---

① 访谈编码:WHY20170126。

川羌族特有的服饰,刚毅的脸庞略带微笑,微微朝向北川老县城的方向,象征着经历了灾难与痛苦洗礼的灾区人民在缅怀昔日家园和逝去亲人。自然纯真儿童的形象,代表灾后新生一代,他好奇的目光和执着向前的脚步象征着灾区人民对未来幸福生活的无限憧憬与美好向往。①

很明显,上述两位北川人对这座雕像的介绍框架还是较为接近的,且他们都把雕塑作为一个值得看的景观进行专门叙述。但两者的叙事细节也存在明显的差异,WHY将此地称为"新生广场",结合他介绍雕像时的语气以及当地人的空间实践来看,这里应该是一个令人感到轻松和愉悦的空间。而同样作为北川人的地陪导游则将此地称为"抗震纪念园",她口中的《新生》雕像导游词显然来自官方版本的灾害叙事,它包含着我们想象中的北川"应有的"悲情元素,也包括国家、民族等系列宏大叙事下的雕像描述。因此,这里似乎应该是一处严肃、庄重的空间。为什么灾害纪念空间会成为喧嚣无序的休闲游乐空间?北川抗震纪念园与新生广场又是什么关系?

WHY向笔者介绍新县城时曾道:"新县城一切都是新的,你能想到的一切都是新的,你找不到任何一样东西与过去是一样的。"他的言语虽然略显夸张,但从中也体现出新县城空间设计存在某种倾向。诚如他所说,在笔者的观察中,除了这座抗震纪念园与地震有所关联外,在新县城的所有建筑景观中,几乎看不到任何与地震灾害有关的痕迹。假设一位未曾了解"5·12汶川地震"的人初访新县城,是难以将眼前这座城镇与地震灾害联系起来的。

经由异地安置的北川人,他们不仅要建立当下日常生活与新县城的联系,也必然要在新县城日常生活中建立与过去(尤其是地震遇难者)之间的联系,而在这座规划严整的新县城空间中,北川人如何与遇难者之间保持情感上的联系?新县城如何承载灾民的灾害记忆与哀悼活动?北川人如何看待和处理新老两座县城于"地方感"层面的断裂?笔者认为,若要探讨这些问题,抗震纪念园应该是一个很好的切入点。

第一节　北川抗震纪念园建设始末

北川新县城总体规划提出"山水环、生态廊、休闲带、生长脊、设施链、景观

---

① 北川县旅游局编:《北川县导游词》。

轴"的空间结构设计构思,以环、廊、带、脊、链、轴等多空间要素的相互交织构成新县城功能布局与风貌展示的空间骨架。其中,景观轴的空间结构价值在于其"有序统领整个城市的功能和空间景观",在环、廊、带、脊、链、轴相互交织的北川新县城空间结构中,景观轴也是唯一与其他结构要素均有交织的核心空间要素,并肩负着展示灾后重建成就和抗震精神、展示民族风貌和地域特色的历史使命[①]。

景观轴以云盘山为起点,自北向南蜿蜒伸展,巧妙地串联起北川文化中心、抗震纪念园、巴拿恰街区及禹王桥等一系列重要地标。其功能远不止于视觉与空间的连贯,更作为新县城的核心地理中轴线(简称"中轴线"),如同城市的脊梁,将新县城一分为二,同时,也将北川人与黄土人的安置社区以均衡的距离分隔开来,体现了城市规划中的和谐与平衡。值得注意的是,这种布局模式与南方常见的城镇中心空间布局大相径庭,而是更多地借鉴了北方城市规划的宏大与对称之美。

在这样的规划理念下,抗震纪念园不仅是一座承载着深刻历史记忆的建筑,更是中轴线上不可或缺的关键节点,它不仅是对过往灾难的铭记,也是对未来希望的寄托,以其庄严肃穆的形象,强化了中轴线的仪式感与象征意义。

一、规划设计

北川抗震纪念园坐落在新县城中轴线的东段,是北川灾后重建、抗震精神的重要标志场所,更被视作新县城地标性建筑。抗震纪念园整体呈长方形,长约400米,宽约160米,占地约5.6公顷,工程总造价8 600万元。纪念园东面与文化中心用地隔永昌大道相对,西面与羌族风貌商业街"巴拿恰"隔青片路相对,北面与北川宾馆隔石泉北街相对,南面与北川电影院隔石泉南街相对。因此,纪念园既可被视作中轴线的一部分,也可被单独视为一处具有独立空间意义的重要景点。抗震纪念园由静思园、英雄园和幸福园三个景致相异的园区组成,园区间由几条步径相联系。抗震纪念园项目于2010年4月正式开工建设,同年8月完工。然而,抗震纪念园的规划设计并非一帆风顺,在开工建设前,其先后经历过方案选拔和意义确立两大"关卡"。

---

① 朱子瑜,李明:《纲举目张——北川新县城城镇风貌特色的建构与探讨》,《建筑学报》2010年第9期。

新县城中轴线是重建工作的重中之重，这一区域既要反映建设工作所取得的成就，也要体现规划设计的风貌，更是新县城对外展示的亮点工程。因此，有关中轴线的设计和审核也更为严苛。中轴线上最为复杂的设计和遴选工程项目当属北川抗震纪念园。与其他建设项目不同，为保证抗震纪念园纪念意义的凸显，在设计方案落地前，抗震纪念园便被规划为一个与周边建筑群、街区保持区别的独立空间。然而，自方案招募开启，不同设计者对抗震纪念园的定位和意义表达始终未能达成一致，致使这一重要空间的建设难以"落地"。原中国城市规划设计研究院院长李晓江道：

> 北川新县城的成果是政治家与规划师、建筑师相互理解、相互支持、精诚合作的范例，其中最典型的当数抗震纪念园。中国建筑学会帮助组织的三轮方案征集，产生了二十多个方案，其中不乏院士、大师的优秀创作。[①]

如今，我们很难找齐这二十多个方案，但在最后一轮北川抗震纪念园方案征集招标筛选中，清华同衡风景园林研究中心出具的设计方案荣获第一名。该方案提出将抗震纪念园修建为包含一南一北两个不同主题的园区，园区间由两条丹陛人行天桥相连。为行文方便，笔者将其称作"南、北园"方案。

北川抗震纪念园的方案历时四轮评审，长逾一年，最终呈现出一个埋于大地、指向天空的方案，表达出对生命价值的追思、对天地的敬畏、对生命的崇敬与渴盼，表达出一种痛定思痛的沉思与笃定。

纪念园被城市道路分隔为南北两园，因此在立意中被赋予了不同的分主题与象征性。南园表现了此在、现实、地震的创痛，北园表现了精神世界、彼岸、亘古不变的信仰与超越的灵魂。在南北两园的对比与统一中，阐述了灾难给予人的悲痛与勇气、感受与觉悟。

南园以象征手法表现了两组景观：一组以下沉广场和错落的景观墙表现塌陷沉降的土地、崩裂的山石和倾颓的建筑；一组以跌宕的岩石景观喻指山城北川的旧貌，以高踞的纪念碑喻指北川羌寨傲然挺立的碉楼。贯穿纪念碑广场的主叙事轴线，由雕塑墙、特殊的广场铺装线与尽端的纪念碑碉楼构成，形成一条历史的隧道，以浮雕碑刻与签名刻字纪念墙的形式述说着北川重获新生的历程。

---

① 中国城市规划设计研究院、中国建筑设计研究院：《建筑新北川》，中国建筑工业出版社2011年版，第5页。

北园取羌族白石信仰，塑造了除纪念碑外的另两栋大型建筑。羌族的白石信仰由来已久，是其民族精神的代表与内核。在每一次大难当前，对天地正气的信仰会带来祥和与安宁，对幸福的祈愿会带来信心与希望。①

作为"经历四轮评审、长逾一年"所脱颖而出的方案，应该是相当优秀且符合大多数设计师基本想象的。然而，"南、北园"方案最终却并未落实到建设中，其原因在于各方未能达成纪念园主题表达的统一。作为"5·12汶川特大地震"后唯一一座异地重建的新县城，从选址到建设，再到建设工作的推进，无不受到中国社会，甚至全世界的关注和重视，这也体现出北川重建工作并非只是县城物理空间的建设，更与外界对于中国灾后重建成果的期待紧密结合，加上"广场"这类公共空间的象征意义、政治意义不亚于使用意义，设计者们的种种顾虑以及抗震纪念园设计方案的悬而未决则是情理之中的事。而该项目设计方案的最终确立源于一次"请示"，李晓江道：

> 我与宋春华理事长商议，莫如在温家宝总理视察新县城现场时直接请示。2009年9月25日，在向温总理汇报新县城规划设计时，我提到了专家们的分歧和我们的困惑，希望总理帮忙定夺。当时，温总理谈到抗震纪念园既要反映自然规律与灾害无情，更要表达中国人民抗震救灾与重建的伟大力量，还要展示新北川未来的美好前景。②

从温家宝总理的建议中可看出，他心目中的抗震纪念园是对"灾害、抗灾和重建"三重意蕴的纪念。于是，设计者们如同吃了"定心丸"，停滞的工作得以迅速推进和落实。最终，在最为优秀的二十多种方案中，有三个方案被选出并加以综合设计，成为"三段式"方案。李晓江对此形容道：

> 中规院城市设计研究室蒋朝晖先生以充满智慧的"俏皮"手法，选取三轮中最有价值的理念和局部方案，"拼贴"出了三段式的总图方案。③

"三段式"方案是对抗震纪念园的最终设计稿形象的概括，"三段"分别对应

---

① 《北川抗震纪念园方案设计》，节选自"清华同衡"官方网站。
② 中国城市规划设计研究院、中国建筑设计研究院：《建筑新北川》，中国建筑工业出版社2011年版，第5页。
③ 中国城市规划设计研究院、中国建筑设计研究院：《建筑新北川》，中国建筑工业出版社2011年版，第5页。

抗震纪念园内的三个园区,按由东向西的顺序看,它们分别为静思园、英雄园和幸福园,分别对应追思灾难、纪念抗震和幸福生活的寓意。

通过与"南、北园"方案对比可知,原本以表现"灾害、纪念"等意象的南园可对应现实中静思园"记忆与思念"的定位,以表现"民族精神的代表与内核"、予人以"吉祥、鼓舞与力量"等意象的北园可对应现实中英雄园"纪念与歌颂"的定位。"三段式"方案不再以"勾起生者痛苦的回忆"为空间主要意象,而是"面向美好的未来,以纪念园作为新县城重要公共空间为出发点,提供给市民舒适的活动场所……以不同主题,不同表现勾勒出人们对美好生活的向往"①。此外,"南、北园"方案中"基于纪念而朝向新生"的隐喻,在"三段式"方案中被浓墨重彩地表现出来——象征北川人"重生与欢乐"的"幸福园"。因此,"三段式"方案是将温家宝总理的建议具象化,并进一步对设计理念进行了调整,使抗震纪念园的意象更为"积极",也使"抗震"衔接上北川人未来的"新生活"。

与空间"拼贴"相对应的是,北川抗震纪念园的建设也是由多家单位合力完成的,总援建单位为山东省青岛市,设计总图由中国城市规划研究设计院出具。周恺、孟建民、庄惟敏三位设计师分别承担静思、英雄和幸福三个主题园的设计,叶毓山大师承担主题雕塑(纪念碑)设计,北临地景承担园林设计,中规院承担场地设计。

2010年3月8日,工程项目施工、监理单位公开招标;3月19日,中规院完成工程施工图设计;4月30日,工程正式开工;8月24日,完成广场铺装。综上,从方案征集开始到确立规划,再到最终落成,抗震纪念园历经一年半的时间,这是新县城重建中耗时最长的援建项目。

二、空间深描

抗震纪念园中,三个园区由东北向西南依次展开,再结合抗震纪念园以北的羌族民俗博物馆和以南的巴拿恰街区,这一建筑坐落次序又被形容为"从过去走向未来,从悲伤走向豪迈"。若将"南、北园"方案与"三段式"方案相比较,可发现抗震纪念园设计思路的调整具体体现在以下三个方面:一是隐藏悲情元素,二是淡化灾害信息,三是渲染未来生活,并分别于静思园、英雄园和幸福

---

① 王飞、蒋朝晖、朱子瑜、王颖楠:《从"拼贴"到"整合"——北川抗震纪念园的规划设计手法》,《城市规划》2011年第A2卷。

园三个园区的建筑景观中有所体现。

(一) 静思园

静思园位于抗震纪念园最(东)北端,占地1.6公顷,以纪念灾难、缅怀同胞为主题,利用简洁、现代的手法营造安静、幽闭的空间氛围,为人们追思过去提供沉思的空间。

静思园的空间开放度较低,其四周为一小片银杏树林环绕,使这一空间与外界加以区隔,并使园区笼罩在幽静的氛围中。静思园中间有一片静止的湖面,在设计稿中,这一湖面又被称为"一滴泪",以表达对灾难和逝者的哀思。作为静思园内的核心景观,"一滴泪"面积约为静思园的八成以上,水体由灰砖、青铜等建筑材料所围挡,围挡高度约2米,给人以一种沉静感。人们进入或穿过静思园,通常需步行过一条将"一滴泪"由中间分隔开的下沉小径,这条宽度不足2米的小径在设计稿中又被称为"感恩桥"。"一滴泪"与银杏树林中间的空白地面,则由大片砂石铺平,予人们以漫步。

静思园设计方为天津华汇工程建筑设计有限公司,其设计的出发点是将纪念的方式理解为对生命本体的纪念,跳出传统纪念碑式的设计框架,以城市公园的概念为市民提供了一个集纪念、休憩、静思、避难于一体的精神场所,力图以更为自然、平和、朴实的设计手法和最少的人工介入,将纪念与城市生活融为一体,将纪念融入每一位北川市民的日常生活之中。就功能设定,园区中央的"一滴泪"周边可举办集会和各种纪念仪式;位于园区西北角的小水滴形态的半围闭空间则可作为一个小型的缅怀和追思的场所;园区周边高大的银杏树则作为氛围营造景观。

对比上述设计思路,与"南、北园"方案中的南园相比,静思园明显"隐藏"了许多悲情元素。如"南、北园"方案中提出的建筑设计思路多为体现人们对故乡的怀念和对生命的尊重,有"喻指山城北川的旧貌"的岩石景观,有"表现塌陷沉降的土地、崩裂的山石和倾颓的建筑"的下沉广场、浮雕碑刻、签名刻字纪念墙、松柏等等,这些在静思园中都未有体现。

综上可见,设计者们希望静思园以自然、平和的空间形态和意象融入当地人灾后平静的生活,成为当地人在新县城进行纪念活动的一个重要空间。在这一空间内,人们可以时常停驻于此,感受、感悟生命,从而得到心灵的慰藉。换言之,"三段式"方案把有限的悲情元素都融入抽象、保守的设计中,从直接展示悲伤转变为由访客自己通过感悟来体会灾害和生命的价值。这一设计思路对访客的"空间感"（特别是对空间的感知、认知和理解能力），提出了较高的要求。

(二) 英雄园

英雄园位于抗震纪念园的中间位置，其主要建筑为抗震纪念广场（一说英雄广场）和抗震纪念碑。8 000平方米的广场可同时容纳4 000人，是北川新县城举办大型纪念活动、节日集会和集体文娱活动的重要公共空间。纪念碑立于广场南部正中央的位置，正对抗震纪念广场。纪念碑背部紧靠一条半包围英雄园的人工水系。广场北部建有一处升旗台，五星红旗常年于此飘扬。广场东西部分别有一条小道与纪念园外的道路相联通。

英雄园以赞颂和弘扬抗震救灾和重建精神为主题，利用对称、序列的手法营造严肃、庄重的氛围。其中，抗震纪念碑极其引人注目，它不仅是英雄园的重要建筑，也是整座抗震纪念园的"点睛之笔"[①]。碑体高约25米，上窄下宽，下部宽约5米，上部宽约2.5米，总重量800吨，设计和制作耗时9个月。为配合北川这一羌族自治县的整体建筑风格，纪念碑的外观设计融入羌族碉楼"缺而不残"的特征，碑面全部使用浅色花岗石进行雕绘后拼制而成。抗震纪念碑的基座上立有三位巨型人物雕像，手举十字镐、充满阳刚之气的年轻男性代表参与救援和援建北川的人们，而肢体语言和面部表情较为欢愉的羌族女性和孩童则象征北川今后的生活，寓意灾难没有摧垮北川人民，也没有摧垮四川人民，更没有击倒中国人民。罗沙林·克劳斯认为，雕塑在传统上被看作在纪念碑的逻辑中作为某个祭典场地的标志，它是神圣的，又是世俗的，它的形式是具象的（不是人就是动物）或抽象的、象征的[②]。那么，结合设计者赋予的寓意，雕塑至

[①] 《新生》雕塑可被视为抗震纪念园之核心，而有关雕塑的设计方案同样经历过多次会议讨论才最终落实，足见其分量之重。2010年1月4日，绵阳市委召开北川新县城规划委员会第一次会议。会议审议并原则通过了《抗震纪念园设计方案》《北川新县城路灯设计方案》《北川新县城交通管理设施设计方案》等六个方案。其中，专家们建议："雕塑是纪念园的灵魂，要通过大小不一的雕塑群来反映抗震救灾和灾后重建这个主旋律。"2010年3月21日，绵阳市委召开北川新县城规划委员会第二次会议，审查通过了抗震纪念园主题雕塑《新生》方案、北川新县城抗震纪念园规划设计方案和绿化景观提升方案。2010年4月19日，绵阳市委召开北川新县城规划委员会第三次会议，研究审议《北川地震纪念馆建筑设计方案》《关于北川新县城抗震纪念园主题雕塑完善方案及实施办法》。"会议原则同意北川新县城抗震纪念园主题雕塑完善方案和实施办法，认为纪念园主题雕塑经多次修改和完善，通过刚毅的男子、慈爱的妇女和天真的孩子三个典型人物的生动刻画，给人震撼、力量和信心，彰显了灾区人民从悲壮走向豪迈的奋斗历程，展示了灾区新希望、新生机和新活力。"

[②] 罗沙林·克劳斯：《后现代主义雕塑新体验、新诺言》，转引自《创作、理性、发展——北京市建筑设计研究院学术论文选集》，中国建筑工业出版社1999年版，第29页。

少反映出两种象征：一是象征着救灾援建者们为灾区作出的巨大贡献；二是象征着在救灾、援建者们的帮助下，北川人重获"新生"的场景。正如北川县旅游局官方网站中的介绍："雕塑整体体现了英雄的中国人民在中国共产党的领导下科学救灾、科学重建、科学发展的理念，展示了地震灾区的新希望、新生机、新活力。"①

在"南、北园"方案中，纪念碑设计为51.2米，象征"5·12汶川特大地震"，碑底为多边形，其中一个转角直指正北方的老县城方向。然而，这一具有灾害隐喻的设计在"三段式"方案中被舍弃，换来的是对"抗震精神"的强调——在纪念碑背面，刻有"任何困难都难不倒英雄的中国人民"这15个金色大字，这是时任中共中央总书记、国家主席胡锦涛视察地震灾区什邡市蓥华镇时所说的话，这句话在救灾过程中被无数媒体广为宣传，以至家喻户晓。作为抗震纪念碑上唯一一行文字，强调和肯定了中国人民众志成城的抗震精神和顽强乐观的救灾心态。从另一个角度看，这句话被镌刻在新县城最为人所瞩目的地标式建筑中，既联结起寓意"新生"的雕塑，也与周边的灾后重建成果相呼应，暗含中国共产党领导下的抗震救灾和"再造一个新北川"取得胜利。

作为同一空间内的建筑，抗震纪念广场同样经过类似的立意修改。在"南、北园"方案中，三座白石建筑构成的下沉广场"在肃穆中昭示着坚毅与力量……也为大型集会提供了充足的场地"。无独有偶，在孟建民设计团队提交的"抗震纪念园"早期设计方案中，也欲在英雄园中呈现面积庞大的"下沉区"，象征地震场景与抗震救灾的空间，来访者穿行其中，可以切身体验地震时的空间感受，追思抗震救灾英雄场景。可见，通过特殊的广场设计来凸显灾害意象是设计师们的一个共识。然而，在建设过程中，孟建民团队的"下沉区"设计被舍弃，抗震纪念广场的实际高度与园外地面平行，也使其更为接近一般意义上的广场。

(三) 幸福园

幸福园位于抗震纪念园的(西)南部，作为活动休闲的场所，营造幸福生活的景象。幸福园北面与英雄园之间被开阔、蜿蜒的弯月形人工水系隔开，中间以木桥相连，为视觉增加了流动性。在"南、北"园方案中，抗震纪念园与巴拿恰街区之间具有"仪式性的开端，以松林和巨石屏蔽了街道与商业区的喧哗，形成

---

① 引自北川县旅游局官网。

纪念园独立而静谧的气氛"①。而"三段式"方案中表现为半开放式入口——幸福园园区南部种植有二三十余棵阔叶景观树,景观树西侧为一条长约30米、宽约15米的南北向步道,步道贯穿幸福园,与南北向走势的巴拿恰街区隔街正对。街区与园区间的过渡非常自然、和谐。

在这条南北向步道北端,立有一块高约1.5米、宽约2米、厚约0.5米的《大爱筑羌城——山东对口援建北川记铭》碑,碑文如下:

……不堪回首,公元二〇〇八年五月十二日十四时二十八分,八级特大地震千年不遇,北川三千三百平方公里山河破碎,两万同胞深埋废墟之下,二十余万众无家可归,损失近六百亿元。

天灾无情,人间有爱。党中央、国务院坚强领导,果断决策,全国人民无私驰援。山东对口援建,九千四百万齐鲁儿女携手北川。比山还高的国家使命,比海还深的鲁川亲情。海滨山东,西蜀北川,海山相连,血脉相通。山东省委、省政府发出号令:举全省之力援建北川……

秉持科学、务实、和谐援建理念,全力推进农村、乡镇、新县城、工业园,人力智力建设发展,跨越二十年。逾一百亿元资金投入,全县共援建项目三百六十余个,房屋建筑面积逾一百万平方米,教育、文化、卫生等公共设施一百余处,补助农房重建五万余户,新建城镇道路桥涵一百万平方米,县乡公路一百八十公里,整治河道一百二十万平方米,绿化一百二十万平方米。为北川持续发展之大计,共有二十五家山东企业来北川工业园投资数十亿元……②

碑文共701个汉字,行文兼文言文和现代汉语风格,庄重简约。碑文大致包括灾害发生、感谢党的领导和外界支援以及灾后重建成果三部分内容。其中,关于灾害的描述相对较少,仅100余字,另两部分篇幅则较多。这一行文结构也能反映立碑的主要目的:一是对山东省的援建成果进行梳理,以示新生活的即将到来;二是感恩中国共产党的和山东省的有力救援,为北川人带来新生活。不难看出,碑文较为符合幸福园的主题定位。在幸福园中,该碑更似一个"导览",在碑以西20余米处,坐落着北川城市规划展览馆,馆中对山东对口援建北川的具体内容有着全面的呈现。

---

① 清华院:《纪念与新生:北川抗震纪念园设计方案》,未刊稿。
② 节选自新北川抗震纪念园《大爱筑羌城——山东对口援建北川记铭》碑。

城市规划展览馆(又称幸福馆)是幸福园中的主体建筑,位于幸福园园区西南角,在其设计师庄惟敏看来,展览馆是"陈列展览、纪录传播北川人民抗震救灾、重建家园乐观精神的重要载体,同时也是市民交流、沟通、休闲的场所"①。从远处观看,白色钢结构材质建造的展览馆造型像一块巨型白石,融入了具有神圣、庇护之意的羌族白石信仰元素。展览馆地上一层、地下一层,地下层高4米,地上层高3.2~4.5米,建筑总高度为13.6米,建筑面积为2 353.48平方米。

展览馆入口外的阶梯上嵌入一块金属牌,上面印有"2008年5月12日14时28分,里氏8.0级汶川特大地震,北川老县城及部分乡镇被夷为平地。"以此为起点,顺着阶梯往下走,十级阶梯两边按时间次序放着几块形状不规则的石头,上面刻有新县城选址、重建工程启动、重建项目交接仪式、新县城开城等重要时间节点。

走下阶梯,正对着阶梯的一面墙上印有时任中共中央总书记、国家主席胡锦涛的"一定要把北川建设好"几个大字。沿墙进入展览馆展陈区域,会看见右墙上印有约四百字的展览《前言》,大致内容可分为党和国家领导人对县城重建工作的重视,省市县级政府领导、学者、海内外华人华侨等在震后对重建工作的支持,重建成果之伟大这三部分,《前言》对展览馆的布展内容起到引领和概括作用。按照布展内容,展览馆被划分为三个展区:第一个展区展出的是震后国家、省市各级领导来北川视察的照片及相关描述;第二个展区展出的是重建过程及成果图片,分为安居工程(以人为本,民生优先)、民生工程(提供优质公共服务)、生命线工程(基础设施建设)、安全保障工程(城市综合防灾系统)四大部分,包括北川新县城规划建设的低碳模式、能源结构规划、节能减排、集约建设、规划特点与创新、规划理念与实例、旅游规划、园区建设、农业特色化、经济建设成果、工业强县战略、文化传承等方面的内容;第三个展区是对重建过程及成果图片展的总结,展区开篇指出共产党的坚强领导和社会主义制度的优越性是抗震救灾取得重大阶段性成果的保证,随后以图表的形式将援建单位、流程、政策

---

① 实际上,在"南、北两园"方案中显示,抗震纪念园内原规划有两处场馆,分别为抗震纪念馆和城建展览馆。《北川新县城灾后重建项目梳理建议方案》对此有明确记载,"预计建设的抗震纪念馆和城建展览馆各3 000平方米,估算总投资4 292万元,属于山东省青岛市援建项目",项目业主为"建设局牵头,文化旅游局和地震局配合",用以纪念抗震精神,且这两处纪念馆"与老县城地震遗址博物馆和纪念地不同,有必要修建"。但在"三段式"方案中,原规划6 000平方米的抗震纪念馆和城市规划展览馆用地压缩调整至2 000平方米,并且抗震纪念馆消失(后于老县城附近的任家坪村北川中学遗址处建设),只保留了如今幸福园中的城市规划展览馆(北川新县城工程建设指挥部《北川羌族自治县新县城建设志·规划设计篇》,2013年)。

等展现出来。展览馆中通过展出重建成就以及未来发展规划设想,再次强调了党和政府在灾后重建和北川人获得"新生"中的关键作用。

对比"南、北园"方案和"三段式"方案,会发现两者均要营造兼具纪念功能和日常功能的灾害纪念空间,但在空间功能、意义表象等方面又存在显著差异。"南、北园"方案将纪念性作为园区的核心意义,南园的主要功能是灾害纪念,空间设计对灾害事件进行可视化处理。北园建设有抗震历史展陈、灾后重建规划等功能性空间,空间设计依然紧扣北川地震灾害主题。如果说"南、北园"方案体现出纪念性与日常性的"组合","三段式"则体现出两者的"融合"——"三段式"方案将纪念性与日常性共同作为园区的核心意义,纪念性功能与日常性功能相互融合,方案中有关灾害的表象较为抽象和保守,难以直接引发人们展开有关地震灾害的联想。因此,与"南、北园"方案相比,"三段式"方案中日常休闲空间占比增加,空间意象显得更为"积极"(见表5-1)。

表5-1 北川抗震纪念园"南、北园"方案与"三段式"方案比较

园区方案	园 区	建 筑	纪念功能	日常功能
"南、北园"方案	南园	"下沉式"广场、岩石景观、雕塑墙、碉楼形纪念碑、浮雕碑刻、签名纪念墙、松柏树林	纪念灾害事件、遇难者、救灾人员	
	北园	北川抗震纪念馆、城建展览馆	纪念抗震救灾、北川重建	休憩、观展
"三段式"方案	静思园	人工湖、银杏树林	纪念灾害事件、遇难者	静思、休憩
	英雄园	英雄广场、纪念碑(包括"新生"雕像)	纪念抗震救灾	集会、休憩、避灾
	幸福园	人工湖、城市规划展览馆、小树林	纪念北川重建	休憩、观展

此外,"三段式"方案蓝图和抗震纪念园落成面貌同样存在些许差异,方案中提出的诸多建设目标并未能真正落实,比如前文提到的英雄园的"下沉区"设计等。可以说,抗震纪念园营建主体力求展现中国政府在抗震救灾、灾后重建过程中的积极与宏大的事象,以及为了满足社会多样化的空间需求,空间面貌

与功能偏向日常性,为空间的再生产带来诸多不确定因素。

魏万磊提出:"从发生学的观念上来看,一种物质性东西的出现和消失,总是在反映着人类思维观念的变化,至少反映着某种人为的取向。"①结合前文,不难看出,弱化灾害也是为了强化国家在灾后重建中的作用。正如在幸福园的展览馆中,关于地震灾害损失、伤亡等信息只以寥寥数字一笔带过,"5·12汶川地震"似乎只是展览馆建设的一个"背景",馆内展示重点在于突出灾后重建的积极面貌和面向美好未来的设想。在此基础上,自北向南看,三个园区是一个"走出过去,面向未来"的历程体验,自南向北看,则是"居安思危,牢记历史"的经验感知。

第二节 灾害纪念空间的再生产及其现实功用

对于纪念空间来说,如何联系纪念意义与公众属性,并且满足新时代人民日益增长的日常生活和价值观念需求,就需要通过对其空间生产过程的呈现,讨论其中的具体表征以及之于不同人群的意义。有设计者认为,北川抗震纪念园具有承载爱国主义宣传教育阵地、对罹难同胞的悼念和市民休闲活动三大功能②。也有设计者表示,抗震纪念园需同时保持宏伟壮观和亲切观感,且最终要突出抗震救灾纪念和城市生活休闲两大核心功能③。虽然看法略有差异,但方案均认可抗震纪念园既要包含纪念意蕴,同时也要对世俗生活形成支持。然而,现实生活中广场类空间的实际功能往往会与设计者的意图有所出入,我们可以根据抗震纪念园中举行的活动来分析其于当地人生活中的实际功能以及意义。

一、大型活动空间

北川老县城处于景家山和王家山间较为平缓的峡谷地带,地势高低不平,

---

① 魏万磊:《天安门建筑群的权力空间分析》,邓卫编,《清华史苑(第1辑)》,清华大学出版社2011年版。
② 王飞、蒋朝晖、朱子瑜、王颖楠:《从"拼贴"到"整合"——北川抗震纪念园的规划设计手法》,《城市规划》2011年第A2卷。
③ 清华院:《纪念与新生:北川抗震纪念园设计方案》(未刊稿)。

最为平整的地块是龙王滩体育场,但体育场极少被启用。通常情况下,老县城的大型公共活动都在街道上展开。以羌历年为例,每年北川政府都会在羌历年当日封闭全程交通,只许人行,不许通车。禹祥苑居民 XH 回忆:

> 当时没什么空地,过去的街都是两车道,一到羌历年,政府在每个十字路口摆上一堆篝火,组织来的人在街上跳舞,这条街跳到那条街,我们老百姓在两边围观,跟着跳舞的人跑……其余就没地方了。①

新县城整体地势地貌非常平坦,作为唯一一处灾后异地重建的县城,北川常年会承接领导视察、外界访问和交流等活动,抗震纪念广场则被当地打造成举办大型活动的公共空间。2010年10月1日上午,抗震纪念广场举办了新县城的首次升旗仪式,这也是北川县政府在抗震纪念园举办的首次公共活动,吸引了不少媒体、援建人员前来观看。此后,北川对抗震纪念园的使用进入了"常态化"阶段,包括举办"2015年中国•四川自行车联赛(北川站)比赛开幕式""2018年'青春正当时 建功新时代'主题活动""2018羌历年舞龙大会"等,以上在抗震纪念园举办的活动有体育赛事、节庆表演、活动表彰等,多由地方政府组织操办。而作为一个被明确设定有纪念功能的广场,于此举办过的公共纪念活动却极其有限。据当地官员回忆,新县城建城至今,抗震纪念广场上只举办过一次与灾害相关的活动。随后,笔者在当地报纸上找到了这次活动的相关信息。

> 讴歌重生,铭记大爱。弘扬感恩文化。昨日上午,由市委宣传部主办,市文联、北川县委宣传部承办,市作家协会、市朗诵艺术家协会协办的"重生•跨越"——春天与北川一起歌唱大型诗歌朗诵会在北川新县城抗震纪念广场隆重举行。
>
> 地震四年来,绵阳承载了太多的爱,特别是以北川羌族自治县为代表的4个地震极重灾区,得到了全国乃至全世界人民的无限关爱。大爱文化、感恩文化在这里生根、发芽、成长、壮大。
>
> ……
>
> 《北川羌,历史的背影》《北川新城》《北川行记》《新城雨燕》《蜀葵花羌绣》《洞仙歌过唐家山堰塞湖》《水龙吟山楼》……一首首诗歌和词展示了北川的

---

① 访谈编码: XH20180617。

一天天变化。新家园的落成,孩子们回到了新建的学校,勤劳勇敢的羌家儿女脸上充满笑意,北川正迈动着青春的脚步,向着辉煌的未来飞奔。①

从诗歌的名称以及这篇报道的一些细节中可以看到,这场朗诵会主要以讴歌北川重建和赞美北川人的新生活为主。观看者以北川中小学生为主,他们穿着校服,由学校组织而来,自发前来的当地民众则少之又少。

另外,作为中轴线景观的重要环节,为打造新县城名片和发展旅游经济,北川不遗余力地通过举办一系列活动将抗震纪念园的"景区"身份进一步确立,以吸引民众和外地游客前来游玩。如2015年,北川羌族自治县文化广电新闻出版和旅游局主办了"北川十景"评选活动,在为期5天的网络投票过程中,"新生广场"在全县30个人文、自然景观中脱颖而出,进入前三甲,得票高达426万票。2016年9月,北川为迎接绵阳市旅游发展大会,斥巨资在抗震纪念园的人工水系中安装了音乐喷泉,以此为亮点招徕游客。每逢重大节日,当天都会开启两场音乐喷泉,而平日则逢周五、周六晚各开启一场。

二、日常休闲空间

地方政府对抗震纪念园的征用通常集中在特定时间,如节日、假期等,其余时间广场全面对外开放。当地人通常于傍晚时分来到这里。从前文的报道中也可看出,"新生广场"已逐渐取代抗震纪念广场,成为官方和媒体对这一处空间的指称,而在当地人的生活中,"新生广场"甚至成为整座抗震纪念园的代称,称呼的更易体现出抗震纪念园已成为一处公共休闲空间。

对于北川人而言,抗震纪念广场类似于公园,是一处极其适宜休闲的场所。北川人WJF如是说:

> 新县城到处是玩的地方,但感觉没有真正的公园,政府给你指一块,告诉你这就是公园,但我感觉好像是假的,不是真正的公园的感觉。真正的公园里面有玩的耍的,儿童游乐的,每天下午公园里喝广场啤酒,喝茶的,还有跳蹦蹦床的,游乐车,人山人海,热闹得很啊。也有进去洗澡的,好像是我们以前的公园,就是真正的公园,进去喝茶啊,里面有假山啊,亭台楼阁之类的,现在没有儿童乐园的地方了,现在都是什么湿地公园。以前下

---

① 节选自《重生·跨越——春天与北川一起歌唱大型诗歌朗诵会在北川新县城抗震救灾广场隆重举行》(《绵阳晚报》2012年5月11日)。

雨了,我们可以躲公园里面去坐一坐。①

WJF 口中所谓"真正的公园"和"以前的公园"实际是以老县城的龙尾公园为标准进行描述的。该座公园约建于 20 世纪 80 年代中期,坐落在老县城回龙社区和茅坝社区之间的回龙湾河滩附近,90 年代中后期免费对外开放,里面设有茶棚、棋牌室、游泳区、儿童游乐项目等,每天进公园游乐的人络绎不绝,男女老少都可以在里面找到合适的休憩区域和消费项目。公园本身建筑面积不大,但其内部有小径通向县城西面的王家山,这也大大提升了公园的接待能力。

从 WJF 的这段话中亦能获知,新县城适合人们进行休闲活动的室外区域并不多,或者说新县城中的诸多被命名为"某某公园"的公共绿地并不令其满意。笔者在尔玛社区 K 区访谈时,也有妇女希望笔者能帮她向政府反映,居住区一带没有适合孩子奔跑玩耍的空间。而实际上,安置社区周围遍布多处公共绿地。而这些公共绿地在他们的日常休闲活动中,并未占据重要位置。事实上,北川人在选择室外休闲场所时,往往会优先考虑以下两点:

一是空间是否便于自由活动。与老县城拥挤、热闹的氛围不同,新县城居住相对分散,建筑物外主要为道路、公共绿地和人工水系三类空间形态,尤其是公共绿地,被视为新县城规划的一大亮点,北川人从新县城任意一点出发,300 米内便可步行到达一处公共绿地。规划方对此表示:

> 我们在整个城市人均绿地指标上作了充分的保证,北川比成都的人均绿地标准要高。采用的办法第一是集中共享、第二是尽量用带状和线状形态布置公园,让所有的居民能以最近的距离享用到绿地。所以我认为人均绿地指标不应该只是一个抽象的数字,还可以用空间来衡量,比如让北川居民出门于 300 米内进入园林,这些距离可能更有意义。②

北川人对此也非常自豪,经常以"大花园"来比喻新县城秀丽的风光。然而,一般情况下,却少有人出入其间,大多公共绿地似乎已被当地人"遗忘"。以北川人安置社区与抗震纪念园之间的北川公园为例,设计师的设想是北川公园与街道"无缝衔接",可进入性较高,居民或游人通过一条蜿蜒的小径步入其间,一路可以观赏道路两旁的人工水系、绿地、树木等景色。对于民众而言,这些公

---

① 访谈编码:WJF20180619。
② 崔愷、李晓江、朱子瑜:《对谈:灾后十年 回望北川》,《建筑学报》2018 年第 6 期。

园花草繁多，并不便于人们进行无障碍的自由活动，还会为人与人间的交际带来阻碍。访谈中，WJF还提出，羡慕安昌镇镇中心有一座人民公园，人民公园中有可供儿童娱乐的碰碰车、旱冰场、湖景、铁轨小火车等设施，也有成年人喝茶、打牌的露天休闲场所等。根据他的提示，笔者曾去安昌镇人民公园调查，发现人民公园的儿童游乐区、轮滑区、广场舞区、露天休闲茶吧、湖景垂钓区、篮球场等，分区非常明晰，互相各不干扰，适合各年龄层次人群前来休闲与社交。而这些设置与老县城的龙尾公园极为相似，且两者面积也相当。

二是空间是否具有较高安全系数。北川老县城为熟人社会所营造的氛围所笼罩，街道狭窄，居住集中，安全风险小。而新县城人口密度大减，湖泊、草地、树林众多，安全隐患增加。此外，新县城街道普遍为四车道和六车道，随着人均机动车占有量的提升，发生交通事故的频率也大为增加。因此，安全问题成为当地人参与休闲生活时的重要考虑维度。一个最为明显的例子便是建于新县城外围长达4公里的沿河风景带，风景秀丽精致，绿化蔚为壮观，与安置社区大部分区域仅一街之隔，却很少有居民进入游玩。尔玛社区曾把社区舞蹈练习活动安排于沿河风景带的羌笛广场中，而沿河风景带与安置社区间的街道是快车道，经常发生车辆撞人事件，故社区舞蹈练习改去其他区域。此外，这些绿化带还存在虫蚁过多、树木茂盛、路灯电力供应不足等问题，在此开展休闲活动，并不十分适宜。

开阔平整的抗震纪念广场虽然距离安置社区较远，当地人来回起码要步行40分钟左右，却成为他们生活中理想且安全的休闲空间。若稍加留意，还会发现新生广场中"亲子组合"是休闲人群的主力。每到夏季傍晚时分，家长们（主要是老年人和青年女性）便纷纷带着孩子来到抗震纪念广场，广场上人潮涌动、喧闹不已，与周边安静、空寂的街景形成强烈对比。人流量的增加，也带动广场上的生意——一座座大型充气城堡拔地而起，旋转木马、轨道小火车等播放着音乐，青年轮滑教练把近百个塑料桩摆在广场的地面上准备开课⋯⋯幼儿们在这些游乐项目中玩得兴高采烈，家长则围聚在周围，或与其他家长谈笑，或玩手机，或与来往抗震纪念广场的熟人们点头致意。显然，抗震纪念广场地势开阔为"游乐"设施的存放和相关活动的开展提供了极其便利的条件，广场的休闲功能被进一步"开发"，并逐渐发展为新县城晚间的一个"儿童乐园"。

三、商业活动空间

2010年，几位新北川人从灾后旅游热潮中发现商机，他们购置了电动游乐车、旋转木马等儿童游乐设施,放在幸福园的小树林中,通过向外地游客提供游乐服务来获取收益。

由于规划方并未在安置社区附近规划面积较大的室外休闲空间,更未规划儿童游乐场所,抗震纪念园中的儿童游乐设施便填补了这项空白。短短两三年间,从事同类生意的新北川人越来越多,他们采购了各式游乐设施,占据了幸福园的小树林和抗震纪念广场的大部分空间。但在官方的规划设计方案中,抗震纪念园主要功能并不包括商业活动。

商家的"入侵"改变了抗震纪念园空间的面貌和意象,且本该由民众自由使用的公共空间被私人以营利为目的进行占用,变相导致公共空间的"私有化",使得接近这些公共空间变成一种"优势"(advantage)而非"权利"(right)①,公共空间成为"私享空间"。对此,北川县住建局作为抗震纪念园的直接管理方,采用口头警告的方式驱赶这些商家。

住建局的口头警告未能奏效,商家采用"打游击"的方式来满足自身经营需求,你赶我跑,你撤我回,拉锯时长达三年之久。僵持不下的局面令住建局渐感无力,在多番取缔违规经营活动未果后,他们也逐渐默认了商家的存在。而从北川旅游局的 GY 口中,笔者获知住建局放松管制背后还有其他原因:

> 巴拿恰平行有五条街,如果旅游景区这么设计会完蛋的。那么,当初为什么这么设计?是因为中国规划设计院的人都来自北方,他们把北京故宫的模式搬过来了,这是一种中轴线的模式。而且根据他们对于游客量的设想,巴拿恰五条街有不同的分区,游客可以自由选择去哪一个分区游览购物。但我们每年都在做调查,99% 游客不会走完五条街,所以导致这里人气严重不足,巴拿恰内部街道 5 元钱 1 平方米都没商家要租,这里做不起来生意。②

巴拿恰街区是新县城的另一处核心景点,与抗震纪念园仅一街之隔,存在门店生意惨淡、人气严重不足等问题。尤其是 2013 年后,新县城灾后旅游"热度"明显下降,游客越来越少。北川县住建局开始意识到商家的价值所在——既能活跃北川消费经济,解决少量人口的低收入问题,也可为中轴线吸引客源、

---

① Banerjee, Tridib, The future of public space: Beyond invented streets and reinvented places, Journal of the American Planning Association, 2001, vol. 67.
② 访谈编码:GY20180119。

增添人气,从而使景区更加名副其实。

> 住建局要把人集中起来,比如夏天的晚上,希望老百姓去巴拿恰商业街玩,那必须有东西来吸引(人),这些做(运营)游乐车的商家就是吸引娃娃(孩子)是最合适的办法,外地人来也可以玩。①

商业活动为游客和居民的有效停留和社会消费的增长带来一定益处,但也导致抗震纪念园空间秩序的日益混乱。于是,住建局再一次转变管理思路,从"默认"商家的存在转化为与商家"合作"。2015年10月,住建局主动就关键问题与园内商家提出谈判,并在很短的时间内,双方达成协议,协议内容大致包括三个方面:

一是住建局对商家进行"收编"。由住建局按商家实际经营需求划定经营空间范围和经营类别,并自2015年10月16日起,商家需要向住建局缴纳保证金(以防安全风险)以及租金,每月每平方米租金4~5元,商家还需提交由安置社区居委会开具的居住证明、无业证明等。满足上述条件便可签订租赁合同,一年签约一次。对于商家而言,签约后既可拥有不被驱赶的经营资格,也不再需要每天经营结束后把游乐设施往其他地方转移,非经营时间用各式布料将经营设备遮盖住即可。

二是控制入场商家数量。为防止更多的人参与到经营活动中,双方约定以2015年10月入园的商家数量为准,幸福园树林内4家,抗震纪念广场上7家,不允许更多的商家进入抗震纪念园经营。

三是住建局将商家纳入城市日常管理体系。抗震纪念广场经常要举办大型活动,节假日期间也要承担一部分游客分流压力,地方政府则会对广场及其附近的人流和交通进行临时管制,其间任何商家不得进入广场。同时,游乐设施的存在严重影响广场市容,只有傍晚时分,商家才可经营。相对来说,地方政府对于在幸福园中经营的商家则略宽容,这是因为幸福园中可利用空间少,且游乐设施安置于树林中,相对隐蔽,不至于对市容产生较大影响。

协议签订后,抗震纪念园的休闲功用得到延展,这在很大程度上解决了当地居民休闲、生计等问题。但商业活动的存在也使抗震纪念园及其"纪念性"之间的关联愈发松散,并为一些后续争议的产生埋下伏笔。

---

① 访谈编码:GY20180119。

第三节 灾后重建空间何以达成"纪念"?

自近代民族国家形成后,公共纪念空间日益为国家与社会所重视,世界各国通过物质性空间的营造和纪念仪式的举办等方式来打造公共纪念空间,以表达对历史人物、历史事件的纪念,从而凝聚社会记忆和共同体意识,为国家与社会的存在提供合法性来源。为传递永恒的、崇高的纪念性意义,在相当长的时期内,各国公共纪念空间通常由超比例、大尺度、大体量的建筑物构成,予人以产生庄严感和信念感。第二次世界大战后,一批以反战为核心的公共纪念空间开始融入城市景观,加上城市人口迅猛增长带来公共休闲空间用地的紧张,部分发达国家或地区的公共纪念空间率先转变为普通公园。与此同时,公共纪念空间的表象、功能和价值发生历史性变化——一方面,随着人本观念深入人心,以崇高、权威为核心意象的公共纪念空间营建受到质疑和挑战。大量公共纪念空间从权力话语空间向公众艺术空间过渡,从着重表达抽象的纪念性转向追思人物、事件的纪念意义,推动空间形式与内容取得内在的统一[1]。另一方面,纪念性不再占据公共纪念空间意义生产的统领地位,日常性需求成为推动纪念空间生产的主要动力,并逐渐拓展出文化旅游、科普教育、艺术展示等空间功能。

20世纪末以来,随着全球化和现代性的不断深入,将公共纪念空间建设为多功能复合型空间逐渐为世界各国所认可,大量公共纪念空间不再是孤体,而是与周边地段乃至地方的未来发展结合在一起。中外大量实证研究表明拓展纪念空间的日常功能便于吸引公众进入,促进日常性纪念行为的发生,使纪念空间融入公众日常生活中,更好地凸显空间的纪念性[2]。但值得注意的是,也有一些研究基于实地考察,揭示了公共纪念空间日常化会引发纪念性式微的风险。比如有研究指出,城市扩张伴随日常休闲活动需求的增加,会削弱公共纪念空间的纪念氛围和场所意义[3]。尤其是全球化时代大众旅游的开展已"威胁

---

[1] 赵海翔:《人造的路标——纪念性空间研究》,中国建材工业出版社2011年版,第78~129页。
[2] 杨林、张继焦:《"凡俗"与"神圣"之间——广州中山纪念堂探析》,《文化遗产》2017年第4期;李建盛:《公共艺术与城市文化》,北京大学出版社2012年版,第136~148页;[美] Katie Campbell:《20世纪景观设计标志》,陈晓宇译,电子工业出版社2012年版,第136~140页。
[3] 方远平、唐艳春、赖慧珍:《从公共纪念空间到公共休闲空间:广州起义烈士陵园的空间生产》,《热带地理》2018年第5期。

到神圣空间的神圣和不可侵犯性",时常引发争议,从而带来"道德的两难困境"。这一现象背后更为严重的后果是,历史记忆没有被稳定地客观化和永恒化,纪念空间的核心价值将伴随纪念性的弱化而被消磨,并逐渐为人所忘却,从而失去它作为特殊事件表象的功能①。

总体来说,目前学界有关公共纪念空间的研究主要基于现代主义、理性主义为理论导向的视角,重点关注公共纪念空间不同形态、功能、价值的整合,纪念性营造与日常化使用策略,纪念性建筑实现日常化表达的基本方法等方面,勾勒出日常生活融入公共纪念空间转型发展的理论与实践蓝图,为公共纪念空间的现代化进程提供证明和背书。现有研究较多地强调现代规划和设计在公共纪念空间建构中的价值,旨在推进复合型公共纪念空间与多元社会的贴合程度。然而,大量所谓"人本主义"公共纪念空间依然诉诸决策者的先验理性,展现政府官员、专家学者理解与构想的空间形态,缺乏其他主体与既往经验的考察,忽视了鲜活的"人"的主体视角和空间使用者的日常感知。事实上,现代公共纪念空间的建构并非仅仅是一个自上而下的规划和管理过程,也涉及自下而上的微观机制。只有对特定公共纪念空间及其政治体制、社会结构、经济活动、历史过程和文化模式之间的交互关系加以探究,并结合社会不同主体的空间需求和空间实践,才能真正理解和发挥纪念空间的价值。

灾害纪念空间具有记录灾害事件、唤起和纾解创伤记忆以及作为防灾警戒装置等功能。因涉及公共死亡事件,灾害纪念空间与其所在地域的关联更为紧密,围绕空间功能、纪念对象设置等议题,国家权力、地方社会、设计者等不同主体之间往往会形成合作或角力关系。因此,讨论现代公共纪念空间发展,灾害纪念空间是问题和矛盾更为集中的类型。近年来,笔者在对河北唐山、宁夏海原等地进行调查时同样发现,各地标志性灾害纪念空间均由过去的政治规训、公共纪念空间向公共纪念休闲空间或公共休闲空间转变,空间的纪念意象和功能不断退化。而这些现象同样也会成为公共纪念空间性质和使用争议的来源。

2013年,抗震纪念广场上发生一起游乐车撞人事件,一位女性游客在带孩子乘坐游乐车的过程中,因低头看手机,未控制好车向,致使一位老年女性被撞倒,腿部骨折。事后,伤者家属在百度"北川贴吧"发帖控诉:

> 新县城抗震纪念园是专为纪念"5·12(汶川)特大地震"设计并修建

---

① 王晓葵:《民俗学与现代社会》,上海文艺出版社2011年版,第206~236页。

的,是神圣庄严的地方,不是嬉笑游玩的场所。然而,一不法商贩未经任何部门批准,擅自在纪念园开设儿童游乐园。正因为如此,一场飞来横祸降临在一个普通小老百姓身上。——今年3月份,一(位)60多岁的老人在抗震纪念园小憩,被一儿童游乐车当场撞断腿杆(腿),造成九级伤残。

这是抗震纪念广场上发生的一个意外事件,却被伤者家属将此事与抗震纪念园是否适合从事商业活动联系在一起。除特定情况(如导游叙事文本)外,北川人普遍以"新生广场"来称呼这一空间。然而,在这一网帖中,"纪念园""纪念广场"名称多次出现。被命名为"抗震纪念广场"的纪念空间,为何会出现名称上的变化?本节将探讨公共纪念空间何以达成纪念的问题。

一、不同主体与纪念空间感知分歧

(一) 不同主体与纪念空间"提醒装置"的感知分歧

纪念空间具有的基本特质是空间性,尤其是意图性纪念空间会"通过建筑、雕塑、碑、柱、门、墙等元素来进行空间的限定和形象的塑造"①,在具体的设计过程中,设计师会"运用隐喻、暗示、联想等环境手段来引导人们的思考,启发人们的想象力,从而表达出空间的纪念性"②。抗震纪念碑作为北川抗震纪念园内最为典型和高耸的建筑,往往能第一时间进入人们的视野。纪念碑(monument)在英文中可被译为纪念性建筑和文件等,该词源于拉丁文monumentum,本意是"提醒"和"告诫",还有"建议""指示"之意③。围绕灾害事件修建纪念碑,以建筑形式对灾害事件进行记录,是世界各国政府通行的做法。提及中国的灾害纪念碑,唐山市中心的抗震纪念碑可谓是典型代表④。它与北川抗震纪念碑建设年代不同,但两者高大、宏伟的碑身、单中心的空间特征和对救灾形象的表现都源自对英雄主义、浪漫主义的追求,是典型的、予人以庄严感的政治性景观,也是新中国成立至今大多数纪念碑建筑普遍具有的特征。从形态语义学和符号学角度看,这类体量庞大、垂直向上型的纪念碑形态具有

---

① 陈蕴茜:《纪念空间与社会记忆》,《学术月刊》2012年第7期。
② 陈蕴茜:《纪念空间与社会记忆》,《学术月刊》2012年第7期。
③ 殷双喜:《纪念碑及其作为建筑艺术的公共性》,《雕塑》2004年第6期。
④ 巧合的是,唐山市政府主持建设的主要公共纪念空间同样为纪念碑、纪念碑广场、纪念馆这三类建筑,且三类建筑均同处于唐山市中心的纪念碑广场一带。

明确的象征性和喻义性①。陈国兴曾对纪念碑空间的向度形态与崇拜行为之间的关联进行分析："垂直向上空间向度形态的纪念碑通常处于纪念性环境空间的中心,其高度与其所处的水平空间环境基面对比明显,往往远远就受人瞩目。这类纪念碑强调单中心的空间特征,容易引起人们对其注视。人们在进行纪念活动时容易引发聚集崇拜行为。"②并且它们"倡导的价值观与国家和集体的单一意识密切相连……带着鲜明的历史时代特色和政治意识形态。"③从碑文"任何困难都难不倒英雄的中国人民"来看,设计方显然是要借纪念碑来弘扬抗震救灾精神,并以空间形态激发观者的敬仰和崇拜。原中国城市规划设计研究院院长李晓江感慨道:

"孟建民大师对北川新县城的倾情投入让我尤其感动,他不因事小而不为,坚持在纪念园英雄广场设计中'小题大作',刻意设计了曲线伸展的地面铺装和地灯,营造了独特的视觉效果",这段话中所提及的便是该团队的广场地砖设计,其"纹理变化由疏到密,增加了广场的进深感,进一步烘托了主题雕塑的挺拔效果。"④

这类"小题大作",实质便是借由视觉传达意识形态,让人们从感官层面对纪念碑产生庄严体验,提升纪念碑的威权性。这也意味着设计者把抗震纪念碑作为一种特别的建筑形态对待,提升其作为纪念空间"提醒装置"的功能。因此,抗震纪念碑既是英雄园的焦点,也是抗震纪念园的核心所在,很难让人忽视它的存在。

然而,笔者访谈了在抗震纪念广场上停留的人,得到的答案却不尽相同。

访谈一:

我:请问你知道这里是纪念什么的呢?

北川人DWH:肯定是纪念的地方,男的拿锄头(镐),是抗震救灾,救前面那个女的,女的面向新生,下面是他们的孩子。很多人不知道这个雕塑是什么意思。⑤

访谈二:

---

① 张俊竹:《从符号学的视野看展示形态语义设计》,《美术学报》2016年第2期。
② 陈国兴:《纪念碑空间的向度形态与崇拜行为探析》,《美术学报》2017年第1期。
③ 陈国兴:《纪念碑空间的向度形态与崇拜行为探析》,《美术学报》2017年第1期。
④ 北川县旅游局编:《北川县导游词》。
⑤ 访谈编码:DWH20180721。

我：请问你知道这里是纪念什么的呢？

　　新北川人ZXZ：纪念什么你看碑上的字就知道啦,我也不知道纪念什么。①

访谈三：

　　我：你觉得这里是纪念什么的呢？

　　新北川人SLX：纪念碑是纪念新北川的,新北川纪念碑,政府把我们两年时间这个坝子(平坦且宽敞的空地)搞平了。这个坝坝(广场)弄得好,现在你去哪里广场都有小孩儿玩的,大部分广场都有这样的生意。②

访谈四：

　　新北川人LYM：那个广场是他们老北川的,他们的标志(《新生》雕像)全部竖到这下面(我们这边)来了。三个人(雕像)么,意思就是北川地震了现在有三个人,一男一女一个小孩。我的理解是中国人,有两口子,下面永远是有人(后代)的。小孩(雕塑)还是男孩子,哈哈哈,就是永远都有(后)人嘛。③

　　从上述访谈来看,对于绝大多数未经历过地震伤痛的人而言,由于这里没有明确的灾害或地震标识,抗震纪念园似乎与一般的市民公园、广场没什么区别。与之相反,北川人则既认同抗震纪念园内进行休闲娱乐活动的合理性,也普遍认同抗震纪念园存在纪念意义。北川人内部的分歧在于,一部分人认为抗震纪念园因抗震救灾而建,包含灾害纪念意象,在这里,娱乐休闲活动要在一定的尺度内进行。另一部分人则认为,抗震纪念园是一个纪念北川人重获新生的空间,不应承载过多的悲伤,在这里活动不需要有任何心理负担。陈蕴茜指出,当一个人具有事件体验,而这种体验与被纪念者关系一致时,则事件体验与纪念空间是正向关系,这种记忆可以起到强化纪念空间属性的作用,但如果事件体验者与纪念空间建设者呈反向关系,则他们不会认同纪念空间,甚至会通过漠视、批判或抗议等形式来消解纪念空间④。对于北川人而言,纪念碑伴随新县城的建设而出现,两者间呈现正向关系,因此,抗震纪念园存在纪念意义是毋

---

① 访谈编码：ZXZ20180710。
② 访谈编码：SLX20180723。
③ 访谈编码：LYM20180615。
④ 陈蕴茜：《纪念空间与社会记忆》,《学术月刊》2012年第7期。

庸置疑的。然而,纪念碑究竟纪念的是什么,受访者间并未达成一致。巫鸿认为,纪念碑"可以是一座碑,也可以是一个雕像、一个柱子、一座建筑。但由于它所具有纪念性内涵,从而具有了'纪念碑性'";"纪念碑性"是指纪念碑的功能及其持续,"纪念碑性"和"纪念碑"之间的关系因此类似于"内容"和"形式"的联系,只有一座具有明确"纪念性"的纪念碑才是一座有内容和功能的纪念碑[①]。我们从纪念碑的名称、建筑形态以及碑文"任何困难都难不倒英雄的中国人民"等方面可获知,纪念碑主要体现对"抗震"精神的颂扬。然而,与纪念碑合为一体的《新生》雕塑则体现出设计者对震后新生活的想象。在时间层面,雕像指向的是无限的未来,它削弱了纪念碑与地震灾害的联系。在内容层面,雕像展现出欢乐活泼的空间形态,与垂直高耸的纪念碑所营造的庄重严肃的视觉氛围产生差异,这也让一些人将抗震纪念广场视作普通市民广场有了充分的理由。

物质性的营造和空间策略只是纪念性空间的一部分。一般来说,政府会通过纪念时间设置、纪念活动等来参与空间神圣性的营造,尤其是纪念仪式的举办会为纪念空间附着上神圣性和约束力[②]。陈蕴茜还指出:"虽然纪念空间是纪念仪式举行的基础,它可以为仪式提供场所精神的支撑,营造纪念仪式的神圣氛围与历史现场感,让人们更易与历史产生关联感,在仪式实践中形成深刻的记忆……因此,纪念仪式反过来强化了空间的纪念性。否则,纪念空间就是僵死的、没有生命力的空间,也难以对人们的记忆产生影响。"[③]为纪念唐山大地震,唐山市政府在市中心建有抗震纪念碑广场,平日那里也是市民休闲娱乐的场所。在唐山大地震纪念日,那里曾多次举办盛大的公祭活动,这种纪念仪式在很大程度上会对民众的空间判断产生影响,促成该空间成为当地人纪念地震灾害时的一个"记忆之场"。如在每年的地震纪念日到来时,会有市民赶来抗震纪念碑广场,向抗震纪念碑敬献花篮。视觉化和空间化的意识形态,还必须配合在这个空间中发生的社会实践,具体体现在身体的实践和规训中,才更能凸显其效力[④]。反观北川,官方从未在抗震纪念园举办过任何有关灾害的纪念仪式,它也因此很难成为灾害"记忆之场"。与此同时,"世俗性"和"日常性"不断掩盖抗震纪念园的"非日常性"。尤其是世俗性较强的商业活动,近乎占据了

---

① (美)巫鸿:《中国古代艺术与建筑中的"纪念碑性"》,李清泉、郑岩译,上海人民出版社2009年版,第5页。
② 陈蕴茜:《纪念空间与社会记忆》,《学术月刊》2012年第7期。
③ 陈蕴茜:《纪念空间与社会记忆》,《学术月刊》2012年第7期。
④ 陈蕴茜:《纪念空间与社会记忆》,《学术月刊》2012年第7期。

抗震纪念园一半的空间。因此，在具体的空间实践中，不少人会逐渐把抗震纪念园视为一个热闹的、世俗意味浓厚的空间——他们傍晚前来休闲娱乐、节庆日前来看热闹，这也在很大程度上消解了抗震纪念园的纪念性。

综上，抗震纪念碑"是否具有灾害纪念意象"的争议实际源于其设计意图和空间实践间的错位。但就访谈看来，灾民与非灾民这两类群体间也存在一定的空间感知分歧，因此，我们不仅需要通过抗震纪念碑这一"提醒装置"来进行空间阐释，更需要借助北川人的空间视角去对此进行解读。

（二）旅游与悼念之间：关于遗址空间的认知分歧

北川老县城不仅是地震遗址，也是地震遗址博物馆，更是一个公共纪念空间，被"博物馆化"的老县城在地理空间上实现了功能和定位的转换，更为重要的是，北川人通过建立"我群"与"他群"（新北川人和游客等）的自我范畴化过程，产生了有关纪念空间认知感的群体边界。

1. 北川老县城遗址空间认知分歧

2008年5月23日，国务院总理温家宝在北川老县城建议，保留老县城遗址，并将其建成博物馆。随着搜救、消毒整理工作的完成，2009年6月，经中共绵阳市委常委会第100次会议审议通过，决定成立绵阳市唐家山堰塞湖治理暨北川老县城保护指挥部。此后，老县城遗址进入了长达两年的博物馆建设时期，上海市、四川省、绵阳市、北川县等各级政府及相关部门与同济大学研究团队等都参与到规划、筹备、建设的过程中来。

2011年，北川老县城作为世界上规模最宏大、原貌保存最完整、次生灾害最典型、破坏类型最全面的地震遗址正式对外开放，同时，它也作为北川国家地震遗址博物馆[①]的"北川县城遗址保护区"，隶属于5.12汶川特大地震纪念馆管理中心（绵阳市唐家山堰塞湖管理局），并很快通过了国家旅游局旅游景区创建工作检查验收。

自被设定为地震遗址博物馆始，老县城就不仅仅是北川人支离破碎的故乡，更是面向全世界的景区。事实上，在大部分时间里，老县城的维护和运营的目标受众是庞大的游客群体。为了让游客产生更好的体验，管委会在老县城开

---

① 北川国家地震遗址博物馆主要包括地震博物馆及组合服务区、北川县城遗址保护区，与唐家山堰塞湖（次生灾害展示与自然恢复区）三大重要组成部分。这个以"永恒北川"为主题的方案设计将县城和任家坪都纳入保护的核心区，其中县城整体作为遗址区，博物馆设在任家坪。

展了白菊花售卖、景区导游、景区巴士等服务。北川人通常只于每年固定的几个时间节点赴老县城,目的是凭吊亲友和回望家园。然而,旅游活动往往伴随着喧嚣和无序,极易对北川人产生侵扰,几乎每个北川人都曾与游客发生过一些不愉快的经历,这些经历让北川人感受到严重的"被冒犯",访谈中,一些人向我吐露心声,发泄不满:

> 外面来旅游的那些人,你以为他们有多少人是真的去纪念我们亲人的? 有,但不多。我每次到老县城去烧纸(祭奠),都能看到那些游客,穿红戴绿,一个个把相机拿在手里,这里拍几张,那里拍几张,我们的家园,我们亲人的"坟墓"哦,成为他们取景的地方,那些人笑得还特别灿烂,一看到心就被扎一次。①

一些北川人还在老县城遗址外围或建筑上挂上照片或写上字,提醒游客注意言行举止,等等。

在中国大部分地区的丧葬观念中,"寿终正寝"和"入土为安"是人较为理想的死亡状态,即人们随着生命的老去无病无灾地亡于家中,遗体得到妥善掩埋,包括亲友为之举办相应的祭奠仪式。如此,不仅死者得以安息,生者也为之安心。而因地震遇难的北川人均未能实现寿终正寝,许多遗体甚至无法精确地判断其掩埋的位置。于是,生者只能根据自己的推测来判断死者遇难的方位,并把埋葬亲友的建筑、山石等视作"坟"来拜祭,这本身就是极其悲惨的"沟通"方式。而上段访谈只是北川人在老县城遗址中所见所闻的"冰山一角",却已充分暴露出不同人群于空间感知方面的严重分歧。在寻常景区司空见惯的表情、手势、语言,都会深深刺痛北川人的心,因此在北川人看来,游客的一举一动都是轻佻的,是对自己亲人"坟墓"的不尊重,甚至是对生者的冒犯。综上可见,这些矛盾的源头便出自老县城遗址兼有景区的"身份"。然而,这种由经历和空间感知等差异引发的"被冒犯"现象不仅发生在老县城,在新县城同样潜藏此类矛盾。

2. 遗址空间认知分歧背后:反复唤起的灾害记忆

在"5·12 汶川地震"十周年之际,新北川开展了多项大型活动以"招徕"游客,一些新北川人在抗震纪念园的生意因此受益。虽然新北川人与北川人同时成为新县城的居民,从两地人成为"邻居"或"同乡",但经历的差异令他们面对

---

① 访谈编码:MSS20180612。

灾害话题时的情感难以相通。对于一些新北川人而言,"5·12汶川地震"十周年纪念日与羌历年这样的节庆活动并没有本质上的差别。

震后十年,北川人早已恢复了正常的生产生活,从表面看,他们似乎与全中国大部分县城的民众没有什么区别,同样重复着上班、上学、买菜、做饭、跳广场舞……地震所带来的创伤就像处于深潭下的石头,很难从他们的脸上和日常交谈中察觉。然而,在"5·12汶川地震"十周年纪念日当天,笔者与负责永昌镇民政工作的一位领导闲聊,她说:

> 我昨天在新川社区开展防震减灾宣讲,台下的那些黄土人嘻嘻哈哈有说有笑。我当时就想,明天怎么在北川人这边(禹龙社区)开展防震减灾宣讲呢?万一到时候台下哭成一片,我也没办法收场啊。①

令这位领导未料到的是,禹龙社区居委会早就帮她想好对策——纪念日当天,居委会几位工作人员向北川人发放印有抗震减灾知识的传单,避免了面对面的宣讲,顺利化解了她的担忧。这位领导还与我讲起另一件事:自她进入永昌镇政府工作以来,她与一位女同事关系一直非常要好,这位女同事在地震中失去了孩子,后因无法再生育而与丈夫离婚,女同事经常与她诉说丧子之痛。而随着这位领导结婚、生子,她开始慢慢与女同事保持着一定的距离,在对方面前绝不轻易提自己孩子的事,避免影响对方心情。而笔者之所以与这位领导初次见面便聊起"5·12汶川地震"相关话题,是因为笔者与她均非北川人。我俩的默契还体现在均选择在当日宣讲活动结束后提及地震话题。可见,在地震话题面前,笔者和这位领导都成了异于北川人的"他者"。

类似的情况不仅发生在外地人与北川人间,北川人内部同样也有"被他者"的可能。2017年夏天,笔者曾参加两个北川家庭共同举办的家宴,两个家庭的成员在地震中都未出现任何伤亡,这在北川相当少见,因而这次宴席中关于地震话题的交流是在轻松氛围下展开的。自地震后,这两个家庭参加亲友的婚礼、生日等宴席,一般都不会带上子女,原因是以防亲友看见,联想起自己遇难的子女而伤心。出于同样的原因,这两家人的子女考上大学,也选择不办升学宴,而是在家中庆祝。需要指出,在地震后的十年间,不办升学宴是当地许多家庭的默契。

---

① 访谈编码:FS20180512。

当然,"被他者"的待遇也给了笔者一个很好的感知主客差异的观察视角。作为外来者,在正式进入田野的当日,便收到当地两位友人善意的提醒——"不要乱问问题"。两位友人与笔者结识于 2011 年左右,大家年龄相仿、性格相投。尽管如此,他们此前并未向笔者提及过亲友因地震而伤亡的相关信息,直至笔者正式开展田野调查后,才得知他俩都在地震中失去了父亲。

"5·12 汶川地震"十周年来临之际,大批记者来到北川,他们通过各种关系联系上北川人,希望探得他们十年来的生活变化、心态变化等信息。北川人如临大敌,他们一边试图回避,一边和亲友讨论如何应付这些不速之客的到来。当然,并非所有北川人都避讳此类话题,如笔者与禹龙社区 LJ 访谈时,他便主动提及他的儿子在地震中遇难的事。刚说完这件事,他便立刻抬头看了我一眼,示意道:"我不介意跟人提这个的,没关系的,你继续问吧。"即便如此,这句转折性话语却正反映出"提"与"不提"灾害相关话题是北川人日常生活中需时刻注意的"红线",并构成灾后社会的日常社交准则。

以上看似与本章研究主题关联不甚密切的描写,为不同群体间对于抗震纪念园的感知和认知差异作出解释。正如个别北川家庭选择让部分家庭成员出席当地红白喜事一样,正是为了要维系新生活中不成文的秩序。而有关抗震纪念园的争议恰恰是这种秩序被打破后的反映,对于未经历过地震灾害的外地人而言,很难保证自己的言行完全符合北川人对外界的要求。大部分北川人也不会与缺乏共同经历的"他者"随便分享切肤之痛,这也致使无论是悲痛或是冲突,都被隐藏在平静的日常生活表面下。

对于北川人而言,老县城与抗震纪念园具有一定的相似性,它们既被设定为纪念逝者的空间,也被设定为景区,空间的纪念性与多功能性使"被冒犯"成为北川人必须面对的问题。因此,这里也很难成为作为北川人祭奠和哀悼遇难者的场所。

二、纪念空间中个体性符号的缺失及其根源

(一) 纪念空间中个体性符号的缺失

北川人多分不清楚静思园、英雄园和幸福园之间的设计区别和功能差异。由前文可知,英雄园与当地人生活产生的交集远远高于其他两个园区。幸福园的空间布局和设计理念使其更像一个城市绿地或景区通道,许多北川人甚至以

为幸福园中的展览馆是一个未被启用的"地下商场"。而与英雄园只有一排树木相隔的静思园则是最受"冷落"的。自建成后,静思园的设定功能从未被启用过,无论是地方政府、游客还是当地人,都极少在静思园内活动,人们普遍把它作为穿行抗震纪念园的另一处"通道"。需要再次强调,就空间设计定位而言,静思园所蕴含的"灾害纪念"意味要远高于英雄园,它不仅是对北川人创伤历史的隐喻,更包含对遇难者以及生命本身的纪念。值得回味的是,当北川人在讨论抗震纪念园究竟是一个什么性质的场所时,静思园从未被纳入讨论的范畴。当笔者与WHY探讨静思园时,他脱口而出反问道:

> 你觉得普通老百姓如何用这个空间达到一个缅怀的作用呢?你可以问问普通老百姓,知道不知道后面的水池("一滴泪")是用来干嘛的?老百姓可能只会认为这是用来休闲娱乐的。政府可能是觉得精神树立也好、统筹规划也好、纪念意义也好,应该是该有块地方来表现缅怀意义的,但是这个境界太高了,普通老百姓可能根本对接不上。[①]

以上问句既体现出静思园并非一个理想纪念空间的环境,也间接否定了静思园作为纪念空间的合理性,更透露出灾民的疑惑,即"我们北川人如何利用这一空间纪念死者"?

如果说北川抗震纪念碑的设计带有显著的中国主流意识形态特征,那么静思园的设计则被打上西方当代纪念空间的烙印——既不是对个体的纪念,也不是单纯的事件纪念,而是希望通过空间设计、空间意象来激发人们对生命本身意义的思考。比如,在建筑形态和设计思路上,静思园与德国柏林犹太人纪念碑具有较高的相似性。当然,两者也存在明显的差异。首先,作为公共纪念空间,静思园的占地面积和建筑面积较小,园区四周为银杏树所围,难以予人以视觉冲击感。而德国柏林犹太人纪念碑的占地面积是静思园的3倍以上,特殊的建筑形态和宏大的建筑规模使任何人到此都会在第一时间注意到它的存在,并由此引发思考和感怀。其次,从静思园中,我们很难发现这一空间所要纪念的对象。换言之,静思园缺乏将死者进行可视化处理的纪念装置,且未能兼顾对个体进行表征。常年于静思园旁经营儿童游乐生意的商家说:

> 这边写着"静思园"三个字,我们都不了解……有好多人(游客)问我手

---

① 访谈编码:WHY20170126。

机里介绍的那个静思园在哪里,我以为静思园就是这个(抗震纪念)广场。①

在对静思园进行实地考察的过程中,笔者还发现,"三段式"设计方案与现实景观存在些许差异,如"感恩桥"的设计稿提出"一滴泪"旁边有下沉过道,"引导人们先缓缓行至('一滴泪')水面下后又逐渐走出水面之上,在行走过程中,通道侧壁上镌刻的牺牲英雄以及参加救援人员的名字会让人们永远心存感念",但在建筑中这一文字雕刻景观并不存在。此外,除静思园(西)南端入口附近立有一块一百余字的景区介绍牌外,园区内没有出现其他示意文字。如今,我们已无法得知上述修改是设计者自己对"三段式"方案的再修改还是决策方的意见,但这一举措进一步加深了静思园的"抽象性",也在很大程度上瓦解了静思园与灾害纪念意象的关联。

作为新县城唯一一处纪念性空间,抗震纪念园与纪念性的疏离并不能反映出北川人的真实生活。比如,许多北川家庭都保留着一些与亲人有关的物品,包括从亲人遗体上剪下来的头发、佩戴过的校徽、穿过的衣服以及照片等等。在一些新闻中,我们可以看到这些遗物被小心翼翼地取出和放回。这些遗物虽然与纪念空间无关,但同样体现出遇难者家属有日常纪念行为和需求,也可看出这类纪念物的保存和纪念情感的表达常处于个体范畴内。又如有位在地震中丧子的母亲,每年都会多次去老县城茅坝中学遗址祭奠儿子,她希望自己的思念、苦闷为更多的人所知道。十年来,多位遇难学生家属、记者、游人为她对儿子的思念之情所打动,对她加以鼓励。当然,这些行为的实践主体多为个体,很难为外界所知。

(二)纪念空间制度安排中的个体性缺失

我们可以从权力的角度来分析公共纪念空间缺乏个体性的原因。王晓葵曾对日本阪神和唐山地震后的公共纪念空间进行比较说明。1995年阪神地震震后,出现数处殉难者纪念碑,建设时间从1995年起,持续至2010年左右,参与建设纪念碑的有"阪神淡路大震灾纪念协会"、地方政府、地方商会、街道、学校、教会等机构,也有市民团体。他们通过建设纪念空间和定期举办纪念活动以纾解受灾者的精神创伤,避免灾害的记忆为时间所"风化"②。相比之下,唐

---

① 访谈编码:LYM20180615。
② 王晓葵:《灾害文化的中日比较——以地震灾害记忆空间构建为例》,《云南师范大学学报(哲学社会科学版)》2013年第6期。

山地震后找不到类似日本阪神地震后各种民间团体承担祭祀与纪念事业的主要工作的例子①。从这个角度反观北川,地震后,原先建立在熟人社会基础上的社会网络很大程度上为灾后社会行政治理体系所分化,其优势在于能迅速集中力量,在短期内恢复灾后社会生产生活秩序,而缺陷在于此类治理方式和风格难以兼顾或支持地方社会的情感需求。比如,公共纪念空间的设计、建设、解释和使用通常由国家完成,而他们在处理公共死亡事件时的方式与地方社会很难达成完全一致。

此外,公共纪念空间不是简单的物质化或精神化的空间,也是一个充满权力争夺和价值宣示的场域。在灾害文化研究中,地震灾害并非完全具有自然属性,地震所造成的损失或伤亡与社会脆弱性息息相关。王晓葵指出,围绕公共死亡事件的纪念活动,不同层级的共同体如国家、村落、宗教结社、同业团体之间常存在一种紧张关系。它们都极力把自身对事件的理解评价通过立碑、祭祀等使死亡事件可视化、固定化的手段,唤起和重塑事件的记忆,来强化事件的某些侧面,并使之成为社会共同记忆的一部分,从而为自己的权威和地位服务②。因此,灾害纪念空间并非多个个体性纪念或祭祀空间的简单组合,它更是一个具有物质性、象征性和功能性,承载集体记忆并会对当下社会产生影响的"记忆之场"。因此,各国政府关于灾害纪念空间的表象都是谨慎且保守的。

2008年5月26日的《新京报》曾报道过一篇对北川羌族自治县人大副主任李春寿的采访。采访中,李春寿向记者介绍,北川考虑建起两块碑,一块刻上遇难者的名字,另一块刻上全国的志愿者和捐赠者的名字。在笔者的走访中,不少北川人对报道中提及的遇难者纪念碑记忆犹新。然而,这块碑始终停留在概念中,并未能成为现实。

2015年,老县城纪念馆管理中心于曲山小学东校区遗址附近竖立起一块纪念碑,碑高约5米、宽约1米,造型简易,碑上刻有"'5·12'特大地震北川遇难同胞纪念碑"字样。然而,在这块纪念碑上,并没有出现其他文字。对于中国人而言,其体量亦不足以成为集体墓碑。因此,这处纪念碑似乎陷入与静思园同样的命运,它们都被人遗忘,除了个别游客,很少有北川人知道那里,也几乎

---

① 王晓葵:《国家权力、丧葬习俗与公共记忆空间——以唐山大地震殉难者的埋葬与祭祀为例》,《民俗研究》2008年第2期。
② 王晓葵:《国家权力、丧葬习俗与公共记忆空间——以唐山大地震殉难者的埋葬与祭祀为例》,《民俗研究》2008年第2期。

无人去那里开展献花等纪念活动。

三、个体化哀悼的空间困境

在外界眼中,对于"5·12汶川地震"的记忆可能集中于发生在2008年5月12日的地震灾害、数万人的死伤以及中国政府的强力救援等几个剪影。来到北川的访客,若能在北川老县城向遇难者献上一束鲜花,便是最为寻常的纪念方式。在此过程中,1万余位死者是作为一个整体被纪念的。而对于北川人而言,"5·12"三个数字背后,是每一位亲友的死亡和自己生活轨迹天翻地覆的改变,老县城更是"家"和遇难亲友的所在,他们的致哀方式是向个体进行祭祀①。

(一)老县城遗址旅游与"被旁落"的个体化哀悼

老县城的标志性景观非"万人坑"遗址莫属。在遗址景区导览地图中,"万人坑"下埋着的是茅坝中学的师生,因埋入过深,难以挖掘,在灾后修整过程中,"万人坑"被清理、填平,以草坪覆盖地面。草坪后方是一大片混凝土墙面,把中学后方未完全倒塌的山体固定住,墙面顶端是一块长约20米、高约4米的灰色横碑,碑文刻有"深切缅怀'5·12'特大地震遇难同胞"几个黑色大字。墙面后方山体上满是巨大的灰黄色乱石,一根旗杆屹立其中,国旗在旗杆顶端迎风飘扬,极为醒目。草坪最前方也竖立着一块灰色纪念碑,碑上刻有"2008 5·12 14:28"红色数字,提醒人们地震发生的具体时间。

以灰色纪念碑为中心,左右对称依次摆着数十枝白色的菊花,每枝白菊花间隔均相等。为维持其风貌,每隔几天便有专门的工作人员用新花来替换,草坪四周则被种上整齐的松树。庄严的树木、整洁的草坪、洁白的鲜花与周围坍塌混乱的地震遗址形成强烈对比,唤起每一位过路者的眼光,让他们不由自主停下脚步、驻足瞻仰。自2009年起,每年5月12日上午,老县城茅坝中学旁的

---

① 在公共死亡事件背后,往往存在两种祭奠仪式,它们分别是官方公祭和民间的私祭,两者分别遵循的是"纪念"和"祭祀"逻辑。"祭祀"的本质是人与魂灵、鬼神沟通的仪式,其存在的前提是祭祀者相信和俗世相对,存在"灵界";"纪念"则基于世俗主义、唯物主义生死观的丧葬仪式,纪念仪式虽然也使用一些传统仪式的做法和说法,比如焚香、献祭、诵读祭文,在用词上也有诸如"安息吧""英灵""一路走好",这类拟制灵魂存在的语言形式。但是,其背后的逻辑基础是否认灵魂的存在,仪式的对象目标不是死者,而是生者(王晓葵、雷天来《"祭祀"与"纪念"之间——对"东方之星"事件"头七"公祭的考察》,《民俗研究》2017年第4期)。

"万人坑"遗址前的路段都会被当地各级领导、各单位、学校、团体等设定为临时"公祭广场"。人们站在"广场"上,对着这块碑默哀、鞠躬、献花、朗诵。同时前来祭奠的北川人则被引导至"万人坑"左边的高坡处——那里同样是茅坝中学遗址的一部分。待公祭仪式结束后,来此祭祀的北川人则会在"万人坑"纪念碑前的道路上烧香、烧纸、磕头、放鞭炮,还会搭建一排砖槽,把水果、白酒、鲜花、花圈、玩具等祭品放在上面。而更多的北川人则会回到各自原来倒塌的房屋附近或亲友遇难处祭祀,许多人为了离遇难亲友更"近"一些,甚至不顾纪念馆工作人员劝阻,跑进路旁的危楼内开展祭奠活动。对此,管理中心不得不在一些危楼附近设立栏杆并附上标语等,以约束相关行为。为排除安全隐患、管理景区秩序,自2011年起,管理中心在老县城几条主要街道旁陆续划定并修建了十余个简单的公共祭祀点,每个祭祀点安置一个上下双层石槽,每个石槽长约5~8米,上层浅槽可供摆放供品、插香,下层深槽可供烧纸,绝大多数来老县城祭祀的北川人都被引导至这几个石槽处。

随着中国社会多年来文明丧葬习俗的推广,纪念与祭祀间也产生了一些互通之处,但作为个体在悼念亲友时,北川人仍倾向于通过传统的祭祀来表达自己的悲痛和哀悼之情。比如一些年轻人会在传统祭祀亲友的时候向废墟献花,从形式上来看,献花是典型的现代纪念亡灵的致哀方式,但于清明节、中元节、十月初一、冬至这类中国传统节日向死者献花,秉承的又是慎终追远、沟通灵界的祭祀逻辑;北川地方官员在每年的5月12日公祭结束后,也会各自去自家旧居前烧纸、跪地叩头,以传统方式祭奠亲友。再以同为地震重灾区的映秀镇和汉旺镇为例,两地都建有一座"5·12汶川地震"遇难者公墓,公墓上所竖立的墓碑或纪念碑上刻有每一位遇难者的姓名。尽管在当时紧急的处理过程中,遇难者身份未能完全分辨清楚,但生者均会在刻有亲友名字的墓碑前来完成祭奠。与北川人一样,他们也向亲友奉上祭品、烧纸、烧香、燃放鞭炮、献花等。王晓葵等认为,即使在唯物主义、科学主义教育渗透到每个角落的中国社会,人们或许在理智上未必真正接受鬼神的存在,但是在主观上、情感上"希望""要求"有这样的存在,唯有如此,才能满足自己对逝去亲人的眷恋和情感,这种"主观事实"的存在,是"祭祀"得以存在的心理和社会基础[1]。因此,无论采用何种方

---

[1] 王晓葵、雷天来:《"祭祀"与"纪念"之间——对"东方之星"事件"头七"公祭的考察》,《民俗研究》2017年第4期。

式,在民众看来,是否针对亡灵个体致以哀悼过程才是关键。

在北川的丧葬文化中,"三周年"是一个重要的祭祀时间节点,即亲友死后三周年内,生者须上坟祭祀,过了"三周年"后,祭祀地点便可由生者自由选择。而在老县城,游客与北川人的冲突始终在上演,外界的侵扰不仅刺痛北川人的心,使他们无法享有相对安静的祭祀空间。另外,满目疮痍的老县城也是北川人选择逐渐退出的理由:

> 每次去老县城,去完了我心情就会难过一段时间,唉,明知道难过也还是会去,那个感觉怎么说呢,不知道怎么跟你形容,下面埋的都是老朋友、亲戚。①

> 我们现在基本上都在(新)县城边上烧个纸,祷告一下就好了,不怎么去老县城了,去的人也不多了,也不知道亲人具体埋在哪个位置,就在这里(新县城)烧烧纸、跟他们说说话就好了,如果真的有灵魂,他们是会听到的。②

(二) 新县城空间治理与"被隐藏"的个体化哀悼

自2012年起,即"5·12汶川地震""三周年"后,很多北川人开始渐渐选择在新县城开展祭祀,这种祭祀方式在中国传统文化中被称作"遥祭"。古人认为死者的魂灵有其固定的凭依之处,像坟墓、祠庙、家山、旧住屋室、死亡之所等等,但如果奉祭时祭者远距上述地点的任何一处而又情必行之,那就只能选择遥祭(望祭)了③。一开始,北川人沿河边以及新县城四周的荒地进行祭祀,后为避免环保督察,由县民政局和尔玛居委会、禹龙居委会联合作业,在县城荒地或隐蔽的绿地中划定了几个祭祀点,引导人们集中祭祀,避免香烛纸钱等物品影响县城环境卫生。禹龙社区有位居民组长道:"我们要在马鞍路上巡查,谁清明节在家附近烧纸啊,我们都要跟居委会汇报。"④

如今,每到重要节点,大批居住于尔玛安置社区的北川人都会来到温泉路和绵盛大道交叉处的"水厂"祭祀亲友。"水厂"是位于新县城边缘地带的一块荒地,此地原规划为北川中短途车站,后被废弃,外围建有围墙遮挡,只在西侧开了一处小门。"水厂"较为隐蔽,不经当地人指引的话,外地人很难找到这里。

---

① 访谈编码:WJF20180619。
② 访谈编码:ZYF20180505。
③ 王政:《元明戏曲中的"献首"、"祭旗"、"遥祭"、"奠像"考》,《古籍研究》2009年第z1版。
④ 访谈编码:JXY20180608。

2018年清明节当晚,笔者根据当地人提供的线索寻找到"水厂",发现"水厂"原本是指该祭祀点对面的北川县自来水厂,祭祀点因毗邻自来水厂而得名。"水厂"面积达数千平方米,由入口走进便会看见自西向东放置有数十个沙袋,绵延近百米,几乎每个沙袋上都插有很多蜡烛和香,沙袋旁的地面还有纸钱焚烧、鞭炮燃放的痕迹。笔者进去的时候,正见有人跪在地上烧纸,边烧口中边念念有词地祷告。据一位祭祀者介绍,他们在这块荒地进行祭祀活动已经有三四年时间了,跪拜方向正对着老北川。北川人家中如有小孩哭闹不止,迷信的人也会来这里上香祷告。

相较老县城遗址和抗震纪念园,"水厂"似乎是北川人自己的祭奠空间,也是县城城市管理外的一块"飞地",其保证了祭祀仪式和祭祀空间的独立。对于家属来说,祭祀与纪念是可以融为一体的,问题是空间本身是否适合释放哀悼的心情,而这也是"水厂"的"生命力"所在。每到重要节点,这里人头攒动,甚至需要排队祭奠。

同作为致哀空间,"水厂"的拥挤也反衬出抗震纪念园的冷清。在笔者与北川住建局某领导访谈时,他道出抗震纪念园从未举办过纪念活动的原因:"我们不希望新县城是一座悲伤的城市。"将举办灾害纪念活动与一座城市的"悲伤"与否建立因果联系,这似乎有些牵强。而当笔者就上述话题与北川重建指挥部的一位工作人员访谈时,他则说出自己的见解:

> 北川是5A级城市,不许纪念死人,不许有烟火,游客必须走静思园那条路去文化中心或者去巴拿恰,你在这里烧香烧纸,参观的人肯定会害怕,影响旅游,谁来玩?①

在他口中,祭祀或纪念活动会对景区游客造成负面影响,这显然也是没有现实依据的,如老县城遗址便是5A级景区的一部分。然而,两位的话语均透露出新县城旅游活动与纪念或祭祀活动存在着某种"对立"。无独有偶,在中规院顾问邹德慈看来,新县城"是一座纪念人战胜自然灾害、众志成城的丰碑,'纪念园'设计的立意要高……祭祀地震死难同胞在这里(新县城)是第二位的,这种祭祀可以放在曲山镇(震灾的原址),新县城'纪念园'体现的主要是向上的理念,持久的、面向未来的精神。"②邹德慈的表述和上述访谈有着

---

① 访谈编码:LXX20180602。
② 邹德慈:《刍议北川新县城规划设计的立意》,《城市规划》2011年第35卷。

一种相近的逻辑,即城镇发展思维与灾害表征的无法"兼容"。那么,对于北川县政府而言,"水厂"依然不是一个合适的纪念空间,它迟早会在城市建设和管理中消失。

抗震纪念园的空间实践也是新县城发展的缩影,结合前文不难发现,小到抗震纪念园,大至新县城,在它们的设计、建设和使用过程中,"去灾化"思路始终贯穿其间。在"5·12汶川地震"后相当长的一段时间内,北川一直把"大禹故里、中国羌城、大爱北川"作为震后县城最为核心的对外展示口号,这一口号甚至在新县城中随处可见。而自2015年起,"大美羌城、生态强县、小康北川"逐渐取代了此前的口号,更为明显的变动是,在如今新县城的入城通道处,印有"大禹故里、中国羌城"八个巨幅立体广告字迎接着每一个过往北川的车辆,"大爱北川"四字已经悄然撤下。可见新县城治理思路限制了灾害及其纪念活动的相关表征,诸多灾害元素都被"留在"老县城中。北川住建局的一份文件中如此形容抗震纪念园:"将三个主题定位串联为一个完整的叙事过程,把忧伤的、振作的、快乐的三种不同的情绪融合在一座园中,体现党中央带领灾区人民走出痛苦、战胜灾难、奔向幸福的全过程。"而王斯福认为,当代中国通过吸收现代性和进化论,将一个遵从"天理"的文明成功转向为"致力于进步和自强的文明"①。抗震纪念园无疑表达了这种进步和自强的观念,这正是国家权力推动的灾后重建在空间层面形成的道德性、超越性的话语。

围绕"新生"形成的道德话语,既出现在对未来的愿景中,也出现在与过去的比对下。在中共绵阳市委办公室、绵阳市人民政府办公室所发布的一份文件中,笔者看到这样一段话:

> 2010年7月14日,省委宣传部召开"三基地一窗口"建设专题会,按照"社会影响大、典型意义强、重建前后对比鲜明、最能体现中国特色社会主义制度优越性"标准,突出"从悲壮走向豪迈"主题,北川确定老县城、擂鼓镇吉娜羌寨、新县城、七一职业中学4个参观点为"三基地一窗口"的主要场所。②

---

① Feuchtwang, 2012, "Chinese Civilisation in the Present." *The Asia Pacific Journal of Anthropology* 13(2).
② "三基地一窗口"指的是四川省努力把重建后的地震灾区建设成为爱国主义教育基地、社会主义核心价值体系教育基地、开展民族团结进步的宣传教育基地和展示中国发展模式、发展理念、发展道路勃勃生机的窗口。需要指出,擂鼓镇吉娜羌寨是北川灾后重建中的样板性工程,也是北川重要的民族文化旅游景点,七一职业中学由特殊党费捐建而成。

从这份文件中可以看出,作为北川灾后重建、抗震精神的重要标志场所和新县城地标性建筑,抗震纪念园空间设计中体现出的"从悲壮走向豪迈"寓意,也符合各级政府理想中的"重建前后对比鲜明"的空间面貌——人们从遍地瓦砾的老县城走向重建后的新县城,将自然而然地感受到两者间强烈的对比,并从对比中直观地感受社会的进步。

在灾后重建视野中,新、老县城分别代表了不同的历史、景观和情感,新县城不仅尽可能多地隐藏灾害信息,且要尽量凸显一个充满"新生"意味的新型城镇,老县城遗址则是一个被规划为保存落后的城镇景观、灾害景观和哀悼情绪的空间,从而成为北川"新生"的最佳注脚。而抗震纪念园所承载的线性叙事遵循着相似的逻辑——以都市化发展主义观念为北川人带来"进步"。在新县城里,此类道德话语与重建空间形成一种相匹配的制度,并以此规训北川人的思维,让他们的生活方式也与新县城一起"进步"。

此外,随着后现代思潮的兴起,灾害所蕴藏的正向价值已为世界各国所接受。在地区受灾而难以于短期内恢复地区经济的情况下,通过发展灾害观光为主的文旅产业来提升社会经济,已是当下较为通行的做法。在灾后重建时期,新北川便被设定为具有景观美学价值、民族文化价值的新型县城。2013年,北川县获批建成绵阳市第一个国家5A级旅游景区,景区包括北川地震遗址区、北川地震纪念馆、吉娜羌寨、北川新县城、北川羌族民俗博物馆、维斯特游客中心等景点,以上景点均位于新、老县城及县城附近。由此可见,在国家高层的思路中,"灾害文旅"应是北川着力发展的方向。作为新北川唯一一处灾害纪念空间,抗震纪念园却演变为"新生广场",则透露出当地关于发展灾害文旅思路的转变。北川位于四川盆地与岷山山脉过渡地带,经济基础薄弱。震后,在国内相关专家的建议下,北川提出"大禹故里、中国羌城、大爱北川"发展口号,冀望通过灾害文旅、民族文旅来拉动地方经济。2011年,新县城建成后,旅游一度成为地方经济发展的引擎。然而,好景不长,2013年前后,灾害文旅吸引力骤降,大量从业人员、企业、资金纷纷"离场",北川文旅产业陷入困境。北川县地处成都市、绵阳市经济腹地,经济发展可选择的路径更多样。为对外展示安全稳定、积极繁荣的商业环境,北川经济发展与灾害文旅实现"解绑"。在此背景下,抗震纪念园的"转型"便在情理之中。久而久之,抗震纪念园成为新北川集商业、娱乐、休闲于一体的重要场所,不断影响来访者对于空间的意义理解和价值判断。

无论从城镇规划角度还是从经济社会发展角度看,抗震纪念园都不是北川人向亲友致以哀悼之情的理想场所。而在"北川贴吧"中,仍有当地人期待新县城中能有专门的公共纪念或祭祀的场所,然而,在新县城"去灾化"的背景下,这一愿望应该很难成为现实。

小　　结

本章呈现的是灾后公共纪念空间——抗震纪念园空间的规划过程、使用情况及意象争议,探讨名为"抗震纪念园"的空间为何未能成为北川人纪念地震灾害及遇难者的"地方"。受中国灾后重建模式、灾区发展诉求等多重因素的影响,北川抗震纪念园转型为市民公园,空间的纪念意象和功能不断退化,难以发挥灾害纪念、慰藉灾民等价值。就重建规划而言,抗震纪念园自空间规划到实体建筑落成过程,体现出"去灾化"和引领北川"新生"的思路。就使用情况而言,于抗震纪念园中举办的一系列活动,使该园由以灾后纪念为主导意象的空间逐渐转化为公共休闲空间。就意象争议而言,北川人与非北川人不同的灾害记忆、认知导致迥异的抗震纪念园空间评价,显示出灾害纪念(祭祀)于北川人灾后情感中的特殊意义。抗震纪念园引发意象争议背后,存在城镇空间公共规划层面和受灾群体关于纪念(祭祀)空间价值之认知差异,传统祭祀(信仰)与现代纪念(唯物主义生死观)之思维差异,现代城镇空间管理与祭祀活动的现实矛盾,灾后地方社会经济发展与灾害议题之内在冲突,以上问题使北川人于新县城中的纪念(祭祀)空间与纪念(祭祀)活动难以真正融合,而开辟于城镇偏僻处的多处祭祀空间则成为地方政府与北川人相互妥协下的产物。

在当代社会,公共纪念空间逐渐成为一个兼具日常性和纪念性意涵的空间概念,现代性的不断深化为公共纪念空间提供了开放多元的建构模式。相较传统公共纪念空间所传达的永恒性和稳定性,当代公共纪念空间的纪念属性是否依然具有生命力?在公共纪念空间出现转型迷思的背景下,需要破除被理论化的空间建构方式和路径,重新厘清公共纪念空间与社会语境之间的关系,确立纪念性为公共纪念空间主体属性的地位,并在此基础上,准确把握不同行动主体的空间需求,避免出现空间价值判断和意义理解方面的分歧。

从国家权力维度看,纪念空间建设必然是灾后重建工作中的重要组成部分,而中国政府是灾害纪念空间建设中的绝对主体,其驱动力不仅包括提供物质性的纪念空间,也包括展示其在抗灾、救灾和重建等阶段所作出的成就,以彰显政权的功绩和合法性,强化国家权力认同,使得纪念性建筑带有强烈的政治色彩。此外,由于纪念空间的建设过程较为依赖先验理性,决策主体"单一"而非"多元",重视建设"目标"而非"过程"。因此,无论是过去还是现在,国家权力在主导灾害纪念空间建设过程中始终倾向赋予空间相对"积极""宏大"的表象和意义,而"个体""创伤"等话语则被弱化或悬置,这反映出尽管社会转型期灾害叙事话语、表征越来越多元化,但主流意识形态依然发挥着主导作用,公众参与的可能性与话语权非常微弱,致使灾害纪念空间的功能和价值难以满足受灾社会潜在需求。

从地方政府维度看,如何在国家权力设定的叙事框架内,维护灾害纪念空间的功能和价值是其主要职责。当然,纪念空间并不完全按照国家的预设来发挥其应有的功能,对于纪念空间的建构,是建构主体对过去事件意义重构的行为,而具体的方式也基于当下的判断进行选择。地方政府作为实际管理方,往往会根据地方综合发展需要,来调整灾害纪念空间的使用策略,纪念性与日常性都会成为使用策略中的变量,为地方发展而服务。同时,在现代公共纪念空间发展趋势下,各地灾害纪念空间均超越了地域限制和社会母体束缚,与更为广阔的社会产生交集,从而大大增加了空间生产和再生产的不确定性,这也需要我们对"灾害纪念空间究竟因何而建,为谁而建"加以反思。

从受灾个体维度看,其空间实践受制于国家权力、地方政府的发展设定以及外界全方位的"凝视"(gaze),受灾个体本身并不具备充分的话语权,并且现代灾害纪念空间为发挥多元化功能和价值,往往倾向于照顾更大范围的受众需求,从而形成有利于纪念空间日常化建构的环境。在国家与个人、老北川人与新北川人、游客等群体之间的多类交往关系中,北川人个体感知在纪念空间建设和实践过程中被忽略,而北川人情感的延续并不会因为空间的规划而产生断裂。

从历史发展层面来看,新北川的空间转型和被"博物馆化"的老北川均符合当地面向未来的发展趋势,可见抗震纪念园纪念意义的旁落并非偶然,而是被设定。但从微观层面看,则会产生道德层面的困境。北川抗震纪念园并非孤例,世界各国都曾面对过这样的难题。如英国曾在海德公园内建起纪念碑,以向第二次世界大战中被屠杀的犹太人表示纪念,尽管每年都会有一些犹太人前来举办各类纪念仪式,但这种少数人的仪式并未引发政府的重视,因此,纪念碑附近往往为休闲活动所围绕,而纪念氛围则很难被察觉[①]。Gough认为,大众旅游时代的到来已经威胁到纪念空间的神圣和不可侵犯性,这在全球纪念类遗址中都是一个复杂的道德问题,或许只有多方真正合作,才能促使形成更为积极的解决方式[②]。因此,"好"的公共纪念除了实现纪念这一社会功能之外,还应最大限度地包容各类主体之间相互冲突的纪念需求,这也需要地方政府在管理层面赋予纪念空间以新的内涵,重新建立人与空间的关系。

---

① Cooke S. Negotiating memory and identity: the Hyde Park Holocaust Memorial, London. Journal of Historical Geography, 2000, 26(3): 449.
② Gough P. From heroes' groves to parks of peace: Landscapes of remembrance, protest and peace. Landscape Research, 2000, 25(2): 213.

第六章
广场空间的舞蹈实践与"地方"社区秩序的生成

2017年正月初一早上,天刚亮,笔者便被喇叭声、锣鼓声、鞭炮声吵醒。向窗外看去,只见道路上有两支身着统一羌族服装的队伍,向巴拿恰街区的方向走去。早在几日前,便有许多当地人告诉笔者,正月初一至正月十五期间,巴拿恰将会有盛大的舞火龙、跳萨朗舞活动,而这些活动的举办都与北川作为中国唯一一个羌族自治县有关。

上午8时半,笔者到达巴拿恰街区,眼前已是人山人海的场景,建筑上挂满了彩绳和灯笼,处处洋溢着节日的喜庆色彩。上午9时,有关庆祝春节的系列公共展演活动正式开始。首先出场的是数百位身着羌族服饰的民众,他们手执长杆,将二十余条"舞龙"从禹王桥托送至抗震纪念园,活动持续整整一个小时,四周人潮亦随舞龙活动在巴拿恰街区流动。上午10时整,笔者跟随人潮来到巴拿恰街区最为宽敞的禹王广场。此时,禹王广场中正要开展羌族祭祀仪式,只见数十位身着羌族服饰的青年男女排成整齐的队伍来到禹王广场东面的祭塔①前。其中十位羌族男性离开队伍,排成两队去祭塔前的石槽处,一边烧纸祭祀,一边点燃三根红烛和数炷香,并将其插于石槽内。随后,外围的羌族青年男女开始用羌语放声唱歌,负责祭祀的十位羌族男性则随之边跳舞边敲羌鼓。歌舞结束后,在场所有羌族青年每人手持一炷香,围着祭塔转圈,转了五圈之后,他们回到祭塔前排成两队,继续放声唱羌语歌。随后,祭司从口袋中掏出几张纸点燃,扔在队伍的前方,青年男女们见状便两两或三三出列走到祭塔前拜三下,把手中的香插到祭塔下的香炉中后,再双手合十,对着祭塔拜三下,向后退去。石槽内的香和纸燃成一片,在祭塔周围升腾起巨大的烟雾,使整个祭祀

---

① 拉克西,羌族石塔名称。

仪式显得异常神秘和壮观。

维持半小时的祭祀仪式是春节新县城节日活动中的"重头戏"。与此同时，祭祀仪式中却暴露出多处问题：一是祭塔是羌族神圣空间，此座祭塔上也有"禁止攀爬"的标识。但在祭祀仪式举办期间，不断有人攀爬于上，这些人中，有游客、有负责摄像的工作人员，也有身着羌族服饰的民众，他们的行为均受到阻止和约束。二是参与祭祀仪式的青年男女仅上身穿着羌族服饰，而裤子和鞋子则完全是现代休闲装扮，甚至有女性穿着高跟鞋祭祀，显得不是很庄重。三是祭司烧的纸普遍印着藏族文化中的风马旗图案，与羌族文化有所区别。上述细节透露出这场祭祀仪式更像是针对围观人群的一场表演。而在笔者与围观的人群的闲聊中，一位新北川人告诉笔者："这个不是我们当地的活动，这是北川人带下来的（活动），你要看羌族的活动你要去上面（北川人安置社区）看，那边他们每天晚上都跳民族舞（萨朗舞）。"这句话引起了周围人的附和："你才来北川，他们每天晚上都在这里（禹王广场）搭台跳羌族舞蹈，都是演员在跳，很多人不是羌族人，你要看，就去北川人那边看真正的羌族跳舞。"

上午的活动结束后，参与祭祀的青年男女纷纷走到巴拿恰街区外，脱下羌族服装，恢复时装打扮。他们有的走向北川人安置社区，有的走向新北川人安置社区。这更加印证了笔者此前的猜想——所谓羌族祭祀仪式仅是一场表演活动。

自新县城移交使用后，由于居住空间相隔较远，六年时间并未使北川人和新北川人真正走到一起，相互间的了解并不多，而萨朗舞被新北川人认定为北川人的标志性文化。带着对祭祀仪式的困惑和对羌族文化的好奇，当天傍晚，笔者在当地人的指引下，来到禹龙社区旁的一处社区广场，等待居民出来跳舞。晚上7时许，居民陆陆续续来到广场上。一位领舞人员看人数到齐，便打开音箱，播放音乐。前来跳舞的居民见状，立刻自觉站成整齐的队列。随着流行歌曲《小苹果》的响起，他们很快跟随领舞人员摆出同样的舞姿。令我意想不到的是，直至活动结束，一个半小时内，广场上竟没有人跳羌族舞蹈，他们所跳的舞蹈似乎与中国各地的广场舞[①]无异。随后，笔者拦住一位居民询问原因，

---

① 广场舞，或称广场健身舞，是一种行进间有氧健身操，是居民自发地以健身为目的在广场、院坝等开敞空间上进行的富有韵律的舞蹈，通常伴有高分贝、节奏感强的音乐伴奏，多为徒手健身，也有一小部分手持轻器械。广场舞在中国大陆无论南北皆十分普遍，参与者多为中老年人，因此也被视为是一种中国的社会现象（代迅《广场舞：意识形态、审美文化和公共空间》，《西南民族大学学报（社会科学版）》2015年第11期）。

她手向西一指："你要看萨朗舞啊,我们这个社区很少跳,你要看,就去尔玛(社区)看,那边天天跳,你也可以去巴拿恰看啊,那边天天跳,跳得也比我们好,跳得更像羌族。"笔者再继续追问下去,她却说不出所以然。而待笔者去尔玛社区的社区广场后,竟然也得到类似的回复:"我们的萨朗舞不正宗,反正大家都这么跳,我们这边尔玛和禹龙两个社区都有教羌舞的人,她们(教舞的人)学得好,都是从汶川、理县羌族那边学过来的。"

作为中国唯一一个羌族自治县,北川的羌族人口占全国羌族总人口的1/15。因此,新县城在规划和重建时,被国家寄以传承和发扬羌族文化的期望。在重建空间的建筑及其名称中,随处可见鲜明的羌族文化元素。然而,北川人对羌族标志性民族文化萨朗舞却表现出明显的疏离感。另一个有意思的线索是,经访谈得知,相较新县城,北川老县城中关于羌族文化景观的呈现极少,过去北川人很少跳萨朗舞。那么,萨朗舞以及羌族文化、羌族身份对于北川人而言究竟意味着什么?萨朗舞如何与北川人社区生活产生联系?新、老县城关于羌族文化的重视差异是否和灾后重建有关?想要解答这些问题,有必要从与北川人日常生活关系密切的社区广场入手,探讨以萨朗舞为代表的羌族文化于新北川和北川人心中的意义和定位。

第一节 移植来的羌族文化:萨朗舞于 北川县城空间的发展图景

一、北川地区羌族历史与复杂的族群认同

北川位于四川盆地与川西北山地、青藏高原的交界处,也是西北少数民族与川西平原各民族交流、融合的重要通道。环境的复杂性带来民族问题的复杂性,历朝历代的中原政权通过多种手段对少数民族进行管理和控制,以确保西南地区的安全稳定。从初唐至清朝中期,北川地区的官方政权与地区民族间的军事冲突屡见史书记载。明成化年间,来自川北等地的少数民族占领了曲山关内,而曲山关外则主要为汉族的势力范围。明嘉靖年间,朝廷派遣大军对少数民族进行镇压,基本清除"番民"武装力量。从此,"番地"被正式纳入中原王朝的统治,关内少数民族大部分向西北的茂县、松潘等地迁徙,滞留于北川境内的少数民族则在封建王朝的治理下"变异番姓、从习汉仪"。在明末清初的战乱

中,北川人口大减。清康熙年间发布了一系列人口转移诏令,大量来自湖广地区的移民进入北川地区,带来了先进的文化和技术,进一步加速了当地少数民族的汉化,民族融合的进程不断加快。

新中国成立后,民族平等政策使羌族摆脱了某些污名化的标签。1954年,继羌族被识别为少数民族后,在地方政府和民族政策、学者的合力推动下,一个较大的羌族群体范围、文化面貌和生活地域被逐渐勾勒和"创造"①出来。目前,官方所认定的羌族地区主要包括四川省阿坝藏族羌族自治州的茂县、汶川、理县、松潘、黑水等县以及绵阳市的北川羌族自治县地区,这一认定过程也是羌族地域范围不断扩大的过程。比如,1952年,北川县境内除麻窝乡为民族自治乡外,其余地区均被视为"汉区"。党的十一届三中全会后,随着民族政策的进一步落实,北川县加快了申请羌族自治县(乡)的步伐。1987年11月,获四川省人民政府批准,北川县自1988年1月起享受少数民族县待遇,并享受相应的优惠政策。由此开始,北川县开启了长达16年的申请羌族自治县的过程,2003年7月6日,北川县成功更名为"北川羌族自治县"。

在传统社会,羌族多聚居于小规模的羌寨中,这些羌寨又分布于岷江上游的高山或半高山地区,沟壑纵横,交通不便,因此,羌族文化内部也有着很大的差异性,不同地区的语言、服饰、风俗等各有不同②。而北川既是羌汉杂居地带,也是川中汉族聚居区与川西北羌藏少数民族聚居区过渡地带,除青片河上游一带仍保有传统羌族的生活方式(如住碉楼,跳萨朗舞,拜祭天神、山神、树神等)外,其他地方的羌族民众早已"汉化",不具备羌族身份认同。20世纪80年代,为让羌族自治县更"名副其实",北川县做了大量工作:一是启动长达二十余年的民族识别政策,根据血缘关系以及自身认同对县域人口的民族身份进行更改,大批民众在此期间由汉族改为羌族或藏族。如1987年,全县羌族人口共39 722人,约占全县总人口的26.8%,至2003年,全县羌族人口共9.14万人,占全县总人口56.7%③。二是重新划分行政区划,整合散乱的乡、镇、村,使羌族聚居地在行政区划的安排下更加"集中"。从1992年至2003年,北川县政府将21个小民族乡合并为15个大民族乡,使民族乡占全县乡镇总数的75%。

---

① 近代以来在世界各地都曾发生民族化过程,羌族的范围与民族特点愈来愈清楚。国家根据这些研究成果划分、识别各个民族。被识别为羌族的人也根据这些研究成果来了解自己,并积极找寻、展现本民族的文化(王明珂《民族考察、民族化与近代羌族社会文化变迁》,《民族论坛》2012年第22期)。
② 邱月:《新北川:羌族文化再造进行时》,《文化纵横》2015年第3期。
③ 赵兴武:《羌地北川》,四川科技出版社2016年版,第184页。

三是在申请自治县的过程中,北川县政府多次派人有选择性地向阿坝州学习羌族文化,以更匹配羌族自治县的"身份"。如将北川老县城部分建筑的外墙改造的更具"羌味"、成立研究羌文化的机构、建设具有羌寨风情的建筑、引进萨朗舞等,带领地方社会逐步了解、认识羌族文化。

二、萨朗舞于北川县城空间的"在地化"过程

20世纪80年代,地方政府通过从邻近地区"移植"羌文化来提升北川县作为羌族自治县的说服力,较为明显的成果主要体现在老县城建筑物外观装饰的风貌改造和相关节庆活动中的羌文化展示中。而普通民众不具备羌族身份认同,对于羌文化还是较为陌生的,他们的人生经验、社会环境亦与羌族文化缺乏关联。因此,尽管羌舞、羌历年等民族文化活动被纷纷引进北川,但这种带有工作任务色彩的文化活动开展范围往往较小、涉及人群较少、维系时间较短,并未深入北川人的日常生活。

"萨朗"为羌语音译,意为"唱起来、摇起来"。萨朗舞,又被称为羌族锅庄[①]、莎朗。羌族学者陈兴龙对萨朗舞的定义是:"羌族各种唱腔、唱词和舞蹈动作完全不同的歌舞形式的总称,是羌人对高山、羌寨、白云蓝天、深谷大川、春夏秋冬、激流江河等自然景观和社会历史、神祇圣灵、人情世故、喜怒哀乐等人间万象抒发情感的艺术表现形式。"[②]萨朗舞是群体性舞蹈,人们围成一圈,边伴随羌族音乐起舞,边以逆时针的方向前进,舞者前后间会保持一定的距离,这样旁观者也可随时加入。每支歌都有相应的舞蹈动作,播放一首歌,则起一种形式的舞蹈,播放另一首歌,则起另一种形式的舞蹈。萨朗舞在羌族传统生活中占有重要地位,无论是喜事或是丧事,又或是日常健身、节日庆典,都会看到羌族人围着祭塔或篝火载歌载舞的景象。萨朗舞在羌族地区分布广泛,各地舞蹈形式均有自己的地方特色。有学者指出,北川萨朗舞舞蹈动作比较简单,主要以脚下动作、手部动作和身体动作为主,较少牵涉眼神、脖子、手指等较为细腻的动作,较茂县、理县等较为偏远地区萨朗舞更为活泼生动[③]。

---

① 萨朗在某些地区也被称为"锅庄",因与藏族"锅庄"在形式上相似,都是载歌载舞的圆圈舞,但其实有着本质区别,除了舞蹈动作和舞歌风格不同以外,锅庄和萨朗围着圆圈转动的方向不同,萨朗在队形上沿逆时针方向行进,而藏族锅庄是沿顺时针方向行进(张玉《北川传统羌族萨朗舞调查研究》,《民族学刊》2017年第3期)。
② 陈兴龙:《羌族萨朗的价值及保护和利用》,《西南民族大学学报》2010年第2期。
③ 张玉:《北川传统羌族萨朗舞调查研究》,《民族学刊》2017年第3期。

每年十月初一的羌历年是北川县最为盛大的公共活动。1991年，北川县、茂县、汶川县、理县联合举办的喜庆羌年活动，成为老北川人关于萨朗舞较早的集体记忆。彼时，四县选出2 000余位舞蹈演员，齐聚在老北川新建的体育场内，跳萨朗舞、唱羌歌、呐喊口号，断断续续地从上午一直跳到晚上。禹龙社区的一名居民小组组长回忆道：

> （20世纪）80、90年代左右，各个单位都要学习跳舞，遇上重大节日的时候，我们会穿上羌族服饰，上街跳萨朗舞，还有的人扮演成回族，一起在街上参加活动。（20世纪）90年代羌历年四县联欢，每个单位每个学校必须跳锅庄，每个镇、乡、村、社都有队伍来，那时候给钱，请你来跳，都报销，车费都报销。平时没有活动，那年据说中央来人了，那年搞得好。我老公是回族，回族也有一个游行队伍，叫回民鲜花队，在老县城游街，走到主席台跟前还要一起跳个动作，还有龙队、马灯队、萨朗队，游到镜头前，都让你再跳个动作，其他三个县也各出了一个队伍。①

举办民族文化活动为当地申请自治县、自治乡以及促进地方经济社会发展创造有利的文化环境。其后，北川县的行政单位、中小学校也开始组织人员学习跳萨朗舞。在北川县乡的各个中小学中，萨朗舞甚至取代了健身体操，成为学生每天必修的功课。需要指出的是，这一时期学习跳萨朗舞的人群主要以行政单位人员和在校学生为主，行政单位人员平时主要在单位附近练习舞蹈，学生主要在学校练习跳舞。在羌历年、春节以及老县城举办的各类大型公共活动中，各单位、组织、学校会组建萨朗舞游行方阵，对外展示北川县的羌文化。其余绝大多数北川民众很少参与到萨朗舞练习活动中来，萨朗舞对于北川人而言不具特殊意义。

地震后，北川人多被安置于永兴县的板房区，这里也成为各级政府、团队、外籍人士等前来慰问交流的窗口，而萨朗舞、羌绣、羌族草编等文化事象被地方政府选为板房区重要的公共展示活动，尤其是歌舞合一的萨朗舞，成为北川县对外展示民族风貌和自强不息精神的最佳文化载体。为此，永兴板房管委会专门开辟出固定空间作为萨朗舞练习专门场所，并从本地和阿坝州请来几位能歌善舞的人士前来承担萨朗舞的推广和教学工作。彼时，只有零星人员参加跳舞

---

① 访谈编码：JXY20180608。

活动,许多北川人仍沉浸在劫后余生和丧失亲友的情绪中,久久不能走出来,跳舞动员甚至引发当地人的反感情绪。有着多年萨朗舞教学经验的李新秀①道:

> 当时被人骂"人都死了,还有心情跳舞",我就做动员工作"人死了,活着的人还是要走出来",我们边做工作边动员大家出来跳舞,慢慢就有人走出来了。②

随着时间的流逝,更多的北川人走出地震阴影,尝试迎接新的生活。萨朗舞节奏较快,曲调多变,舞姿整齐划一,跳舞时需要集中注意力,从而成为北川人缓解创伤情绪的首选活动。此时,萨朗舞作为一个文化载体,把地方政府对外文化展示的意图和北川人寻求心理治愈的需求结合起来,频繁出现在北川社会生活中。

现代社会,灾害在给受灾地区带来巨大破坏的同时,也为地区发展带来更多契机。2008 年 11 月,文化部批准设立国家级羌族文化生态保护实验区,四川多个地区随之加快申报羌族非遗的进程,其后数年间,羌年、"羌歌大战"传说、羌绣、萨朗舞等开始被录入联合国、国家级、省级制定的非遗名录中。在此过程中,文化以旅游和消费形式所创作出来的象征经济(symbolic economy)已经成为政府与资本对于地方经济与城市空间再发展的重要想象③。从中央到地方均把发展羌文化视为北川这座"中国唯一的羌族自治县"未来发展的重要方向之一。自重建规划时期开始,大量羌族文化元素被注入新县城空间,如建筑风格、街道命名、标语符号等都被打上与羌族文化有关的烙印。如果说老县城对羌文化的学习和吸收是属于政治性移植(political grafting)④,通过建造或打造一部分标志性景观和活动来作为卖点,那么在新县城,政府对羌文化的移植则是趋向整体性的,这一过程被当地官员戏称为"一羌到底"。在正式接管新县城后,地方政府正式开启新一轮大规模学习羌族文化热潮,萨朗舞作为简单易学、富有感染力又便于展示的文化,与羌绣、羌历年等文化事象一起,被填充至新北川中,成为"中国羌城、大禹故里、大爱北川"城镇新名片的重要组成

---

① 李新秀,自称"老羌族人",在老北川老协、老体协工作,前后跳了约二十多年萨朗舞,是当时北川为数不多的羌舞、羌绣能人,是北川县的知名文化人士。
② 访谈编码:LXX20180529。
③ Sharon Zukin. The Cultures of Cities. Cambridge:Blackwell, 1995.
④ Zhang Qiaoyun, "Phoenix out of the Ashes:Convergence of Disaster and Heritage Tourism in Jina Qiang Village, Sichuan Province, China," Practicing Anthropology, 2012(34).

部分。

在地方政府的发展思路中,羌文化结合"以旅游带发展"这一灾后发展策略会为北川带来新的发展希望。地方政府通过对羌文化氛围的营造来展示新北川是一座名副其实的羌族县城,也冀望由此带动当地经济社会发展。此后几年间,数十位具有民族文化背景地区(如茂县、汶川县、理县)的演员被请来北川,被吸纳至北川民族艺术团,负责每天晚上在巴拿恰禹王广场表演羌歌羌舞,以吸引游客观看。据一位北川的公务员透露,北川每年花费约200万元购买民族艺术团的表演,要求艺术团每年于禹王广场开展300多场以羌文化为主的歌舞活动。因此,无论是北川县招商引资工作还是地方政府对外交流,无论是地方合作洽谈还是举办节庆典礼,萨朗舞均穿插其中。如在2017年"北川第五届羌茶节"中,萨朗舞便跟采茶舞蹈结合到一起,共同展示北川的文化底蕴。艺术团的存在还是新县城居民的生活调剂,每天傍晚,都会有居民去禹王广场观看歌舞演员的表演。节假日时期,禹王广场一带是新县城最热闹的地方,演员们穿上绚丽的羌族服装登上广场舞台,在一首又一首羌语歌声中翩翩起舞、放声歌唱,无论是本地人还是外地人,都在艺术团营造的文化氛围中享受节日乐趣。

当然,仅依靠艺术团很难支撑起新县城对外展示羌族文化的任务。事实上,自居民搬入新县城后,在北川县政府的主持下,县文化馆、县旅游局、县文广新局、县老龄委等行政部门以及四个社区居委会都开始持续动员县城居民参与萨朗舞学习。为便于更多的居民参与跳舞活动,抗震纪念园的英雄广场曾一度被临时设为练舞空间。后因路途遥远等原因,北川县政府将教习萨朗舞的任务分配至四个社区,由各社区居委会负责相关工作。与此同时,县政府筹措资金帮助社区建设或改造社区广场,以便于萨朗舞教学和练习。对于新县城居民而言,自入住新县城后,萨朗舞才真正走进他们的生活,他们也开始通过身体重新感知以萨朗舞为代表的羌族文化在日常生活空间中的意义。

第二节 社区广场空间与萨朗舞日常实践

在新北川,每逢羌历年,县政府都会举办大型的庆祝活动。在当地人眼中,最典型的羌历年活动便是跳萨朗舞。但对于有过羌族传统生活经历的人来说,新北川的羌历年并不"正宗",对于萨朗舞的强调更是本末倒置。新县城的一位居民便对此提出过质疑：

> 我感觉还是里边（茂县、汶川地区）羌历年很神圣，而且是那种给人很震撼的感觉，而不是那种围到一起，搞啥子（做什么）弄堆火在那儿，好像一直都是跳舞，也没干什么。我们这个没主题文化，感觉北川羌历年就是跳舞跳锅庄。①

居民之所以有这样的认知，与地方政府强化萨朗舞这一羌族文化符号的举措分不开，也与当地四个安置社区的萨朗舞教习活动有关。

北川人安置社区有两处社区广场，分别为尔玛社区的"双拥广场"和禹龙社区的"廉政广场"，尔玛社区早先并没有社区广场，在居民入住后，社区居委会组织居民于尔玛社区西部、沿安昌河景观带中的羌笛广场上练习跳萨朗舞，羌笛广场与安置小区间隔有县城主干道滨河路，车流量大，居民不便来往其间。尔玛居委遂会向县民政局提出申请，将位于尔玛B区与尔玛G区之间、温泉路西侧的一块占地约为300平方米的绿地改为社区广场。在保证建筑风貌变更不大的前提下，县民政局同意尔玛社区对绿地地面进行硬化，建设资金由县政府与某部队共同承担。广场西端矗立着一座约4米高的祭塔和两面长约8米、高约2米的弯月形灰色砖墙，砖墙带有浓厚的羌族碉楼风貌，向来往的人们展示着羌族文化与地方社区的紧密关联。因有部队参与建设，尔玛广场又名"双拥广场"（意为拥军优属、拥政爱民），部队还在广场上立有"军政军民心连心，团结共建双拥城""加强军民团结，共建和谐社会""军民团结如一人，试看天下谁能敌"等固定标语牌，并在两面灰色砖墙上雕刻出红军血战千佛山事迹、千佛山战役纪念碑等浮雕作品，以展示部队与广场建设之间的关联。禹龙广场紧挨禹和苑小区东院墙，占地面积约为500平方米，该广场为禹龙社区居委会与县法制办共建，在正式文件中，禹龙广场被称为"廉政广场"。

2017年4月，在笔者与尔玛广场上跳舞的人进行交流时，产生如下对话：

> 我：请问您是羌族吗？
> 居民：我是羌族。
> 我：你们在社区跳的舞蹈为什么跟巴拿恰跳的不同？
> 居民：人家跳的是真的（萨朗舞）吧，我们随便跳跳，你要看真羌族跳

---

① 访谈编码：PGJ20170330。

舞要去关内、茂县、汶川（县）那些地方看,人家现在还有人会说羌语,我们这边有的舞蹈老师就是从那些地方请来的。

我：他们都让我来这里看你们跳萨朗舞,但好像你们也没怎么跳？

居民：想跳啥子就跳啥子,禹龙（社区）好像不怎么跳（萨朗舞）,我们这边每天都要跳。

我：为什么会有差别呢？

居民：哪个晓得啊？以前禹龙（社区）也跳的,说不清楚。

在笔者与尔玛社区居民进行有关萨朗舞的交流时,常会引发他们就自己的族群身份进行叙事。不难发现,长达三十年的羌文化引进和学习并未对北川人的族群认同产生较大影响。刘琪对于不同族群在长期交往融合过程中形成的特殊群体的族群认同进行过区分,她认为需要通过"身份证上的族别""心理上的族群认同"与"生活上的族群习惯"来加以理解[①]。

对于尔玛社区的羌族居民而言,他们认为自己是"假羌族"的理由大致依据有：

一是源于其生活方式与其所认为的羌族传统生活方式之间存在明显差异。一位长期在禹龙社区广场领舞的舞者道：

我们确实是有点假。白石（北川建制乡）、小坝（北川建制乡）有点正宗,我们底下就穿汉服（现代流行服饰）,汉化了。汶川（县）、茂县、理县路上有人平时就穿满大襟（羌服）,前一搭后一搭长的,然后有个缠起来的帽子,他们穿的衣服没有我们舞台上的衣服有那么多花样。那边年轻人不戴帽子,还穿那种衣服……那边的羌族都是这样,衣服上的花也是自己绣的。我们出去跳舞也要戴头巾,我们这边姑娘从舞台下来之后,也穿现代的服装,没人穿满大襟（羌服）。[②]

二是源于北川县的羌族文化建构与北川人关于羌族文化的记忆和认知相差甚远。一方面,从老县城到新县城,空间景观中羌文化元素的表征差异加剧了"假羌族"话语的流行。另一方面,不少北川人的家乡位于北川关内山区,他们关于羌族文化均有自己的记忆和理解,而他们记忆中的羌族文化与

---

① 刘琪：《族群归属与社区生活——对一个云南小镇"藏回"群体的人类学研究》,《青海民族研究》2013年第1期。

② 访谈编码：JXY20180608。

北川县当下建构的羌族文化差异较大。事实上,由于生活区域的特殊,羌寨间生活方式差异巨大,相隔一道山梁便可形成不同的风俗习惯,不仅语言不能完全相通,不同羌寨的歌舞活动也各有特色。而今北川对于羌族文化的建构,其实质是吸收、剔选、兼并多个羌族地区文化特色的过程,难以与北川人的记忆相贴合。

三是源于新北川关于羌族文化的建构始终处于"进行时"。以萨朗舞为例,北川人最早零星接触萨朗舞始于20世纪七八十年代,当时为配合县里开展的民族文化重塑工程,北川人计学文等人赴北川深山、阿坝州收集羌族歌曲,李红果(原重庆歌舞团演员,后嫁入北川)等人负责收集舞蹈动作。随后,他们从收集而来的歌舞汲取灵感,共同"发明"了"羌魂"系列舞蹈,该系列舞蹈共四套动作,因此又被称为"'羌魂'一二三四"。在北川县政府的安排下,"羌魂"系列舞蹈曾于20世纪90年代前后被推广至北川县各个单位和学校中,因"羌魂"舞蹈风格和形式与藏区锅庄相似,又被称为羌族锅庄。随着北川县对羌族文化认识的深入,"羌魂"系列舞蹈分别于1997年、2003年各开展过一次调整,当地对于羌族锅庄的称谓也逐渐统一——"萨朗"。

地震后,数位能歌善舞且对羌族文化颇有自己见解的文化精英进入板房区域,他们主动承接了地方政府推广萨朗舞的任务,每天在板房区教习羌歌萨朗舞。在教习过程中,他们还加入了大量自身关于萨朗舞的理解,萨朗舞形态开始出现明显分化。在北川人迁入新县城后,这些文化精英陆续离开北川,但他们对北川萨朗舞的影响并未消失。如今,在各社区广场上领跳萨朗舞的人都曾是这些文化精英的"学生",而不同领舞者对于萨朗舞的理解同样存在差异。在笔者的田野调查中,听到大量有关北川萨朗舞"正宗"与否以及何种萨朗舞才够"正宗"的话语:

> 蝉西①是正宗的黑水(羌寨)的,老年人传出来的(萨朗舞)。我们(跳的萨朗舞)是上面(北川以北等地)其他老师教的,动作改了一下,编排一下,成为规律性的,一套一套的。我们动作没他们粗犷,我们跳的萨朗(舞),黄土(镇)的人(新北川人)你怎么教都教不出那个味道,一看就看出

---

① 蝉西,原名吴明刚,地震后他把汉名改成羌语名,蝉代表"羊",西代表"酒",羊和酒是羌族重要的文化象征。在一些北川人眼中,他是地震后出现的羌族文化狂热爱好者之一,有人评价他:"地震后,他赴黑水地区学锅庄,他地震前跟藏族一起学的,震后就跟藏族划清界限。黑水那边跳舞很激烈,蝉西也把羌舞动作搞得很激烈,动作快,中老年人被搞得受不了,他觉得别人跳的太普通了,他要跳快的。"

来了。我们也教过粗犷的,不得行,你不是那儿的人,就跳不出那个味。蝉西教的那些是正规的老锅庄(老萨朗舞),李新秀教的时候就把有些步伐改了。还有个石椅子锅庄(石椅羌寨萨朗舞),是王官全教的,他也跳得可以。老萨朗(舞)跟"羌魂"步伐(也)不一样,歌是一样的,老锅庄(老萨朗舞)看起来还要激烈些,脚步要大气些,石椅子锅庄(石椅羌寨萨朗舞)还要慢一些,好耍(有趣)一些。新锅庄(萨朗舞)就是由李新秀中途改了一次,步伐改了一下。①

政府派一个老师改一套,越来越不原始了,没有一早(最开始)的味道了,我们最早那批是最好看的,(老北川附近)任家坪、擂鼓的老师下来教,改成舞蹈动作,来一个改一次,又来个领导,又来个老师,就改一次。改第三回了,大家都不高兴,改得鬼迷日眼(莫名其妙)的,下面(新北川人)这个舞觉得又好看又好跳,像广场舞似的有节奏,老北川人觉得简直没有萨朗味了、羌族味了。②

带队的李新秀,最早在板房里的锅庄就是她教的。今年政府又教了一套,她就不服,跟政府对着干"我就要教我这一套"。起源(在老北川时)是她教(大家)的,(她是)在老北川跟计学文他们(学)的。搬进新县城,(李新秀)把我们几个人都教会了。现在在禹龙社区,我们都跳老一套("羌魂"系列),复杂但好看。我们在板房(时期)那些萨朗舞都是跟蝉西学的。李新秀的儿子在宣传部(工作),她有碟子(舞蹈影视光盘),学得比较精。我们过来(入住新县城),又教黄土(镇)这些(人)。我说我在这边教,我就要教老的。李孃(李新秀)也是,她现在也在编,编几曲了,她编的跟蝉西的又不一样了,还不好跳,我们(就)没学。李新秀改的是其他羌语音乐的舞蹈,"羌魂"一二三四她不敢改。"羌魂"是最原始的,这是不能忘的,也是不能改的,动作都统一跳的,这是改不了的。③

从北川人的话中可知,他们对所谓"正宗的"萨朗舞进行评判的标准非常多样,或以某地萨朗舞为评价标准,或以舞姿是否符合个体记忆为评价标准,或以性别来判断,或以"族群""地域"等尺度来判断。即便同在一个社区广场上领舞多年的合作伙伴间,关于萨朗舞的理解也各有差异。而从羌族文化精英蝉西口

---

① 访谈编码:XY20180410。
② 访谈编码:CBX20180419。
③ 访谈编码:GYY20180413。

中,又听到这样的见解:

> 当时跳"羌魂",我还在板房跟他们争论过,他们都把萨朗(舞)叫成"羌魂",我说不是。他们说那"羌魂"的名字到底是什么?我说就是萨朗(舞),没有"羌魂"这个东西,"羌魂"是他们北川人自创的,我一直在更正他们对萨朗舞的认识。①

综上可见,北川人对于萨朗舞及羌族文化的认识是非常混乱的,这既与羌族文化本身没有统一的标准有关,也与北川县政府多年来不断推动民族文化"地方化"和"真实化"有关。比如,地方政府多次修正萨朗舞的跳法等:

> 开始蝉西教得好,相当粗犷,来个领导把懂舞蹈的蝉西弄(赶到)平武去了。后来来了个领导喊王官全编了石椅(羌寨)萨朗(舞),喊他来教,教变了。今年来了新领导又教了一套,北川民族艺术团那些人也来社区教了一套。2013年,申请吉尼斯世界纪录的万人萨朗(舞)要求一万人跳,只跳了十分钟,也就编了两个动作,那纯粹是舞蹈动作,大家都不爱跳……现在教的简单,老的(萨朗舞)不好跳,老北川的人就觉得舞蹈变弯(不正宗)了。今年(2017年)政府又改了"羌魂"一二三四,说以往跳的这个不正规,说要纠正,不好看。领导说蝉西教错了,发文书让我们改着跳。现在教来教去舞蹈已经乱了,没有以前正宗,不过音乐是一样的……有时候搞大型活动,艺术团那些人就来教我们,他们是舞台动作,不贴近生活。但是要看你在什么场合,在小区广场上我们就跳得欢快的,在舞台上就跳得很花哨(变化多)的,所以两种都要学。②

为实现设定目标,地方政府持续介入社区广场的萨朗舞教习活动,而各社区的推进力度又存在差异,这就造成不同社区平日主要跳领舞者所理解的萨朗舞版本,只有参加政府举办的大型公共活动时,才按照统一制定的动作来跳。

模糊的族群认同以及混杂的舞蹈认知并未能消减当地人前来社区广场跳舞的热情,除去刮风下雨,几乎每天晚上7点前后,新县城的四处社区广场上都会出现居民齐聚于此跳舞的景象,人们伴随着节奏欢快的歌曲而舞动。七年

---

① 访谈精英:CX20180411。
② 访谈编码:JXY20180608。

间,这已成为当地人最熟悉的生活景观。

第三节　社区广场空间日常舞蹈实践与"地方"社区感知的形成

在社会学领域,"社区"一直被视为一种社会关系的理想类型。在20世纪上半叶美国芝加哥学派和英国社会人类学派的研究中,"社区"一词成为在现代社会中具有共同体属性的社会关系形式及结构机理。其后,随着社会人类学关于"社区"之实践本质取向的强调,社区共同体的内涵逐渐增加,陆续囊括人们关于社区关系、道德、现实、文化、心理的想象与塑造,并引导人们寻求对于共同体及其身份归属的理论感知[①]。从这个角度看,被视为建立于特定空间之上并由此形成社区共同体的"社区",也应是一类"地方"。

社区的塑造并非是一蹴而就的,对于初入住新县城的北川人而言,社区既指代以新县城为主要生活背景空间的灾后安置社区,也包括由地方政府和居委会所界定和管理的安置小区、道路、绿化带、商店等,这一系列自上而下重新建立的空间系统和城市治理保证社区生产生活机制在正常、稳定的状态下运行,但它并未改变异地重建后的北川由熟人社会走向人际关系陌生化的趋势,再加上安置社区居住环境松散(相对于老县城而言),与以往北川人居住格局存在明显差异,以及不时有外来人口进入安置社区居住生活,逐渐冲淡了以往的社区关系网,大大弱化了社区的向心力。

在此背景下,社区广场构成了新县城安置社区中稀缺的公共活动空间,因萨朗舞而聚集的群体活动以社区为单位而出现,并成为灾后社区治理的组织基础和人力来源,使越来越多的居民将社区作为生活意义重构过程中的一个重心。

---

① 在社会学的研究中,"社区"已经是一个总体性的概念,包括行政区域的"社区"、社会文化共同体的"社区"、作为一种研究方法的"社区"等不同的层面。在当代社会"社区"已经超越了单一对地域社会实体的现实指涉,而不断发展成为一个具有总体性意涵的概念。具体而言,其内在地分化出三个方面相互区别但又彼此关联的内涵:社区共同体在关系形态上被想象为具有一系列突出特征(以地点为基础的社会互动、直接的社会交往、内在稳定的社会团结、社区边界、集体的价值体系、共享的符号系统等);"社区"同时也是一个价值概念,其潜在地认为人们应该以更亲近的方式相互生活在一起;"社区"还作为一种描述和分析工具用于展现共同体的现实景象。作为一种描述和分析工具的"社区"将地方社会生活视为一个有待考察的复杂整体,需要进一步了解其中的社会结构、地方制度、角色规范、社会分层、生活实践以及文化象征等内容(吴越菲《"共同体"的想象与当代中国社区的塑造》,《浙江学刊》2016年第6期)。

一、社区广场空间中的舞种冲突

社区作为"一羌到底"构想的末端实践单位,承接的是国家和外界对于北川羌族自治县的想象。然而,一个难以忽视的问题是,对羌文化的大规模"移植"并不符合北川人以往的生活习惯。在一些北川居民眼中,跳萨朗舞是"不合时宜"的。比如,萨朗舞的舞蹈动作仍具有羌族传统生活的某些特征,包括一些耕地、推车的姿势,对于更向往城市生活的北川人而言,这类动作"有些土",且在传统生活中,萨朗舞如同藏族锅庄一样,通常是由人群围着篝火舞动。在社区广场,人们只能围着空空如也的地板砖舞动,这一切都令居民感到不伦不类。此外,也有人为北川人不想跳萨朗舞作另一种解释:

> 地震前,整个羌族地区不是每个寨子都跳(萨朗舞),也不是每晚跳(萨朗舞),比如理县的图齐(音,羌寨名),每晚跳(萨朗舞),歌也很好听,人家草原牛羊自己吃草,人慢慢跳(舞)。我们北川其实只有一个寨子跳舞,特别能跳,北川这边地形陡,干农活,比较着急,舞跳得也急。①

在尔玛广场,跳舞群体的年龄介于30~60岁之间,以中青年为主,老年人较少。当地人告诉笔者,老年人热衷参加北川县老年人协会和老年体育协会举办的各项活动,很少来社区广场跳萨朗舞,且萨朗舞的动作较快,许多老年人跟不上。综上,社区广场中的萨朗舞活动存在活动量大、内容单一、舞姿过时等问题,久而久之,不满情绪开始在社区内蔓延。入住新县城后不久,居民就开始对社区的舞蹈教习活动展开抵制,许多人不再来社区广场跳舞。为此,禹龙社区的几位领舞者率先停掉了每天晚上的萨朗舞教习活动,只有在县城举办大型公共活动前夕,才突击训练萨朗舞,其余时间则以跳广场舞为主。同时,经过商议,禹龙社区的领舞者消减了萨朗舞中一些与劳动生产有关的动作,为迎合居民的审美和喜好,领舞者还加强了手部动作的表达,使萨朗舞更加"好看"、更加"现代"。

相比之下,尔玛社区则更重视萨朗舞的教习。2013年时,尔玛社区的领舞者试图跟随禹龙社区的步伐,取消每天晚上固定的萨朗舞活动。这一动向被县里一位领导制止,这位领导认为相对禹龙社区,尔玛社区应更具备"羌族性"。"尔玛"是羌语,意思是"这里的人",而"禹龙"的意思是北川为大禹故里,"尔玛"

---

① 访谈编码:ZXW20170731。

和"禹龙"分别代表北川的民族传统和文化起源。事实上,两大安置社区的居民都是老北川人,并不存在哪个社区的"羌族性"更浓更深,若说禹王广场展示的是"舞台上"的羌文化,那么,尔玛社区广场则展示的是"生活中"的羌族,在地方政府眼中,这些活动均是北川城羌族文化建构的重要组成部分。

在此背景下,尔玛社区居民开始产生新的策略,并使之持续至今——两大社区广场的跳舞活动均由居委会组织和支持,居委会要求夏季每天下午6点半开始跳舞,冬季每天下午6点开始跳舞,每天持续跳两小时。笔者的田野调查正逢夏季,本应下午6点半开始跳舞,但居民都似约定好般直至7点10分左右才三三两两地来到广场上,这一集体拖延行为极大地压缩了跳萨朗舞的时间。一到7点半,领舞者不得不改播其他流行舞曲,如《我们一起学猫叫》《荷塘月色》等,大家跟随音乐齐跳广场舞。相比羌族歌舞,居民对于广场舞的接受度更高。

此外,无论是跳萨朗舞还是跳广场舞,都很难见到男士的身影,而在北川县大型公共活动的舞台上或是传统羌寨生活中,男士都是跳萨朗舞的主力。"北川就艺术团里有男娃(男士)跳萨朗舞,过年组织羌文化活动,也有男士跳。我们社区这边男的都不好意思,觉得跳不来跳不好,所以一直没跳。"[①]在中国现代社会,一般情况下,男性往往很少与广场舞活动联系在一起,这和社会对于特定性别匹配行为的刻板印象相关,也表明在北川人的思维中,社区广场上的萨朗舞活动已逐渐"广场舞化"。

杨君等认为,中国广场舞蹈经历过"为集体而舞"和"为自己而舞"两大阶段,在集体化时代,广场舞以"忠字舞"为代表,以表明对集体的认同。改革开放后,随着国家制度的松绑,个体从单位、集体、家庭中逐渐抽离,如今的广场舞已成为个体自我表达的新形式[②]。在北川,我们同样看到从灾后萨朗舞集体活动到社区广场舞的兴起,其背后也体现北川人逐渐从灾后被统一管理的生活方式向追求个体生活的满足转化,体现在空间层面,则是社区居民将既定功能的空间改为自己生活所需要的空间。

社区广场与巴拿恰都被北川县政府视为对外展示的"窗口",但社区广场并不属于外向型空间。绝大多数时间,主要是本地人于此活动。白天,这两处广场都是街道的"一部分",人们从中穿行而过,将其作为往来安置小区内部的便

---

① 访谈编码:JXY20180608。
② 杨君、诸秋纯:《表演的惯习:广场舞群体的生活方式变迁与自我呈现》,《天府新论》2017年第2期。

捷通道，很少有人于此停留。傍晚时分，这里会成为安置社区内部最为热闹的空间，百余人在此伴随着音乐声起舞，动作整齐划一，集体舞蹈还会吸引大量居民前来围观。广场舞的兴盛也反映出羌族文化意象在社区广场的消解，居民用身体为社区广场空间的意义进行重新定位，并试图与自上而下的"传统"设定切割，转而与现代流行文化相衔接。对此，尔玛社区和禹龙社区的几位领舞者都表示，她们每周都要上网学习和编排新的广场舞动作，以留住社区广场的人气。

另需指出的是，在社区广场以外的地方表演时，北川人则多会笃定地告诉别人自己是羌族，他们能从这一族群身份中获得更多欣赏的目光。如常在尔玛社区广场跳舞的YJF自豪地表示自己因为萨朗舞认识很多外地人，还曾被邀请去北京表演，这种经历是她们在正常生活轨迹中很难获得的。而在北川的社区广场，YJF们既可以是汉族也可以是羌族，族群身份及其认同对她们而言并不重要。在这不同身份认同背后代表的是不同层次的共同体意识——因北川羌族自治县建设而形成的族群共同体和以灾后安置社区形成的地方共同体。

从申请羌族自治县到最终被中央政府认定为羌族自治县，从较少感知到羌族文化的老县城，到羌族文化风貌极其浓厚的新县城，在各级政府官员和专家们的想象中，北川人会因此对新县城产生更为深刻的羌族文化认同。然而，新县城的设定与居民的日常微观世界是脱节的，在社区广场上，北川人仍按照记忆、认知来为自己的身份和生活秩序进行定位，从而使社区广场转化为他们与现实生活而非民族传统生活进行勾连的一个空间。

二、作为国家权力实践场域的社区广场空间

晚间社区广场活动的开展吸引了许多居民前来跳舞，也间接营造出一个充满人气的空间。地方政府对社区广场非常重视，经常利用这个现成的空间，进行政策宣传和事项通知。

在北川安置社区建立之初，有关空间的规训便非常明晰地嵌入在城镇经络中。福柯指出空间层面的权力运作现象，权力话语通过对空间的巧妙设计、构造与生产来完成对个体的监视和可能的改造，并使个体服从于"权力的眼睛"的管制范畴和规约体系[①]。北川人安置社区被地方政府视为新县城对外展示的

[①] （法）米歇尔·福柯：《规训与惩罚》，刘北成、杨远婴译，北京：生活·读书·新知三联书店2003年版。

重要窗口,行走于安置小区中,能不时看到各种新的政治标语和政策被悬挂、张贴在小区内,如安置小区内每个单元楼防盗大门两边的对联都由地方政府统一印刷、张贴,连对联内容都完全一样,对联下方署名均为北川县政府。小区进出口处上方也常被悬挂上时政标语等,充分展示出国家触角的深入。当然,这些政府宣传均不如于社区广场上显得集中。在尔玛社区广场上,可同时看到多类宣传载体的存在。仅以2018年6月的场景为例,社区广场四周的七个固定公告牌中,分别张贴着以下内容:羌城社区精服平台(防盗篇),永昌镇尔玛社区居民公约,加强防震减灾意识、关注生命安全,社会文明需要你、文明社会回报你,北川因你而文明,健康教育宣传栏——艾滋病的预防,国家卫生县城复审宣传栏;广场上方还悬挂有两道横幅,分别为纪念第二十六届"世界水日"和第三十一届"中国水周宣传知识点";甚至有少量"广告"利用这一空间进行宣传,如北川羌自治县青少年活动中心2018年春季周末培训计划表等。

社区广场上的舞群是北川县大型公共活动最强大的人力资源,在新北川各类大型节庆活动、文艺汇演中,都能看到四个社区的居民参与展示萨朗舞的景象。而新北川公共活动之频繁,令人应接不暇。在这里,我们对居民口中经常提及的"日常排练"有了更为深刻的了解。

在新县城举办的大大小小的公共活动中,社区舞群可被视为一个"整体",与北川各学校、各事业单位一样,会因国家权力的非正式使用而被卷入"地方任务"中(见表6-1)。

表6-1 2017年上半年北川县各社区萨朗舞群体参与公共活动一览(部分)

活动名称	时间	活动地点
2017年绵阳市第三届春晚	1月17日	绵阳市
北川"2017我们的春晚"	1月18日	北川影剧院
正月初一至初七	1月28日至2月3日	禹王广场等地
元宵节	2月11日	禹王广场等地
纪念"三八"国际妇女节107周年大会	3月6日下午	北川影剧院
2017中华旅游小姐绵阳之旅走进北川	3月11日	禹王广场等地

(续表)

活动名称	时　　间	活动地点
"3·15 国际消费者权益日"宣传活动	3月15日	禹王广场
第34届潍坊国际风筝会选拔赛暨北川第三届民族风筝节	3月18日至19日	北川游客中心广场
西南航空飞行学院奠基	3月28日	北川通航产业园
2017北川第五届羌茶节	4月1日	禹王广场
全民国家安全教育暨平安北川建设集中宣传活动	4月11日	禹王广场
广场舞电视大赛北川海选赛	6月27日	禹王广场

作为"5·12 汶川地震"中伤亡损失最为惨重的地区之一,北川经常承接各种交流访问活动,这也导致当地对于文艺演出的需求奇多。在地方政府的推动下,居委会成为完成相关工作的重要抓手。

自20世纪80年代以来,国家力量从社会生活的多个方面撤出,人们日常生活的自主性不断增强。而灾害的发生也往往予国家权力以最大的合法性介入受灾社会的日常生活中,具体表现为救灾和重建过程中各级政府的全力介入和民众生产生活权力的部分"上缴"。毕向阳等认为,汶川地震灾后集中安置可看作一种典型的灾后"社区层面的干预",集中安置点代表了一种特殊的社区形态,在灾民受灾程度、居住形态、资源可及性、组织管理模式、社会互动密度等方面均与普遍社区有所区别[①]。早在板房时期,居委会便是各项政策、物资、活动的中转和集合站,助力国家推行政策和发放福利。而国家单方面介入异地重建这一特殊性背景,使新北川的社区治理依然带有"后灾害时期"色彩。进入新县城后,北川县至永昌镇多个政府部门、单位都在四个居委会设有办事窗口,使得社区居委会与居民之间长期保持着极其紧密的联系,具体体现为居委会对居民生产生活的管理和服务,如办理低保、购买保险、治安、维稳等,这一切为居委会于社区"扎根"提供了权力基础。反观社区居民,他们也需要一个平台能处理灾

---

① 毕向阳、马缨：《重大自然灾害后社区情境对心理健康的调节效应——基于汶川地震过渡期两种安置模式的比较分析》,《中国社会科学》2012年第6期。

后遗留问题和现实问题。2017年4月和2018年6月,笔者在他人的引荐下进入禹龙社区实习,在此期间,两次目睹居民冲进居委会,与工作人员吵架。吵架内容主要围绕安置房漏水、噪声等琐事。在此需要说明,受工期所限,部分安置住房存在轻度质量问题,居民要求物业维修,物业则认为此类问题由居委会管理,居委会再将问题提交至县政府,而县政府也难以解决此类问题。因为修整安置住房不仅涉及大量工作程序的启动,且需要耗费大量资金。几番投诉无果之下,作为"类行政机构"的居委会则成为居民发泄不满情绪的去处。

日常舞蹈教习活动伴随着社区广场人气的不断累积,社区广场逐渐演变为北川人与居委会进行日常事务问题交涉的一个空间。一位不肯透露姓名的尔玛社区居委会干部深度剖析了社区广场存在的重要意义:

> 我们在广场上搞活动就是引导老百姓不要去打牌,让老百姓和小孩子有地方耍(玩),音乐也热闹,能激励人。当时成立尔玛社区文化队伍的时候,目的就是让老百姓多学点文化知识。你也知道,我们北川的遗留问题多,我们政府和社区(居委会)花了很大的精力打造这个广场,音响拖来拖去,都拖烂了很多个,最近政府新配的音响,不到一个月又坏了,我们社区(居委会)重新又买了一个。马上(汶川地震)十周年了,怕有些没做到的问题没弄好,得多想办法。①

在新县城的各项公共活动中,常常出现跨部门甚至跨层级人员组成的项目互助现象,而这需要打破常规情境下的分工,以"政治逻辑代替科层逻辑"②。从表面上看,北川县政府部门与社区舞群间并无关联,但并不妨碍他们借助居委会对社区舞群进行"遥控",这进一步推动居委会在该项事务中的"行政化"。而居委会作为受领任务的"夹心层",其在教习过程中,也将自上而下的、等级制的社区治理秩序传递出去。在尔玛社区,尔玛社区居委会选聘的居民小组长每天都会把音响拖至社区广场,她们往往同时还兼任领舞工作,居委会把领舞工作视为"文化宣传",这项工作会与小组长的薪资和工作积分挂钩。前文已提出,社区广场更多时候被用作跳广场舞而非萨朗舞。在社区广场的广场舞环节中,领舞者独自站在最前面,以背对姿态展示舞蹈动作。第一排习舞者相对年轻,她们或是居委会负责文化工作的人员,或是能歌善舞、能说会道的居民小组

---

① 访谈编码:BS20180610。
② 周雪光:《权威体制与有效治理:当代中国国家治理的制度逻辑》,《开放时代》2011年第10期。

长,也有个别是舞蹈爱好者,在这个队伍中,她们是核心所在,负责舞蹈的展示和动作细节的指导。在跳舞的过程中,领舞者会不时跟第一排舞者交代动作细节。越向后排舞者年纪越大,动作越难以做到连贯流畅。最外围的是围观人群,她们也会不时加入舞蹈队伍。需要指出,为了尽量吸引更多的人来跳舞,社区广场每隔一两周都会换新的舞蹈动作。因此,领舞工作通常也在交替中进行。秩序的根本是权力的再生产,在此过程中,接受居委会任务的领舞者、习舞者以及围观人群共同把这种自上而下的秩序感带到空间再生产中,从而使以居委会(及其工作)为中心的社区概念在无形中传递到每个人的感知中。

因此,与大量因广场舞的空间使用而产生的"公共性"争议不同[1],新北川社区广场的建设及维护背后不仅包含着通过羌族文化来促进地方发展的逻辑,也包含着灾后社区特殊的治理需求。

三、社区广场空间:"地方"认同重构的载体

老县城紧凑的空间结构是北川人获取社会情感和地方社会认同的来源,给他们提供一种安全感和归属感。格尔森等将社区归属感定义为个人对邻里和社区的承诺,在社区中长久居住、愿意参与社区的生活[2]。汶川地震前,广场舞这类活动还未在北川流行。每到傍晚,一些北川人会去龙尾公园的平地处跳双人舞。如若未发生地震,北川人可能会延续以往的生活模式,和全国大多数城镇居民一样,吃完晚饭后,在居住区附近与熟悉的人一起跳最时兴的广场舞。

> 老县城地方小,但院坝(平地)多,小孩子好到处跑,也没什么汽车,大家每天串门都不用担心安全问题,互相都认识,几个单位的房子在一块,跟"联合国大楼"一样,当官的、老百姓都相互串门,老人在家门口也有同龄人一起玩。[3]

---

[1] 广场舞作为中国本土原创、毁誉参半的群众性活动,其意义已经超出了审美文化的范围。关于广场舞的争议,折射出当今中国文化建设中多方面的问题,如公共空间的稀缺化、城市生活的疏离化、休闲空间的商业化、个体的无意义感以及关于中国当代社会公共性的矛盾,正是由于上述问题的长期存在和难以解决,从而使广场舞陷入治理困境、"污名化"和恶性抵制等境地(林敏慧、保继刚《城市广场舞休闲研究——以广州为例》,《旅游学刊》2016年第6期;代迅《广场舞:意识形态、审美文化和公共空间》,《西南民族大学学报(人文社会科学版)》2015年第11期;张兆曙《个体化时代的群体性兴奋——社会学视野中的广场舞和"中国大妈"》,《人文杂志》2016年第3期)。

[2] Gerson, Kathleen, C. Ann Stueve & Claude S. Fischer. "Attachment to Place." In Networks and Places: Social Relations in the Urban Setting. New York: The Fere Press, 1977.

[3] 访谈编码:WHY20170126。

新县城在中规院统一规划设计下建成,北川人通过摇号的方式确定自己居住在哪个小区、单元和房号,原本相邻的亲友分散开,而一部分"外地人"①于新县城的安家落户也进一步"稀释"了老县城人口的集中度。北川人往日的社会交往方式很难在新的居住空间中延续和存在,而这一问题直接影响到他们对新北川形成地方认同和地方依恋。一位北川人对笔者说:

> 以前在老县城我们跟邻居每天互相串门,家家户户都认识,都晓得对方是干什么的,家里有几口人。现在住这里七年了,楼上楼下都只认识脸,就是不知道他们是干什么的?也不知道他们的名字。②

李烊等将国内拆迁安置社区的创制过程中所遵循的逻辑总结为"改善性""集权化""清晰化"三点③。新县城安置社区虽非由拆迁引发,但其在设计、意图、建设等方面的逻辑与国内拆迁安置社区有着诸多内在相通之处——与老县城城镇空间的拥挤杂乱相比,新县城规划图景具有分区明确、功能清晰、文化特色鲜明等特点,但在统一规划的思路下,新县城体现出"千楼一面"的外在特征,缺乏普通社区自然发展出的种种"个性"。统一规划为新县城空间带来了井然的秩序感,整齐的道路、平整的路面、方正的绿化带以及极其相似的外墙装饰等,传递出强烈的"国家规划"意味,型塑着居民新的生活和新型社区秩序。然而这种秩序并非北川人自身参与社区营造的结果。时至今日,仍有居民偶尔会在新县城迷路。

在经历"5·12汶川地震"的大量伤亡和灾后异地安置的"摇号选房"后,原本建立于地缘、血缘、业缘之上的人际联系逐渐松散,北川人社会交往层面呈现"我群"内部疏离④。如在刚入住新县城后不久,北川人通常会从地缘关系中来寻求社区秩序感和归属感,如邻里时常会因漏水、车位问题发生矛盾,若发现双方都是老县城的人,则大家会进行自我调解"都是老县城的人,算了算了"。但是随着时间的流逝,北川人越来越发现,过去的社交方式不再奏效,他们开始接受陌生人社会的到来,发生各种纠纷的时候,他们也逐渐开始学会求助居委会

---

① 新县城建成后,由北川县乡镇或其他地区来北川定居的人口。
② 访谈编码:QDZ20180619。
③ 李烊、刘祖云:《拆迁安置社区变迁逻辑的理论解释——基于"制度—生活"的分析框架》,《南京农业大学学报(社会科学版)》2016年第6期。
④ 吕璟、潘知常:《再造居民——社会空间视角下拆迁安置房社区失地农民问题研究》,《南京社会科学》2018年第4期。

或派出所。

社区广场的出现则为新县城居民的邻里交往提供了一个新的空间,并培养出相对组织化的公共休闲生活,使居民慢慢产生出"社区感"和"地方感",基于日常生活实践层面的社区轮廓逐渐浮现。

> 最早大家(对新北川)没有归属感,白天上班,放假跟老熟人打打牌,玩来玩去就那么几个人,老年人没事去楼下凉亭那边聊几句,也是那几个人。现在每天晚上很热闹,很多人参加(跳舞),感觉很亲切。在老县城跳舞的要少一些,不像现在都集中起来,全国都在跳广场舞,我们也想跳,绵阳人、成都人跳啥子(什么舞蹈),我们就跳啥子(什么舞蹈)。①

社区广场对新县城居民具有较大吸引力,不同人群的喜好也在此得以满足。每近傍晚,会有很多人提前来到广场,等待跳舞群体的到来。常见的场景是老年人坐在广场与路面交界处的几座石凳处交谈,儿童在广场上奔跑嬉戏,中青年男女则到处走动,与人交流谈笑。每天晚上跳萨朗舞的人数约为40人,而当舞曲切换成流行音乐后,许多原本围观的居民会纷纷参与到队伍中。由于广场舞动作简单,舞曲变幻多样,居民可随时加入跳舞队伍中,因而跳广场舞人数也往往较萨朗舞多,其散乱的队形也更有利于居民(尤其是儿童)穿行其间,广场氛围因此更加热烈。当广场舞结束,人群会立刻散开,纷纷回家休息。随着领舞者把广场上的灯关掉,社区广场回归寂静,无人再于此停留。

如果说社区广场为新的社区认同、地方认同提供了空间条件,那么社区居委会则为社区交往和团结提供了组织机制。正如人们在提及舞蹈话题时,通常会以社区为单位展开叙述,如"我们尔玛(社区)跳的舞蹈比他们禹龙(社区)的好"等,使"社区""邻里"等关系具象化并为居民所感知,并得以由此确认自己的归属。以2016年永昌镇政府组织的全县社区萨朗舞比赛为例,尔玛社区在比赛中获得一等奖,奖金2万元人民币,尔玛社区参赛民众共80多人,平均每人获奖200元左右,这一经历为尔玛社区广场上的舞者们所津津乐道。与此同时,以社区为单位的舞蹈排练有所差异,限制了居民晚间参与其他社区广场跳舞活动的可能,也助力居民形成"我们社区"的观念。因此,尽管尔玛社区广场与禹龙社区广场之间相距不足半公里,社区间也没有明显的分界标志,但许多

---

① 访谈编码:YJF20180402。

居民都表示他们从不考虑去对方社区跳舞。此外,我们还可以从人们对于社区广场的重视中看出社区生活的再造。新县城安置居民入住时,一些原本非老县城居民也入住了尔玛社区和禹龙社区。一开始,他们与北川人之间的关系并不紧密,随着晚间社区广场舞蹈活动影响的扩大,来参与跳舞的人越来越多,非老县城居民也渐渐加入其中,集体活动促使他们逐渐认同新的身份和新的地方,他们略带自豪地称自己是北川人,并学老北川人称"新北川人"为"下面的人",而原本建立于老县城血缘、地缘、业缘上的关系逐渐隐匿。

本质上,社区作为一种空间模式和道德秩序而存在,不同的区域有不同的道德意蕴,体现着不同的互动关系[①]。道德秩序体现为一种社会团结的合作与规范,在这种秩序中人们也自然习得(往往是无意识地)应该做什么或不应该做什么的判断。从短时段来看,无论来社区广场的人是什么样的身份,都会为晚间舞蹈活动中的音乐、舞姿、灯光和热闹的人群氛围所掩盖,各种社会关系在此都暂时转化为社区邻里关系,许多牵涉社区治理层面的问题在这里被转化为人与人之间的私事,并能在友善和谐的氛围中得以达成交换意见。即便在社区广场上,人与人之间出现争议,也会在这种公开的环境中得以收敛。某天傍晚,笔者遇见尔玛广场上的一场争端——一个玩遥控飞机的孩子在广场舞人群中乱窜,飞机不慎跌落在广场中,孩子也被舞者撞倒,导致舞蹈秩序发生混乱。孩子的爷爷不明就里,以为孙子受到舞者欺负,冲进人群进行争辩,引得广场周围众人纷纷前来围观。一分钟内,在众人的解释下,孩子的爷爷发现这是一场误会,便环顾四周大声向所有在场的人致歉:"公共场所、各取所需,大家的活动,那就不说了,各自的爱好各自都遵守,我刚才在那边隔得远,不知道这里发生了什么。"另外,在这个"冲突"中,我们可以看到以老年人、妇女、儿童为主的互动,这三类人群作为社区公共生活中的主体,也是社区交往中的活跃分子,他们更易促成陌生人间的交流,使社区空间的运营更为顺畅。从长时段看,许多北川人通过练习舞蹈与居委会工作人员结成友好关系,并由此在社区事务中获得一些便利和优先权。社区精英作为社区空间最为直接的管理者,也是地方政府、居委会和居民之间的润滑剂,并间接促成社区秩序的稳定。

居民与居委会结成友好关系并不仅靠参与社区广场舞蹈的练习活动,还需

---

① Park Robert E. "The Urban Community as a Spatial Pattern and A Moral Order." In E. W. Burgess, The Urban Community. Chicago: University of Chicago Press, 1926.

要积极参与其他政府活动、社区活动来维系这种关系。地方政府和居委会也更乐于在社区广场上发布一些即时消息，信息能由此很快传遍整个社区，在此过程中，社区秩序隐现其中。一位在社区广场领舞的女性表示：

> "119"消防日灭火活动，（县政府）需要找市民进行疏散活动演练，社区负责管理这些活动，有活动就通知我们积极分子，让我们帮忙带队、维持秩序。然后回来我们晚上跳舞再跟大家讲，如果是大型活动，他们会主动互相传。"119"这种活动不一样，我们也不会全部通知，比如通知到"不懂的人"的话，疏散演练会引发混乱，安全会变成不安全。①

这名领舞者口中的"不懂的人"明指一些反应较慢、行为笨拙的人，实际上是根据是否经常来社区广场跳舞来区分出的"我们"和"他们"，"懂的人"意味着"一起跳舞的熟人"。相应的，一些居民的感受和诉求也能经由社区广场传递给居委会和地方政府，从而使社区广场成为培育他们进行非正式社区参与的空间。2017年北川县"3·15"晚会上，居民通过对舞蹈动作和道具的合理设计来宣传活动精神，如通过扇面拼凑出"国家""安全""平安北川""文明""法治"等字样。该设计并非居委会刻意安排，而是居民对长期参与社区活动所积累的经验使然。正因如此，这一舞蹈设计很快通过审核，顺利登台演出，居委会工作人员由此受到领导的口头表扬。

新的社区秩序反映在以社区为邻里的空间中，其中充满着各种信任、互惠等社会关系。由于新县城经济发展缓慢，许多北川家庭至今仍在"吃低保"。而在县内大型公共活动中，地方政府常通过分发少许酬劳来补贴参与的个体，这类赚取"外快"的机会也成为居民参与社区舞蹈活动的主要动力来源。北川县政府会用银行汇款渠道分发酬劳，每年都有许多民众去当地银行办理取款手续，令银行工作人员不堪其扰，这也从侧面反映出社区广场舞蹈活动参与之广泛以及公共活动之频繁。

> 现在我把服装（羌族）一穿，大家就晓得县城在举办活动，都会主动围过来问，还会跟我一起过去，现在我们县城都形成了这种默契。②

居民还常常通过参与社区跳舞来获取外出表演的机会，新北川和周边地区

---

① 访谈编码：JXY20180608。
② 访谈编码：JXY20180608。

企业或个体举办的节庆活动、红白喜事等,常会请尔玛社区和禹龙社区居委会帮忙召集表演者,居委会则通过对活动资源的控制来对舞蹈群体加以笼络:

> 门面开张、结婚啊、做生日啊、生娃啊、满月啊、篝火晚会、烤羊子这些,要找打腰鼓、(跳)锅庄(萨朗舞)、(打)大鼓的人,到处联系,找到我们这里,说好多钱(多少钱)一个人,正常情况五十块一天一个人,锅庄(萨朗舞)一百块一天一个人。我们在花荄(镇)就是这个价位,小坝(乡)、开坪(乡)我们都去,江油(市)的啥子(某个)公司团拜会烤羊子想跳锅庄(萨朗舞),他们也想跳锅庄(萨朗舞)嘛,就请我们带着他们跳,一晚上跳两个小时。管你啥子(不管什么)节气,反正一天一百块一个人,平时在广场上把舞练到(练熟悉),然后就去,一般出去都是自发的,大家也不会讨价还价,我们这里人都没什么钱……①

从表面看,社区广场因教习萨朗舞所建设,而萨朗舞的推行过程,也成为新的社区秩序的推进过程。在此过程中,社区广场成为居民个体与国家权力进行有限互动的空间,并由此带来新的社区秩序的型塑。黄晓星认为,社区意义的生成与持续存在与社区内外空间因素与权力结构密切相关,也与物理空间、人口、邻里、公共领域及底层文化等社区性因素相关②。以舞蹈活动为中心,人们形成共同的行动,并通过空间呈现出来,为社区居民带来建于"社区邻里"基础上而非纯粹的建立于社区管理上的秩序。北川人通过社区广场这一空间,在日复一日的舞蹈活动以及社区对外展现的过程中获得新的社区归属感以及社会资源。

小　结

本章主要围绕羌族萨朗舞被移植入北川安置社区的过程展开论述。改革开放后,作为标志性羌族文化,萨朗舞被地方精英由茂县、汶川县等地区引进北川老县城,并实现舞蹈形式的在地化发展。地震后,萨朗舞成为北川羌族自治

---

① 访谈编码:PAR20180615。
② 黄晓星、郑姝莉:《作为道德秩序的空间秩序——资本、信仰与村治交融的村落规划故事》,《社会学研究》2015年第1期。

县的标志性文化,在地方政府的持续推进下,萨朗舞真正进入北川人的日常生活。在社区广场日复一日的萨朗舞活动实践中,社区广场成为新北川重要的日常生活空间和重要的社区治理空间。

奥罗姆认为,促进人与地点(地方)之间联系的有效路径主要是通过积极参与社会生活,无论是参加社会庆典还是地方性行动,都可以促使居民自主赋予其生活场所所需要的意义,从而能够积极地对生活空间刻画独特的社会印记[1]。"地方"的意义就在于其不仅为个体提供了身份认同与社区归属,让我们明白我们是谁,让我们知道我们的过去与现在,也了解我们所处社区的历史与未来,从而提供了我们所需要的安全与舒适感[2]。萨朗舞对于北川人的意义早已超越民族舞蹈本身,其作为地方性而非族群性场景的内容进入北川人的生活,满足了社区交往需求,弥合了当地人从"熟人社会"向"陌生人社会"转型中出现的心理落差,重构了新的集体认同和社区秩序,为灾后安置社区社区秩序和"地方"认同的培育带来帮助,使地方社区成为人们确认自我身份归属的坐标和参照。

对于灾害研究来说,地域社会与国家正式权力之间的互动关系无疑是极有研究意义的。据前文所述,从社区广场建设及居民的空间实践中可透视北川县的社会治理细节以及灾后社区治理的特殊性。在地方政府与居委会的介入下,社区舞群的日常实践被附上行政色彩,这一特殊意义只有被置于新北川社区治理结构中和灾后重建空间中才能被理解,体现出当代中国重建模式对灾后社会造成的广泛且深远的结构性影响。可以预见的是,萨朗舞在新北川的社区广场上还将继续跳下去。

---

[1] 安东尼·奥罗姆、陈向明:《城市的世界:对地点的比较分析和历史分析》,曾茂娟、任远译,上海人民出版社2005年版,第16页。

[2] 安东尼·奥罗姆、陈向明:《城市的世界:对地点的比较分析和历史分析》,曾茂娟、任远译,上海人民出版社2005年版,第16页。

第七章
总结与讨论

"地方感"是勾连空间与地方的关键,但"地方感"的形成则源于地方经验,段义孚指出,任何"经验"都含有感受(feeling)和思想(thought)色彩[①],"经验不仅包括(难以言说的)感觉强烈的经验和可以言说的经验,也包括个体性的经验和集体性的经验"[②]。经验的形成是由情感(emotion)至思想(thought)的类线性过程,它被分成三个阶段——感觉(sensation)、知觉(perception)、观念(conception)。段义孚所定义的"地方感"(sense of place)既包含感性的、主观的、模糊的、非理性的"空间—地方"感受(feeling),也注重理性的认知"空间—地方"的过程。

一般来说,我们可以依靠"地方感"这一概念来解释"地方"形成的过程,却较难理解"地方感"的具体构成,以及明晰空间、地方与地方感三者之间于具体情境下的关系。在民俗学学科"日常生活"研究转向的今天,我们透过日常生活视角,可以获知人们如何赋予空间以"地方"意义,在无限的空间中界定属于自己的地方,并形成独特的地方感。通过日常生活视角和"空间—地方"分析框架,对于我们深刻理解中国灾后重建模式和灾后社会的真实情况具有重要价值。

第一节 灾后重建视角下"地方感"的形成机制

在本研究中,北川人因灾异地搬迁,他们于新县城中形成的"地方感"自然

---

① (美)段义孚:《空间与地方:经验的视角》,王志标译,中国人民大学出版社2017年版,第7页。
② (美)段义孚:《空间与地方:经验的视角》,王志标译,中国人民大学出版社2017年版,第100页。

也是特殊的,我们需要通过更为微观的分析来获知这一特殊"地方感"的形成过程。前面章节已对三处日常生活空间如何成为凝聚北川人价值观念和注意力的"地方"进行了分析,即便官员和专家均声称从普通人的视角开展规划和设计工作,可现实一再表明地方与空间的紧张关系却依然未能避免。段义孚认为,在现代社会中,物质的符号,诸如建筑物,已经不再具有可以传递的价值观,物质世界趋向于一种冲突和混乱的观念①。基于北川新县城的调查和分析,本研究认为,"地方感"理应成为未来灾后重建规划设计时应考虑的面向,即从"空间重建"向"地方重建"转变。那么,如何实现"地方"的建设?本研究试图提出灾后重建视角下"地方感"形成的主要构成维度,为"地方"的建设提供参照。

一、物理空间和"安全感"的建立

如果将北川人的生活轨迹通过热力图来显示,我们会发现,只有少量物理空间与北川人的日常生活深度绑定,并给予北川人充分的"安全感"。段义孚在其书中多次强调"地方意味着安全,空间意味着自由"②,"空间往往是自由的象征。空间是敞开的,它表明了未来,并欢迎付诸行动。在消极意义上,空间和自由意味着一种威胁……实现开放和自由意味着不加遮挡和易受伤害"③。如此看来,为北川人提供认同、归属与安全感的地方主要集中在安置社区和城市中轴线一带。对此,夏少琼有更为形象的描述:"简单地说,个体以自己居住点为圆心,以日常生活距离为半径形成一个活动圈。在这个圈里,个体以人、事、物为线索,将社区生活基本要素全部串联,并将邻里交往互动的丰富细节,如:婚丧嫁娶的喜乐哀愁、柴米油盐的点滴琐碎及房屋道路与树木桥梁等基本要件一一纳入其生活内容。"④在该段论述中有两个尺度需要注意,一是物理空间尺度,即基于日常生活而被生产出来的"地方",以"自己居住点为圆心,以日常生活距离为半径形成一个活动圈",这一活动圈并非几何意义上的圆形,而是以日常生活基本要素为路线进行勾勒的空间生活轨迹;二是感知空间。人们通过身体感官(动觉、视觉和触觉)在空间中建立和组织方向感、距离感的同时,总会包含身体的在场。虽然"地方感"由感受和思想结合而成,但它的生成仍是从感觉

---

① 李溪:《段义孚人文主义地理学的哲学视野》,《人文地理》2014 年第 4 期。
② (美)段义孚:《空间与地方:经验的视角》,王志标译,中国人民大学出版社 2017 年版,第 1 页。
③ (美)段义孚:《空间与地方:经验的视角》,王志标译,中国人民大学出版社 2017 年版,第 44 页。
④ 夏少琼:《断裂与链接——灾后重建中关于地点的思考》,《贵州大学学报(社会科学版)》2011 年第 1 期。

向观念转换的过程,并往往由身体对物理空间的感知开始。

(一) 距离与边界

在一系列有关北川新县城的规划类书籍中,"宽道路、小街区、密路网"等形容词汇是对新县城空间尺度的基本刻画。比如,书中提到,北川新县城每隔200米左右就有一个十字路口,这是因为专家希望北川人在新县城开车时可以享受"慢生活"。在老北川,人们往往通过脚步、自行车、三轮车来丈量脚下的土地,这种生活节奏显然更慢于专家定义的"慢生活",可见专家对于县城空间尺度的认知与北川人是存在明显差异的。关于北川新县城空间尺度的设定明显带有汽车文化的烙印,列斐伏尔认为汽车征服了现代城市空间和居民的日常生活,"并将其法则强加于日常生活之上",这种文化所带来的影响是"几何空间"宣布胜利[1]。相应的,北川人甫入住新县城便对城镇空间特征进行归纳和总结,如"走到哪里都很远""去办事要跑好久"等,这样的判断也暗含了身体的在场。此外,汽车行驶于城镇的过程中,通常以路口标志为坐标,从而确定行驶方位的正确与否。而步行、骑车等出行方式速度较慢,还会以建筑物作为参照,新县城中的建筑、道路相似度较高,绿化面积较大,这也很容易使人在其中迷路。因此,自我建构有关"地方"的边界显得较为重要。

北川人的活动区域(包括"我们北川"的空间界定)主要集中于安置小区及周边300~500米的范围内,此范围以外的道路上便少有行人,城镇生活气息大大减弱。"地方"的边界既包括地方政府划定的自然边界或行政边界,也有文化和生活层面定义的社会边界。"地方"作为一种观念、认知,通常都是指一个开放的、变化的、过程性的空间,凝结了群体的集体记忆和情感归属,而这一空间的社会边界比自然边界更为重要[2]。在北川人看来,新县城中轴线景区便是生活半径的东部边界,他们从安置社区向中轴线步行需要15~20分钟,若再向前走,需要步行同样的距离方能到黄土人安置社区。一般极少有北川人去新川社区和沐曦社区,因为那是"另一个地方"。北川人"自己的地方"的大致范围由中轴线、马鞍路以及安昌河所包围,约占北川城镇建成区域的三分之一。甚至在

---

[1] Lefebvre, H. Everyday Life in the Modern World, trans. Sacha Rabinovitch, London: Allen Lane, 1971: 101.
[2] 彭兆荣、吴兴帜:《作为认知图式的"地方"》,《北方民族大学学报(哲学社会科学版)》2009年第2期。

北川人看来,这个范围以内才是新县城,他们还会不自觉地抱怨永昌镇政府建于沐曦社区内一事:"为什么会把镇政府建那里呢?(其他)行政单位都建在我们老北川人(安置社区)这里,建黄土人那边干什么?"对于北川人而言,"新县城内"是安全和稳定性较高的,是有"边际"的。而"新县城外"新北川人的地界是陌生的、空旷的、无边的。因此,有关北川人"地方感"的讨论也要聚焦于这个边界之内。时至今日,两地人内部交流时仍习惯用"高头的人"(上面、北面、海拔高的地区的人)、"下面的人"(下面、南面、海拔低的地区的人)等称呼来指代对方。

(二)宽敞与拥挤

"地方"给人以安全的属性,对于北川人来说,相对紧凑的空间会给他们以安全感。在老县城,人们看向某个方位,映入眼帘的通常是县城边逼仄的山脉、密密麻麻的人群和鳞次栉比、排列紧密的房屋等。相较夹于两山间的老县城,新县城坐落在宽阔平坦的地带。在新县城任一视线下,看到的可能是大面积的绿地、宽阔的道路、疏朗的建筑格局等。温泉路在新县城道路系统中最为窄小,"占道菜场"所占路段东、西、南三面为小区墙体和门店所围拢,予当地人营造出特别的空间感受,相对紧凑的建筑系统和人群的集聚不断吸引更多的人前去,他们或许在那里什么都不做,只是行走于其中。因此,如"占道菜场"之所以为所有人所接受似乎也并非完全是管理的结果,而是个体感官与城镇空间的"协商"。

当然,空间是否宽敞还取决于人群的密度。笔者之所以将前文三个日常生活空间作为重要观察对象,原因之一还在于上述空间聚集了更多的人。人的聚集并不仅是"地方"形成的结果,还是"地方"形成的过程。北川人之所以会在特定时间于部分空间集聚,并对人气有着较高的敏感度,原因自然是多样的,如灾后人口损失大半和新县城人口密度较低等。个别空间如若聚集了较多的人,便会有更多的人不自觉地倾向于向那里集中。如抗震纪念园的英雄广场有着大片平坦的空地,许多人前来开展休闲娱乐活动,他们在这里同样能感受到放松和安全的感觉。除抗震纪念园外,其余大量草坪、园林则很少吸引北川人前去。比如,在北川人眼中,安置小区内的绿地是适合放松和休憩的,但距小区仅一路之隔的沿河风光带却又意味着危险和不安全,父母会提醒孩子说"那里人少"。这种选择也促使拥挤的空间愈拥挤、热闹的地方愈热闹。特定文化和经验也会强烈影响人们对空间的感受和评价,北川人由川北山区移居而来,平坦开阔的"坝坝"(空地)是他们眼中最为"安逸"的活动场所,人群聚集的地方则是公认的人间烟火气所在,而一旦某处空间人们长期于此活动,甚至改变了它的功能和用途,它就变成了一个有序、有边界且有意义的世界——"地方"。

(三)建筑与秩序

道路、住宅、单位等建筑空间在第一时间便框定了人们活动的大致范围。段义孚在介绍空间与地方差异的时候,曾以三角形为例,"三角形首先是'空间',即一种模糊不清的形象。如果要识别三角形,那么首先要识别角——'地方'。"①新县城中的各类建筑如同三角形的"角",成为人们确立方位和聚集的指向和参照。若有人从尔玛社区前去抗震纪念园的英雄广场散步,其往往很难叙述出途中的园林和荒地叫什么,一般情况下,荒地或县城中散落的园林也很少有人进去活动,他们只能以抗震纪念园或尔玛社区为参照,来确定自己步行的路程。而抗震纪念园看似是一处完全开放的独立空间,其边界处的台阶及铺砖又使广场与道路产生内外差异,使人们将台阶范围内视为广场空间。同理,社区广场上的假山石、喷泉等建筑作为"对于感觉、感受和潜意识的直接吸引物"②,会第一时间对来者加以提示,人们可以很快了解空间的用途或者对空间可以承担什么活动加以想象。又如祭奠空间并未于城镇规划中出现,而居民普遍会自发寻找城镇边缘地带开展祭奠活动,这是建筑空间作为构序系统本身对人们意识的直接影响。建筑空间作为常见的空间符号给予北川人的社会生活以目标指向,体现着社会秩序,成为个体确认身份的参照,赋予北川人重建生活以安全感。换言之,无论是不是对新县城的建设成果抱有特殊情感,生活于此的人必然需要从这些建筑空间中为自己寻找新的坐标。

二、集体记忆:延续不断的"地方经验"

"日本民俗学创始人柳田国男曾写道:小时候,我每天早上醒来,都会听到厨房传来木柴燃烧的噼啪噼啪声音,还有飘过的熟悉的柴木清香。母亲在灶头做早饭,她把树枝一把一把折断,塞进灶口。"③从此以后,只要听见木柴燃烧的

---

① (美)段义孚:《空间与地方:经验的视角》,王志标译,中国人民大学出版社2017年版,第13页。
② (美)段义孚:《空间与地方:经验的视角》,王志标译,中国人民大学出版社2017年版,第94页。
③ 王晓葵:《按语》,《西南民族大学学报(人文社会科学版)》2017年第3期。

声音,他都能想起母亲做饭的场景,回味柴火的味道。在王晓葵的解释中,这种由气味、触觉、景观、声音所构成的生活场景,起源于人的生理感受,但是在较长周期的时间和空间下,这些"感觉空间"也会成为人的"文化空间"①。文化包含一个特定群体的观念、价值、信仰的模式以及他们"特有的"思考和感知方式②。这里的"文化空间"在很大程度上与人文社会学科所关注的"地方"相通,为人确定自己的归属和身份提供价值,更对人的成长与未来走向产生一定影响。

一般情况下,"地方感"的建立是一个缓慢的过程,这一过程往往因日常生活的细碎、自然而然以及人们对于空间的过分熟悉而容易为人所忽略。而灾害在一瞬间剥夺了人们生存的物理空间的同时,也破坏了人们自在的日常生活,人们被迫开始"去熟悉化(defamiliarizing)",并激发人们对于"地方"的感知和怀念,以至于过往生活中的一草一木一砖一瓦都会产生特别的意义。而灾后过渡空间和重建空间所呈现的陌生感和新鲜感,也常常能够引发灾民对空间差异进行评价。正如北川人常挂在嘴边的一句话"政府(灾后重建)让我们进步了二十年"一样,透露出既往生活方式与北川新县城城镇空间之间存在着落差。可见时至今日,这种新旧空间/"地方"对比仍在对北川人的生活产生影响。

在中国灾后重建语境中,物理空间建设常被视为灾后重建的首要任务。对于物理空间重建的评价包括空间质量、空间形态以及建设进度等。其中,重建进度是极为关键的评价指标,它充分且直接地体现中国政府对灾区的重视、支持以及中国社会强大的制度优势和动员能力。因此,尽管越来越多的灾后重建项目的规划设计工作采纳了灾民的意见,但受灾后重建评价体系的影响,此类工作往往是不充分、不深入的。无论是在规划还是宣传中,各级政府和专家学者都希望且会宣称重建空间将更贴合灾民需求。如政府和专家学者会采用老县城的地方符号对新县城的街道进行命名,试图以此证明"家并没有走远,而是在规划的力量中重现"③。相关命名实际上是专家和技术话语对"乡愁"的表

---

① 王晓葵:《按语》,《西南民族大学学报(人文社会科学版)》2017年第3期。
② (英)戴维·英格利斯:《文化与日常生活》,张秋月、周雷亚译,中央编译出版社2010年版第5~6页。
③ 北川民政局于2010年3月24日、4月1日会同中规院组织省市县专家、县部分单位、人大代表、政协委员、宗教代表和群众代表,分别对永昌镇(新县城)街道、道路、园、河流、桥梁等名称命名初步方案进行了讨论,4月27日形成定稿,北川新县城命名有彰显历史文化、突出民族特征、体现县城特色、弘扬抗震精神、延续场地记忆、契合山水环境、明确指示方位(东西向为街、南北向为路)、表达通俗易懂等八个原则,其中,迥龙街、茅坝街为老县城社区名称,龙尾街为老县城地名,石泉南、北街取自老县城古称。

征,它是对灾民以往生活表象的选择性"挪用",它为自上而下的灾后重建附上民本的色彩。然而,这些细节并不意味着当地人仍可沿袭以往的生活方式或能在重建空间中迅速找到安全感。在列斐伏尔德定义中,它们仍是属于规划者的知识和意识形态的构想的空间中的一部分。

此外,在灾后重建与进步话语相结合的语境下,重建很容易陷入以"规划者迷恋的视觉盛宴和地方政府的辉煌为评价标准,而淡化人们的精神需求,中断人们与'地方'的连续"①。北川新县城规划中体现出来的传统与现代生活方式之间的矛盾和断裂并非规划者有意为之,只是现代技术所延续的是少数被指定的特色文化——这也是国内各类新建社区较为常见的现象,并未真正探讨入住者日常生活的逻辑。

地方性的构建过程涉及集体记忆元素的融合与嵌入,使得原本的物理空间转化为充满情感意义的场所,进而完整地展现出地方性的特质。比如,"空间中发生的各种关系、交往也以记忆的形式内化于空间中的每个个体之中,成为一种相对固定的、带有鲜明地方空间特征的文化样态,并成为人们的集体记忆和地方经验"②。新县城的落成使北川人在一夜之间实现了由灾民身份向居民身份的转变,相当一部分原本以从事农业活动为生计的北川人成为名副其实的城镇居民。但是关于以往生活的记忆和经验却是难以消磨的,北川人会带着根植于地方的集体记忆去适应新的物理空间,拿过去的经验来评判现在的空间,并将其中一部分记忆进行强化。正如刚入住新县城时,北川人的日常生活范围和习惯会被新的城镇空间及其管理影响,当他们与占道经营的摊贩初次"交锋"时,第一反应是摊贩不应该出现于新县城中。但人们很快便意识到摊贩的存在极有意义,"占道菜场"的存在不仅满足了他们对消费便利性的追求,也给予他们重回老县城生活的氛围。随即他们开始为摊贩发声并长期维护"占道菜场",从中体现出重建空间与生活经验的明显割裂。"占道菜场"是北川人从老县城或者更为久远的记忆寻找生活延续性的结果,更为现在所生活的"地方"提供经验和解释。可见物理空间的改变并不意味着北川人的思维也迅速"城镇化"。随着"场"之情境的逐渐形成,街道也随之有了特殊的意义,它作为一种当地文

---

① 夏少琼:《断裂与链接——灾后重建中关于地点的思考》,《贵州大学学报(社会科学版)》2011年第1期。
② 吕璟、潘知常:《再造居民——社会空间视角下拆迁安置房社区失地农民问题研究》,《南京社会科学》2018年第4期。

化中特有的消费和交往空间,帮助新县城与周边多地建立新的关系网,使以"场"为中心的传统生活模式得以持续和演化,颇具地方特色的相处模式也因"场"的形成而继续存在。在"场"的文化注入新的空间的同时,也使"占道菜场"成为北川人所认同的"地方"。"集体记忆不仅承载着个人与所属群体之间的文化型构关系,而且也是一种社会建构行为"[①],"场"是北川人与现代城镇空间形成的异质文化空间,展现出集体记忆在特定时空中的力量——只要有关"场"的记忆在,"场"就不会消失。

奥罗姆认为,地点(方)的意义就在于其不仅为个体提供了身份认同与社区归属,让我们明白我们是谁,我们属于哪个群体,还为我们提供了连续感,让我们知道我们的过去与现在,也了解我们所处社区的历史与未来,从而提供了我们所需要的安全和舒适感[②]。如今来"占道菜场"中卖菜的不再是县城周边村落的乡里乡亲,而是社会背景、籍贯、职业更为多元的群体,他们与北川人一起为温泉路开启新的定义;我们还可以发现集体记忆对社区秩序的影响,在地方政府或居委会的管理下,安置社区的交往与认同也体现出组织化倾向,社区广场空间逐渐成为人们日常交际的一个重心,带领北川人重新回到记忆中的生活环境中;最为隐蔽的"水厂"和最为开放的抗震纪念园的空间生成虽然都与北川人的特殊历史相关,但它们却生产出迥异的"地方感"——一个关联着未来、标志着旅游和休闲层面的抗震纪念园已然形成,而在当地人隐约的耳语中所流转着的创伤记忆则逐渐由一个关联着过去的空间所承载——"水厂"被人们倾注下关于老北川的怀念,它是老北川于新北川最为直白的在场。综上,集体记忆注入新的"地方感"的形成过程,也是一个地方实现再造的经验。

三、调适与协商:灾后异地重建下的日常生活空间实践

在中国政府的领导下,在国际国内社会的大力支持下,北川得以重建,北川人的身份也逐渐从"灾民"向"居民"转化。而就本研究看,灾后社会并非完全处于被动的接受状态中,灾民在接受外界"馈赠"和遭遇外界压力的同时,亦具备地方再造的能力,这种能力主要来自空间安全感的建立、集体记忆的激活和日

[①] 刘燕:《国族认同的力量:论大众传媒对集体记忆的重构》,《华东师范大学学报(哲学社会科学版)》2009年第6期。
[②] 安东尼·奥罗姆、陈向明:《城市的世界:对地点的比较分析和历史分析》,曾茂娟、任远译,上海人民出版社2005年版,第16页。

常生活实践三个维度,日复一日,年复一年,先验的空间秩序受到挑战和改变,地方感在一定程度上得以延续并演化,地方开启再造。因此,我们不能忽视北川人主体能动性的存在,尤其是他们日常生活中并未为重建空间、专家系统、地方政府所左右的部分。我们看到新县城只有少数城镇空间得以充分利用,北川人用身体于空间中不断调适和定位确立属于当地人的"生活流"①和"地方",也为自己新的身份归属描绘出愈来愈清晰的轮廓。

  日常生活与制度、权力、社会组织的种种互动、交锋常常是人文社会科学所关注的焦点。北川人于日常生活空间中的生活并非如规划者、管理者所预期般秩序井然,非正式的空间活动正构成了北川社会的"后台",这是内部的、不透明的。如果新的空间与北川人的感知和认识存在冲突,他们就会试图从身体实践层面改变该空间在生活中的意义。在新县城社区治理过程中,我们也看到了北川人的诸多反规训行为。比如,居民将原本种在绿地上的植物搬到了阳台的花盆里,或将衣服移到社区广场的健身器材上,等等。但北川人与地方政府的合作也是显而易见的,比如,虽然居民对于萨朗舞的日常训练呈抵制态度,但这并非是族群认同与否的结果,亦非蓄意与地方政府开展对抗,而是希望能改变日复一日的舞蹈练习,更好地实现休闲生活、兼职和社区邻里关系维系,更好地回归自己不被干扰的自在生活。同样为实现灾后北川社会的正常化,地方政府和北川人却产生不同的行为逻辑,最终广场舞与萨朗舞共存的局面则成为双方协商的结果。与此同时,地方政府也在调整治理策略,通过协调好各方的关系,以使各方意见最大化地被保留。由此可见,北川新县城作为极为特殊的城镇空间,作为"前台"之部分的城镇空间治理与作为"后台"的民众生活并非难以调和。当笔者在"占道菜场"做调研时,城管队长便数次提及北川人的特殊性,这种特殊性使他们更倾向于以协商而非命令的方式管理城镇空间。这些现象皆如赖立里等所论述般,"日常生活"是一个保持开放的世界/整体,它不必指向如"主体际性世界的意义"(现象学社会学)、"社会秩序"(常人方法学)、"资本主义异化"(日常生活批判)等总体性判断……而是要"坚持回到日常本身,目的是为了强调'生成于日常的政治'而不是'运用于日常的政治'"②。

---

  ① 俞坚把个人日常生活的空间轨迹称为"生活流",它由生活路径串联起来的各个节点组成,"当不同个人的生活流交织在一起的时候,就构成了一个社会的地方(微系统聚落)"(俞坚《孤岛与市集 杭州城市生活空间切片研究》,《新美术》2013年第11期)。
  ② 赖立里、张慧:《如何触碰生活的质感——日常生活研究方法论的四个面向》,《探索与争鸣》2017年第1期。

因此，灾后异地重建空间的建构需要基于长时段的观察和理解，它既是由自上而下的权力（包括中央政府、规划专家、地方政府）对物理空间层面进行协商、探讨的结果，也是被安置的居民对于规划空间的意义认知与生活实践中空间再生产的过程，它既伴随"地方"/空间建构出现的社会结构类别、差异和层级的固化[①]，也是居民社会交往、文化认同、集体记忆等对空间的型塑。朱竑等认为，本质上说，地方是一个和海德格尔的"栖居"视角联系在一起的概念，是人与空间产生出关系的结果，换言之，地方感是栖居实践的产物，人与地方是同构的[②]。北川人与北川新县城两者之间互构共生的动态联系，构建了他们新的生活样态和"地方感"。

北川新县城"地方感"的形成由空间安全感的建立、集体记忆和在地化日常实践这三个维度组成，"地方"在对人们的日常生活、身份认同、归属感、历史延续感等产生影响的同时，作为认同机制的一个重要部分，依托于特定的社会关系与实践领域而形成的"地方感"，能将人们的身份归属意识、社会集体记忆、精神价值投射再现于特定的空间场所与行动实践之中，以至于"重建'地方感'的努力已成为人们应对社会现代性转型的一项重要实践"[③]。从这个角度看，"地方"予人的安全感和静止感是相对的，"地方"也在不断变动中成为一个动态复合体，北川人于新县城"地方感"的形成也是一个动态协商的过程。

第二节　回应"地方—空间紧张"关系：对灾后重建的若干反思

通过对空间的改造，并向空间中填充文化内容，以实现地方社会的"现代化"，已成为中国政府社会治理惯常的做法。在灾后社会亟须救援和重建的要求下，具有庞大凝聚力和号召力的国家有责任和义务全力介入其中。而基于政治经济学考量的空间改造或再造过程中，国家权力、专家系统与地方社会发生

[①] 杨小柳：《建构新的家园空间：广西凌云县背陇瑶搬迁移民的社会文化变迁》，《民族研究》2012年第1期。
[②] 朱竑、钱俊希、陈晓亮：《地方与认同：欧美人文地理学对地方的再认识》，《人文地理》2010年第6期。
[③] 张原：《从"乡土性"到"地方感"：文化遗产的现代性承载》，《西南民族大学学报（人文社会科学版）》2014年第4期。

矛盾和冲突是较难避免的，在此背景下，"地方—空间"关系易趋向于紧张化。正如郑少雄在对内蒙草原社区的空间过程和地方再造现象研究时指出："为了实现内部匀质性，民族—国家对社会生活进行重组，如重新划分政区，以自然特征而非社会联系对其重新命名，改造生产、生活方式……通过自上而下的政治过程，民族—国家将新的空间感和地方感强加给了内部的不同地方"①，从而造成"空间—地方紧张"关系。如何看待这种紧张关系？需要采用自下而上和自上而下两种视角去理解。

一、有关"国家空间"的社会想象

北川新县城作为汶川地震后唯一一座异地重建的县城，一直被中国政府视作中国灾后重建的代表性成果。在无数官方话语中，北川重建成果顺理成章与社会主义制度优越性画上等号，北川新县城成为展现政治制度优越性的窗口。在北川重建时期，大到行政部门、文体场馆等建筑的选址和设计，小至街道命名、绿地植被选择，都从政府部门和国内外各学科知名专家的无数次讨论中诞生。在有关北川新县城建设的宣传中，"专家""学者"是出现频率极高的词汇。各类媒体均在报道中大方展示设计建筑单位的名称、级别以及设计规划者的头衔、资历，明示北川新县城建设规格、质量与一般城镇空间的不同，其背后是全国范围内规划设计领域的一次竞标动员，是举国之力造就的建设精华所在。吉登斯指出，对于现代社会而言，专家系统是一种脱域机制，它附带着一种信任态度②。这种信任建立在现代社会对于科学知识的信任。因此，大量知名专家学者全程参与的新县城建设，自设计规划时便被赋予种种发展性期待。

地方政府作为新县城的主要管理者，其空间管理实践与新县城总体规划路线一脉相承，并由自上而下设置的系列发展政策所限定。罗伯特认为，灾后社区并不处在一个社会或政治的真空中，社区的恢复能力与该地区的政治文化（即型塑和巩固当地政治权力的因素）休戚相关③。可以说，地方政府的主要工作之一便是维护新县城物理空间成果。当中央政府以及全国省、市、县级政府人员前来北川调研、交流时，每一处空间都有其固定的叙事模式，从而引导人们

---

① 郑少雄：《草原社区的空间过程和地方再造——基于"地方—空间紧张"的分析进路》，《开放时代》2013年第6期。
② （英）安东尼·吉登斯：《现代性的后果》，译林出版社2000年版第18～32页。
③ Roberto E. Barrios：《"在这里，我生活的并不舒服"：人类学视野下的社区恢复能力》，高朋、张巧运译，《思想战线》2015年第2期。

重新回顾和品味灾后北川重建那段令人难忘的历史。当然,地方政府可能会对空间面貌及其使用思路进行细微的调整,如通过申请改变原规划中某类用地的用途,或是将安置社区内的某处景观小品空间改造为社区广场等,并不影响新县城物理空间初始设定的基本面貌。

更为具体的城镇空间管理工作则主要由社区层面的工作人员负责。为了维护物理空间的基本面貌,自安置居民入住起,居委会就不间断地开展各类宣传,动员居民共同参与社区生活秩序的维护和各类社区活动中,以较高的要求来加强对社区的管理。此外,社区居委会还建立了"社区—网格员[①]—小组长—楼长"管理组织架构,设置专门的人员负责进一步落实政府和居委会安排的各项工作。比如,哪里有人烧秸秆、哪里有乱停车现象,都会由组长或网格员个人采取柔性化措施对此进行管理和干预。

这种如福柯描述的"层级监视—规范化裁决—检查"[②]的层级化、立体式管理模式对维护新县城的物理空间建设成果十分有效,从中衍生出来的各种权力不断向下渗透,直接参与到居民的"地方感"塑造中。比如,"国家"等尺度,以不同权力的形式进入北川人的空间认知中,并成为他们关于北川新县城"地方感"的重要组成部分。列斐伏尔认为,"空间的再现"既是意识形态性的,也是知识性的[③]。新县城的建成成为北川快速城镇化的契机,同时意味着北川人将与大量乡土的、传统的事物切割。比如,北川一位居民在迁居前特意询问干部,新县城安置小区楼下空间可否用来养鸡养猪,对于她而言,耕地和养鸡是生活中不可或缺的组成部分,而这样的提问被北川的干部视为"不可思议",这位居民因此受到奚落:"楼下当然用来开商铺了,养猪?我们马上要过上城里人的生活了!"在北川人看来,新县城与老县城的"层次"是不一样的。再比如,北川人在老县城的冬至祭祀活动中,通常会在房前屋后的空地上烧纸烧香,但在新县城,北川人自己便主动会选择去隐蔽的空间烧纸,这也意味着"国家使我们进步了数十年"之语不仅是北川人对新县城物理空间的感受,更是他们在日常空间生产过程中所收获的经验总结。

通过对北川日常生活空间的分析可知,看似已恢复正常生产生活数年之久

---

① 居委会将本辖区分成若干网格,包括居住区、绿化带、工业区、旅游区等,选聘社区居民担任网格长。
② (法)米歇尔·福柯:《规训与惩罚:监狱的诞生》,刘北成、杨远婴译,生活·读书·新知三联书店2003年版。
③ (法)列斐伏尔:《空间与政治》,李春译,上海人民出版社2007年版,第24页。

的灾后社会,其内部运行结构仍不免受到灾后社会治理逻辑的影响,北川新县城城镇空间管理生态或可被视作灾后管理逻辑的一种延续,而这样的管理模式很大程度上源自地方政府关于县城定位的认知。在前文对于日常生活空间的分析中,无论是当地政府官员或是普通民众,话语中时常隐含着一种外界视角对新北川的期待。更准确地说,新县城城镇空间的维护动力并非仅源于地方政府或当地人对于地方发展的自我要求,更包含当地人想象中的外界视角对北川的"要求"。一方面,现代灾害通常会受到地方、国家或国际的紧急援助,而最后这却会成为压力和变化的一种源头[1]。在当地人的叙述中,北川不仅是四川省绵阳市辖区内的一个县城,更是中国灾后重建对外展示的窗口或中国式灾后重建的典型工程。尤其对于地方官员而言,国际社会、中央至各级政府、游客等主体均是潜在的北川灾后管理的评判者或监督者,而灾后至今从不间断的访问交流活动也在不断深化当地官员对于县城特殊性的认知。因此,保证重建空间的初始外观和既定的空间秩序也是一项政治任务。另一方面,对于规划空间权威性的认知也对北川新县城的空间生产构成重要影响。比如,安置社区中缺乏足够的公共厕所,被当地人视为重建空间中的缺陷,无论是居委会工作人员还是普通民众皆抱怨,在老县城哪里都能找到厕所。但在新县城,人若是内急,则多返家中如厕。至于为何这一缺陷长期未能解决,他们都指出无论在新县城修建什么建筑,必须通过层层审批,上报绵阳市、山东省相关单位,还需中规院对此进行评估,地方政府根本没有权力过问。在笔者与住建局领导的访谈中,虽然对方认为这一说法略显夸张,但并未否定其真实性。

  上述现象中既体现出新县城的特殊性,也反映出现实世界的规则和资源(新县城之特殊性)为当地人的认知和想象提供了实在的行动基础和存续空间。查尔斯·泰勒指出,社会存在自我理解的方式,尤其是"社会想象"被大多数人所共享,他认为"社会想象是普通人对他们周围的环境进行想象,而这往往不以理论的形式表达,而主要体现于意象、故事、传说之中……(并)使得共同实践成为可能的共同理解"[2]。孟芳进一步指出:"任何特定历史阶段的社会想象都是极为复杂的,它既蕴含了社会成员共同享有的规范性期待感,又促使他们在这种期待感之下,形成对社会生活集体实践的共同理解。这种共同理解具有双重

---

[1] 安东尼·奥利弗-斯密斯:《人类学对危险与灾难的研究》,彭文斌译,《西南民族大学学报(人文社会科学版)》2014年第1期。

[2] Charles Taylor, A Secular Age, The Belknap Press of Harvard Press, 2007, 172.

特征,包含着规范性与事实性两个层次。"①社会想象作为连接个体能动性与宏观社会建构的桥梁,通过社会建构的实践构筑了现实社会,并且在某种程度上,成为人们建构现实社会的思想基点。正因为存在这种共同理解,专家系统以及对于外界眼光的想象深刻影响着北川社会对于规划空间的认知,也使得较为严格的城镇空间管理具有充分正当的且易为北川民众所理解的理由和解释。

在此背景下,专家系统和社会想象既是公共权力实践的起点,并转化为施行于日常生活空间的微观权力,也为北川人身心所内化,逐渐成为他们对于新县城物理空间的认知。当然,在前面章节的分析中,地方政府既是空间规则的具体设定者,也处于各类权力的拉扯中。管理者们既要满足外界对于北川的种种想象,也会面临民众于日常生活空间的细微"抗争"。无论是在温泉路、抗震纪念园,还是在社区广场,空间表征都在经年累月间发生着变化。可见国家权力的深入和施行,并不意味着北川人丧失空间生产中的能动性,一些关于日常生活空间的管理和监视并不能持续奏效,北川人也通过生活实践来形成自己对于日常生活空间的解释和定义。

二、基于灾后空间重建之上的地方再造

在"国家单方面介入"②的重建模式下,灾后社会的"脱域化"似乎很难避免。张原认为,灾后重建是要让经历了灾难创伤的社区在灾后尽快且有效地建立其社会的弹性机制以及生活世界的持续性,应在一个极其开放的脱域化的社会关系情景中,重建地方的能动主体性③。这一看法为灾后生活指出一个理想的状态。灾后重建及其后续影响可被视作北川人"地方感"形成过程中的最大变量。十年间,北川人既承受了巨大的灾难和痛楚,更受到前所未有的关注,这类特殊的地方历史以及重建背景的"特殊性"依然影响着整座新县城,并间接参与到他们"地方感"的型塑中,成为他们评价北川的重要维度。地震十周年之际,笔者经人介绍来到禹龙社区居委会实习,那几日,"同事们"经常站在居委会门口"盯梢",见到路边陌生面孔就会心生警惕,他们担心会有不怀好意的人员

---

① 孟芳:《查尔斯·泰勒:"现代性社会想象"概念评析》,《哲学动态》2013 年第 8 期。
② 林宗义等认为,这种"强外力介入、弱社区网络"的灾后重建类型在短期显得很有效率,从长期发展来看,却往往不能避免的会阻碍地方社会网络与公民社会发展(李宗义、林宗弘《社会韧性与灾后重建:汶川地震中的国家与地方社会》,《东亚研究》2013 年第 2 期)。
③ 张原:《中国人类学灾难研究的学理追求与现实担当——生活世界的可持续性与弹韧性机制的在地化营造》,《西南民族大学学报(人文社会科学)》2016 年第 9 期。

进入北川"生事",从而造成不良影响。需要指出,当地人对外界普遍抱有防备和警惕的心理,很多北川人在了解笔者的身份和来北川的目的后,也会提及他们所认识的大学教授、博士生、记者等,甚至能清晰地说出这些人的单位。当然,他们中的很多人并不喜欢成为受访对象,一是不想自揭伤疤,二是怕交流不当引发不必要的麻烦。在这来来往往中,北川新县城作为"地方"之特殊性愈发凸显。汶川地震十周年纪念日当天,禹龙社区居委会某工作人员感叹道:"迎接地震十周年(的工作)忙完,外面应该不会再这么关注北川了,我们工作估计也要轻松一些了。"这句话是其对北川未来发展和北川人未来生活环境的预判,即外界关注的减少将有可能导致接待工作、社区发展任务强度的降低,他们工作量也将随之减少,北川人将迎来更为轻松自在的生活环境。

尽管中央政府、地方政府为帮助北川经济社会发展提供了大量优惠政策,社会各界也持续为北川发展出谋划策、出钱出力。然而十年余间,北川的经济社会发展依然处于一个较为落后的状态。当地不少人选择南下,去绵阳市区、绵阳市安州区或者成都市区生活和工作。因此,从建设、振兴地震灾区这一长时段角度看,北川与外界之间的互动往来或许还会持续很长时间,当地人早已习惯各类大型活动、会议因"国家照顾"而来到北川举办,灾后社会特殊的"地方感"或许将持续下去。此外,外界关注和帮扶也构成北川人"地方感"中积极的一个维度,即"我们这里是全世界都关注的"。因此,民俗学、人类学在考察灾后重建社会"空间—地方"关系时,必然要将这类变量纳入重点讨论的范畴中。

以往研究在讨论"空间—地方"关系时,容易陷入对空间及其生产的一味批评,这种批评既由人文地理学的空间批判惯性所致,如段义孚指出空间是"危险的",而"地方"是"安全的";也是人文社会学科基于人本主义观念对于地方社会空间、地方情感等维度流露出来的感性支持,且研究者总是倾向于美化和粉饰过去,将大量地方社会想象为一个不受外界干扰的乌托邦,从而指出现代性和全球性对地方特征的抑制,无法抵抗地被卷入"千地一面"的空间同质化生产进程中。

大量灾后重建研究表明,中国政府主导下的空间生产是最为必要和及时的。正如本研究所调查的北川社会一样,几乎每位北川人都会一再表达对国家主导下空间重建的赞赏,这种"进步"虽然表达出目前当地生活状态与城镇空间的种种不匹配,也暗含着对新、老县城空间面貌强烈对比的感叹。因此,民俗学、人类学在进行"空间—地方"关系研究时,需要突破固化思维,打破"空间生产"与"地方再造"之间的对立逻辑。国家作为常见的城镇空间生产者,其并非以消灭"地方"的独特性为主要目标,而是社会快速发展与"地方感"平稳延续之间总存在着一些不可避免、难以调和的矛盾。尽管北川人于新北川的地方再造在很大程度上受其过往生活的影响,但并不意味着北川人要完全回到过去。因此,研究者还需考察另一个问题,即地方社会以往的、既有的"地方感"的具体维度及其价值所在,以便灾后重建时作参考。

综上,灾后重建以空间再造还是以地方再造为导向,这涉及灾后发展持续性问题。一方面,从国家层面看,需要加强对灾后社会的调研,细化灾后重建工作,促进灾后空间重建成果与地方社会需求达成一致。另一方面,需要民俗学、人类学者进行持久的、定点的调查,发现"空间—地方"关系背后所隐藏的种种社会问题,从而为未来灾后重建提供参照。同时,地方再造和"地方感"的形成也不完全来源于地方社会于固定空间范围内的日常生活实践,其与外界互动过程也至关重要。当然,我们仍需以自下而上的微观视角理解灾后重建社会的"空间—地方"关系,考察地方社会日常生活之上的地方型塑过程,只有这样才能更好地发掘地方社会存与续的价值,以弥补权力、资本层面空间生产的种种不足。

第三节　研究展望与不足之处

本研究通过对北川重建后社会现实的呈现与梳理,讨论了灾后社会地方型塑的基本逻辑及其实现机制。本研究对于灾后社会地方型塑现象在现实层面的民俗学探讨,以及有关日常生活空间的民俗学研究,也可能具有相关的研究贡献。作为一项初步的探索性研究,本研究在理论论证和经验材料的运用上,存在一定的问题,有待后续的改进和提升。

一、研究展望

在人文科学的浩瀚星空中,"地方"这一概念犹如一颗璀璨的行星,自美国地理学家怀特(John Wright)于1947年首次将其提升至人文地理学的核心地位以来,便不断照亮着人类对自身存在环境的深刻理解与情感寄托之路。怀特将"地方"定义为"承载主观性的区域"①,这一界定不仅揭示了地理空间与个体情感之间的微妙联系,更为后续的研究者开辟了一片广阔的学术田野。

20世纪下半叶,西方资本主义社会在经历了战后的重建与繁荣之后,逐渐步入了发展的瓶颈期。福特主义生产模式的高效与标准化,在推动经济快速增长的同时,也埋下了结构僵化的隐患。随着这一模式的衰退,后福特主义应运而生,它强调灵活性、创新性与个性化,却也带来了经济波动、社会不平等加剧等一系列问题。在这一转型的阵痛中,西方社会面临着前所未有的经济停滞与社会矛盾激化,迫切需要新的理论框架来解析并应对这些挑战。

正是在这样的背景下,人本主义地理学以其独特的视角和深邃的洞察力,将"地方"这一概念重新拉回了学术舞台的中央。段义孚等学者强调,地方不仅仅是地理坐标上的一个点或一片区域,更是人类情感与文化意义的载体,是连接过去与现在、个体与社会的桥梁。在这一过程中,空间被赋予了丰富的文化内涵,从而转化为充满生命力的地方,为人们提供了安全感的港湾和归属感的源泉。

(一)流动中的地方感

对于灾后移民而言,"地方感"的建构尤为复杂而微妙。他们身处异乡,面对着"我者"与"他者"的界限划分,以及"这里"与"那里"的时空错位。这种特殊的身份背景使得移民在寻找地方感的过程中,不仅要面对物理空间上的适应与融入,更要经历心理层面上的身份重构与认同危机。然而,正是这种挑战与困境,激发了灾后移民对地方更加深刻、更加多元的理解与体验。他们通过创造新的文化符号、参与社区活动、建立社交网络等方式,不断在异乡寻找并塑造属于自己的地方感,从而实现对新身份的认同与归属。

进入20世纪90年代,全球化的浪潮以前所未有的速度席卷全球,对地方的意义与价值产生了深远的影响。一方面,全球化促进了资本、信息、人员的自由流动,使得地方之间的差异逐渐缩小,呈现出一种"无地方性"的趋势。这种趋势让人们对地方的真实性和独特性产生了质疑,担心全球化会消解地方的文化特色与身份认同。然而,另一方面,全球化也为地方感的重塑提供了新的可

---

① John Kirtland Wright, Terrae Incognita. The Place of Imagination in Geography, Annals of the Association of American Geographers, 1947, 37.

能性。随着身份政治在文化地理学议题中的回归,学者们开始关注地方的建构性、多样性和流动性。他们意识到,地方并非固定不变的实体,而是随着历史、文化、社会等因素的变迁而不断被重构与再生产的。因此,灾后移民在全球化背景下所经历的地方感变化,不再仅仅是"这里"与"那里"的简单对立,而是更加复杂、更加动态的过程。

如果将灾区异地重建事件放到更大的语境中看,它试图连接当代社会所表现的流动性的议题。如今,世界上数以亿计的人口远离其出生地,不同民族、不同地域、不同生活背景的人类共同形成一个流动社会。与西方发达国家相比,中国正处于快速城镇化、现代化、全球化的进程中,人口流动亦是中国社会的常态,城镇化、现代化和全球化的交织使得绝大多数中国人都会面临地方感问题,有关中国社会地方感也更具独特价值。

当地方以及地方感的流动成为学界共识以及常识,这意味着社会主体的地方依恋和地方认同将始终处于进行时。与此同时,不断流动的个体与社会群体所产生的地方感趋向多样化。比如,不同时间进入特定城市的人,形成的地方感会存在差异,有些人会逐渐融入城市,有些人则难以与城市建立深厚的联系,其关于城市的地方认同消极且抽象。又比如,现代人甚至不再将地方认同视为生活中的必要属性,而只有当地方与人们的生活方式一致时,地方的价值才会出现。因此,如何理解流动性中的地方建构,这将成为空间、地方研究中的新命题。

灾后社会的地方型塑实际上也是现代性语境下地方社会生活方式和社会观念变动的过程。就新北川来说,因灾而开启的大规模异地重建所导致的异地迁徙完全不同于传统社会,建筑环境和灾后社会的互动充满了新老两座县城文化之间的调和与协商,因而我们从灾后移民所形成的地方感中,看到种种不确定性和流动性所在。一方面,它不同于很多城市移民地方感研究中所出现的"无地方性",而是在给定的空间对过去进行创造,重建了家的感觉,与故乡再建联系。另一方面,北川人新的地方感的形成始终处于进行时,包括北川社会外部环境发生的翻天覆地的变化,不断促成北川人与外界的交往增多,从而导致其地方感的流动。在此背景下,作为中国灾后重建标志的北川新县城不仅仅成为"中国北川",它更在一定程度上实现了北川新县城地方感的产生和整合。以上不断提醒我们注意中国社会语境的独特之处,不同受灾社会与外部环境必然产生多样化联系。当然,不同类型的灾后重建模式也必然导致生成差异性极强的地方感,中国灾后社会样本的丰富性可见一斑。对此,未来研究应逐渐趋向于系统化视角,对"地方"建构本身开展更多反思。

(二)探求灾害事件背后的"常识体系"

2008年的"5·12汶川特大地震"给中国带来了巨大的生命和财产损失,也引发了全球范围内的紧急救援和举国体制下的灾后重建。这一事件不仅给我们留下了深刻的记忆,也推动了自然科学和社会科学诸视角的研究。然而,在应用人类学意义的灾害研究中,虽然出现了不少有价值的成果,但在展示灾害文化丰富面向的同时,也暴露出研究成果与现实应用之间、传统解释偏向与灾害现实变动之间的衔接略显松散的问题。这主要体现在以下几个方面:一是研究成果往往过于理论化,缺乏实际操作性和应用性;二是传统解释往往偏向于对灾害的单一解释,无法全面反映灾害的复杂性和多样性;三是研究成果与现实应用之间的衔接不够紧密,无法有效地将研究成果转化为实际应用。

相对于自然科学的较为单纯的灾害数据处理,社会科学的介入无疑为我们提供了更广阔的研究视角。无论是社会学、心理学、民俗学、历史学还是人类学,都将面对一个异常复杂、多义、重层的灾害事象。为了弥补这一不足,我们需要更加深入地研究灾害过程,注重民族志的积累。在灾害民族志的研究中,樱井龙彦以民俗学的灾害观念为时间轴,将灾害民俗分为原因论、预防论、救济论三个阶段。这一研究为我们提供了理解灾害文化的重要视角,也揭示了民俗文化在生活历史资料中的重要地位。民俗文化作为灾害文化的重要组成部分,不仅反映了人们对灾害的认知和应对方式,也体现了人们的社会价值观和生活方式。通过对民俗文化的深入研究,我们可以更好地理解灾害对社会和文化的影响,以及人们在灾害中的行为和心理变化。

在灾害研究的过程中,我们还需要注意到文化多样性现象的重要性。特别是对于处于社会转型期的中国社会而言,文化多样性现象尤为突出。以西南民族地区为例,其自然生态与文化生态与中国其他地区有着广泛的差异,其内部亦呈现出多样的文化面貌。这就意味着中国灾害研究的理论和经验必然带有相当复杂的在地化特色。因此,我们必须深入地方社会,寻找灾害与社会变迁的碰撞点,才能解决中国灾害研究的在地化问题。

历史上的西南民族地区包括云南、广西、贵州三省与四川西南部等地。本次研究的对象主要以四川北川为主。北川地区相对偏远落后,所处环境多为高山、丘陵、盆地地带,灾害类型多样且多发。在漫长的历史发展过程中,该地区积累了大量且多样的禳灾、应灾、救灾经验,在灾害文化研究中具有特殊的区域代表性。通过对北川地区的深入研究,我们可以了解到该地区在灾害应对方面的独特经验和策略以及社会支持系统的运作方式。由传统社会向现代社会转型时期,北川地区灾害文化的变迁表现得尤为明显。以往的应灾知识、经验、记忆在被传承的同时也在不断被更新,从而形成非常复杂且生动的灾害文化图景。就既往研究和调查来看,民族地区时常显现出与现代科学逻辑相左的地方应灾文化。然而,这些地方灾害文化却往往也并不排斥"科学的"应灾文化逻辑。它们共同为地方社会提供有效的应灾经验,包括传统灾害解释框架和"科学的"现代防灾减灾知识如何在日常生活中结合,成为地方社会的应灾经验、知识和表现,这也引发了我们对于灾害常识体系形成背后的社会逻辑的思考。

灾害文化作为一套知识经验与道德传统的意义集合体,其本身就包含了太多应对防范灾害风险的智慧经验,这些经验对于当下的灾害治理具有积极意义。然而,国内的实证研究多注重本土传统经验智慧的阐释,却缺乏对灾害文化与技术手段(如防灾减灾技术、手段和政策)以及地方社会现代化进程之间有机衔接的关注。因此,未来的研究还应注重析出生活世界中颇具应用价值的灾害常识体系,为韧性社会的营造提供有效帮助。为了实现这一目标,我们需要采取多种研究方法,包括田野调查、口述历史、案例分析等。通过田野调查,我们可以深入了解灾害发生时的社会动态和人们的真实体验;通过口述历史,我们可以收集到大量关于灾害的民间记忆和口述资料;通过案例分析,我们可以对具体的灾害事件进行深入剖析,提炼出具有普遍意义的灾害应对经验和策略。

此外,我们还需要注重跨学科的研究合作。灾害文化研究是一个涉及多个学科的复杂领域,需要不同学科的专家学者共同合作,才能取得更加全面、深入的研究成果。因此,我们应该积极寻求与其他学科的合作机会,共同推动灾害研究的发展。

综上所述,灾害文化研究的探索与发展是一个长期且复杂的过程。我们需要不断深入实地进行研究,关注灾害过程中的社会动态和人们的真实体验;同时,我们也需要关注文化多样性现象的重要性,并注重灾害文化与技术手段以及地方社会现代化进程之间的有机衔接。只有这样,我们才能更好地理解和应对灾害带来的挑战与机遇。在未来的研究中,我们应该继续深化对灾害文化的理解,探索灾害与社会、文化、技术等多方面的关系,为制定更加科学、有效的灾害对策和防灾措施提供有力支持。

二、不足之处

回顾本研究的写作和研究结论的形成,仍然存在着诸多局限:一是基于笔者对于受灾社会地方重塑过程的考察发现,北川人新的地方感的形成表现出对于对外交往、流动和在地化生活的同时参与。从长时段来看,灾后社会地方重塑过程可能伴随着受灾社会与周边地区不断往返的经验。由于受到调查地点的限制,笔者主要根据受灾人口现居社区来考察地方感和地方重塑过程,这在一定程度上遮蔽了周边地区对受灾人口的影响。如何通过研究方法的创新,开展更大范围的调研,并对地方型塑开展共时性的考察,需要在未来的研究中进一步探讨。二是关于地方感形成的判断基于特定场景中调研得出,而关于受灾前地方社会的信息多由访谈得出,难以与受灾后的信息形成较为有力的对比,从而造成本研究在历时性层面存在一定的缺憾,亦提醒今后的研究,需要尽早进入受灾社会,并尽可能延长对于受灾社会的观察实践,从而掌握更为全面的信息,得出更为精准的结论。三是本研究存在样本代表性的问题。由于本研究围绕"空间—地方紧张"关系展开探讨,所观察和访谈的人群相对复杂,还需要对人群进一步细分,关注不同个人和社会群体关于地方的解读和建构,比如说,男性与女性、青壮年群体与老年群体对于地方认同会存在一定的差异。那么,差异化的地方感是如何形成的?这些差异对地方型塑会产生怎样的作用?本研究已关注到样本的局限性,并试图对不同个体和社会群体加以解读,但未能获得完整的抽样框,需要今后开展深入研究。

未来灾害文化的一系列研究仍然需要进一步扩展到更大的议题讨论中来,比如中国灾后重建模式的相关问题。如果从 21 世纪至今灾后重建的结果来反观中国重建模式,重建成果与人的需求之间显然存在两个方面的不匹配:一是高规格、快速度的重建模式未必完全贴合受灾社会的恢复能力和恢复速度,这类重建模式或许更适合经济发达地区,而经济欠发达地区则需要经历长时段的磨合,方能应对外界经济、文化带来的冲击,从而增加了灾后重建的隐性成本。二是自上而下的灾后重建模式需要迈向社会政策的组合视角,要促进灾后重建中利益相关方的全面参与。受灾社会对于重建空间的敏感与不适是灾后重建背后问题的折射,如何通过利益相关方的全面参与推动相对平稳和温和的地方重塑进程仍需进一步研究。具体而言,需要给予一系列对当地的赋权过程,包括财政的支持、文化的赋能、资源的重组,将后灾害时期的社会发展与受灾时期的社会重建置于同等重要的位置。在灾后重建语境中,重建不仅要关注"看得见"的工程,也要关注"看不见"的工程;在大规模的灾后重建语境下,应转向于人与过去、现在、未来关系的重建;不仅要对灾后重建作重新定位,也需要在行动上进行积极探索,需要建立一种国家与地方的合作关系来处理灾后重建中的公共空间事务的体制和机制。灾后重建更多的反思在于不仅关注地方的获得过程,更要以地方社会的获得感作为重建目标等,这一系列问题均有待后续研究进一步探索。

参考文献

一、中文著作

[1] 安东尼·奥罗姆,陈向明.城市的世界：对地点的比较分析和历史分析[M].曾茂娟,任远译,上海：上海人民出版社,2005.
[2] 安东尼·吉登斯.现代性的后果[M].南京：译林出版社,2000.
[3] 巴赫金.巴赫金全集[M].石家庄：河北教育出版社,1998.
[4] 包亚明.现代性与空间的生产[M].上海：上海教育出版社,2003.
[5] 北川县地名领导小组.四川省北川县地名录[M].四川省北川县地名领导小组编印,1987.
[6] 北川县人民政府.北川年鉴[M].2010.
[7] 北川新县城工程建设指挥部.北川羌族自治县新县城建设志[M],2013.
[8] 蔡文川.地方感：环境空间的经验、记忆和想象[M].台北：丽文文化出版社,2009.
[9] 戴维·英格利斯.文化与日常生活[M].张秋月,周雷亚译.北京：中央编译出版社,2010.
[10] 邓卫编.清华史苑[M].北京：清华大学出版社,2011.
[11] 段义孚.空间与地方：经验的视角[M].王志标译.北京：中国人民大学出版社,2017.
[12] 格尔茨.文化的解释[M].韩莉译.南京：译林出版社,1999.
[13] 埃德蒙德·胡塞尔.欧洲科学危机和超验现象学[M].张庆熊译.上海：上海译文出版社,1988.
[14] 克雷斯维尔.地方：记忆、想象与认同[M].徐苔玲,王志弘译.台北：台北群学出版有限公司,2006.
[15] 李铭陶,何玉如.创作·理性·发展：北京市建筑设计研究院学术论文选集[M].北京：中国建筑工业出版社,1999.
[16] 亨利·列斐伏尔.空间与政治[M].李春译.上海：上海人民出版社,2007.
[17] 马克·格兰诺维特.镶嵌：社会网与经济行动[M].罗家德译.北京：社会科学文献出版社,2007.
[18] 米歇尔·德塞托.日常生活的实践 1.实践的艺术[M].方琳琳,黄春柳译.南京：南京大学出版社,2009.
[19] 米歇尔·福柯.规训与惩罚：监狱的诞生[M].刘北成,杨远婴译.北京：生活·读书·新知三联书店,2003.
[20] 绵阳市地方志编纂办公室.绵阳市志(1840—2000)[M].2009.
[21] R.J.约翰斯顿.人文地理学词典[M].柴彦威,唐晓峰译.北京：商务印书馆,2004.

[22] 施坚雅.中国农村的市场和社会结构[M].史建云,徐秀丽译.北京:中国社会科学出版社,1998年.
[23] 孙江.事件·记忆·叙述[M].杭州:浙江人民出版社,2004.
[24] 王笛.跨出封闭的世界:长江上游区域社会研究(1644—1911)[M].北京:中华书局,2001.
[25] 王海燕.共同体的生命之流:岷江上游羌族社区的灾难人类学[M].北京:民族出版社,2018.
[26] 王明珂.羌在汉藏之间:川西羌族的历史人类学研究[M].北京:中华书局,2008.
[27] 王晓葵,何彬.现代日本民俗学的理论与方法[M].北京:学苑出版社,2010.
[28] 巫鸿.中国古代艺术与建筑中的"纪念碑性"[M].李清泉,郑岩译.上海:上海人民出版社,2009.
[29] 吴晓燕.集市政治交换中的权力与整合:川东圆通场的个案研究[M].北京:中国社会科学出版社,2008.
[30] 杨国枢.本土心理学研究(一)[M].台北:桂冠图书公司,1993.
[31] 杨念群.空间·记忆·社会转型:"新社会史"研究论文精选集[M].上海:上海人民出版社,2001.
[32] 杨钧衡等修,黄尚毅等纂.《北川县志》[M].1932.
[33] 章有义.中国近代农业史资料[M].北京:生活·读书·新知三联书店,1957.
[34] 赵兴武.羌地北川[M].成都:四川科技出版社,2016.
[35] 中国城市规划设计研究院,中国建筑设计研究院.建筑新北川[M].北京:中国建筑工业出版社,2011.

二、中文期刊

[1] 安东尼·奥立佛-斯密斯.灾难的理论研究:自然、权力和文化[J].纳日碧力戈译.彭文斌校注.西南民族大学学报(人文社会科学版),2011(11).
[2] 安东尼·奥利弗-斯密斯.人类学对危险与灾难的研究[J].彭文斌译.西南民族大学学报(人文社会科学版),2014(1).
[3] 安东尼·奥立佛-史密斯.当代灾害和灾害人类学研究[J].陈梅译.彭文斌校.思想战线,2015(4).
[4] 毕向阳,马缨.重大自然灾害后社区情境对心理健康的调节效应——基于汶川地震过渡期两种安置模式的比较分析[J].中国社会科学,2012(6).
[5] 常建华.清代乾嘉时期的四川赶场——以刑科题本、巴县档案为基本资料[J].四川大学学报,2016(5).
[6] 陈国兴.纪念碑空间的向度形态与崇拜行为探析[J].美术学报,2017(1).
[7] 陈亮.以势谋地:移民的城市生存空间和生计策略[J].广西民族大学学报(哲学社会科学版),2018(1).
[8] 陈兴龙.羌族萨朗的价值及保护和利用[J].西南民族大学学报,2010(2).
[9] 陈映芳."违规"的空间[J].社会学研究,2013(3).
[10] 陈蕴茜.纪念空间与社会记忆[J].学术月刊,2012(7).

[11] 陈振羽,魏维,朱子瑜,孙彤.可持续规划理念在北川新县城总体规划中的实践[J].城市规划,2011(S2).
[12] 崔恺,李晓江,朱子瑜.对谈：灾后十年 回望北川[J].建筑学报,2018(6).
[13] 代迅.广场舞：意识形态、审美文化与公共空间[J].西南民族大学学报(人文社会科学版),2015(11).
[14] 董晓霞,毕翔,胡定寰.中国城市农产品零售市场变迁及其对农户的影响[J].农村经济,2006(2).
[15] 方长春.中国城市居住空间的变迁及其内在逻辑[J].学术月刊,2014(1).
[16] 耿波,张安琪.何谓地方：现代性视野中的"地方"思想[J].民俗研究,2015(5).
[17] 侯锋.农村集市的地理研究——以四川省为例[J].地域研究与开发,1987(2).
[18] 黄静华.生活叙事："敞开"和"共情"的民俗研究[J].民族艺术,2018(2).
[19] 黄晓星,郑姝莉.作为道德秩序的空间秩序——资本、信仰与村治交融的村落规划故事[J].社会学研究,2015(1).
[20] 黄子懿.北川：一个县城的今生与前世[J].三联生活周刊,2018(19).
[21] 蒋彬.对口援建与羌族文化重建——以山东援建北川为例[J].民族学刊,2012(1).
[22] 赖立里,张慧.如何触碰生活的质感——日常生活研究方法论的四个面向[J].探索与争鸣,2017(1).
[23] 李耕.低收入群体的社会学视角及其对空间设计的启示[J].世界建筑,2018(8).
[24] 李剑.制定单行条例规范民族自治地方城市管理的问题研究——以北川羌族自治县城管立法为例[J].西昌学院学报(社会科学版),2018(1).
[25] 李培林.巨变：村落的终结——都市里的村庄研究[J].中国社会科学,2002(1).
[26] 李如铁,朱竑,唐蕾.城乡迁移背景下"消极"地方感研究——以广州市棠下村为例[J].人文地理,2017(3).
[27] 李溪.段义孚人文主义地理学的哲学视野[J].人文地理,2014(4).
[28] 李烊,刘祖云.拆迁安置社区变迁逻辑的理论解释——基于"制度—生活"的分析框架[J].南京农业大学学报(社会科学版),2016(6).
[29] 李永祥.灾害管理过程中的矛盾冲突及人类学思考[J].云南民族大学学报(哲学社会科学版),2013(2).
[30] 李宗义,林宗弘.社会韧性与灾后重建：汶川地震中的国家与地方社会[J].东亚研究,2013(2).
[31] 林敏慧,保继刚.城市广场舞休闲研究——以广州为例[J].旅游学刊,2016(6).
[32] 刘琪.族群归属与社区生活——对一个云南小镇"藏回"群体的人类学研究[J].青海民族研究,2013(1).
[33] 刘铁梁.感受生活的民俗学[J].民俗研究,2011(2).
[34] 刘燕.国族认同的力量：论大众传媒对集体记忆的重构[J].华东师范大学学报(哲学社会科学版),2009(6).
[35] 卢旭阳.合法性基础、行动能力与灾害干预中的政府行为——以汶川地震灾后快速重建为例[J].思想战线,2015(3).
[36] 陆益龙.从乡村集市变迁透视农村市场发展——以河北定州庙会为例[J].江海学刊,

2012(3).

[37] 吕璟,潘知常.再造居民——社会空间视角下拆迁安置房社区失地农民问题研究[J].南京社会科学,2018(4).

[38] 孟芳.查尔斯·泰勒:"现代性社会想象"概念评析[J].哲学动态,2013(8).

[39] 米歇尔·甘博.金浪——斯里兰卡西南沿海地区海啸救助的公平分发话语[J].邱月译.西南民族大学学报,2017(1).

[40] 彭兆荣,吴兴帜.作为认知图式的"地方"[J].北方民族大学学报(哲学社会科学版),2009(2).

[41] 邱月.陌生的新家园——异地重建后的新北川居民的空间商榷和文化调适[J].西南民族大学学报(人文社会科学版),2017(3).

[42] 邱月.新北川:羌族文化再造进行时[J].文化纵横,2015(3).

[43] Roberto E. Barrios."在这里,我生活得并不舒服":人类学视野下的社区恢复能力[J].高朋,张巧运译.思想战线,2015(2).

[44] Roberto E. Barrios.新奥尔良后卡特里娜飓风时期市政当局对社区与居民的种族化与犯罪化监控手段[J].李全敏,余昕译.民族学刊,2015(4).

[45] 宋秀葵.段义孚的地方空间思想研究[J].人文地理,2014(4).

[46] 台文泽.地方感、民间信仰与村落整合——西汉水流域"犯丧"信仰的人类学研究[J].中国农业大学学报(社会科学版),2016(2).

[47] 王飞,蒋朝晖,朱子瑜,王颖楠.从"拼贴"到"整合"——北川抗震纪念园的规划设计手法.城市规划[J],2011(A2).

[48] 王健,李子卿,孙慧,杨子.地方感何以可能——兼评段义孚《Space and Place: The Perspectives of Experience》一书[J].民族学刊,2015(6).

[49] 王俊鸿.汶川地震羌族移民异地安置和生计方式转型——四川省邛崃市木梯村和直台村田野考察报告[J].民族学刊,2011(4).

[50] 王明珂.民族考察、民族化与近代羌族社会文化变迁[J].民族论坛,2012(22).

[51] 王明珂.民族学与灾后重建——震灾中的羌族、简况与建议[J].西北民族研究,2008(3).

[52] 王晓葵,雷天来."祭祀"与"纪念"之间——对"东方之星"事件"头七"公祭的考察[J].民俗研究,2017(4).

[53] 王晓葵.按语[J].西南民族大学学报(人文社会科学版),2017(3).

[54] 王晓葵.国家权力、丧葬习俗与公共记忆空间——以唐山大地震殉难者的埋葬与祭祀为例[J].民俗研究,2008(2).

[55] 王晓葵.灾害文化的中日比较——以地震灾害记忆空间构建为例[J].云南师范大学学报(哲学社会科学版),2013(6).

[56] 王政.元明戏曲中的"献首"、"祭旗"、"遥祭"、"奠像"考[J].古籍研究,2009(z1).

[57] 文军,黄锐."空间"的思想谱系与理想图景:一种开放性实践空间的建构[J].社会学研究,2012(2).

[58] 吴薇,王晓葵.纳木依人的灾害叙事与文化记忆[J].西南边疆民族研究,2018(3).

[59] 吴晓燕,李赐平.乡村集市的政治学解读:缘起与拓展[J].天府新论,2008(4).

[60] 吴越菲."共同体"的想象与当代中国社区的塑造[J].浙江学刊,2016(6).

[61] 夏少琼.断裂与链接——灾后重建中关于地点的思考[J].贵州大学学报(社会科学版),2011(1).

[62] 徐京波.从集市透视农村消费空间变迁——以胶东P市为例[J].民俗研究,2013(6).

[63] 杨君,诸秋纯.表演的惯习:广场舞群体的生活方式变迁与自我呈现[J].天府新论,2017(2).

[64] 杨念群."地方性知识"、"地方感"与"跨区域研究"的前景[J].天津社会科学,2014(6).

[65] 杨小柳.建构新的家园空间:广西凌云县背陇瑶搬迁移民的社会文化变迁[J].民族研究,2012(1).

[66] 殷双喜.纪念碑及其作为建筑艺术的公共性[J].雕塑,2004(6).

[67] 游红霞,王晓葵.灾害叙事与民俗应对路径研究——以旱灾为中心的考察[J].西南民族大学学报(人文社会科学版),2015(5).

[68] 余思奇,朱喜钢,孙洁.地方感视角下撤村建居社区学生化现象解析——以浙江大学新校区周边望月社区为例[J].城市问题,2018(6).

[69] 俞坚.孤岛与市集 杭州城市生活空间切片研究[J].新美术,2013(11).

[70] 张俊竹.从符号学的视野看展示形态语义设计[J].美术学报,2016(2).

[71] 张敏,汪芳.北京市居民的历史地段的地方感研究[J].城市问题,2013(9).

[72] 张曦.地震灾害与文化生成——灾害人类学视角下的羌族民间故事文本解读[J].西南民族大学学报(人文社会科学版),2013(6).

[73] 张玉.北川传统羌族萨朗舞调查研究[J].民族学刊,2017(3).

[74] 张原,汤芸.藏彝走廊的自然灾害与灾难应对本土实践的人类学考察[J].中国农业大学学报(社会科学版),2011(3).

[75] 张原.从"乡土性"到"地方感":文化遗产的现代性承载[J].西南民族大学学报(人文社会科学版),2014(4).

[76] 张原.中国人类学灾难研究的学理追求与现实担当——生活世界的可持续性与弹韧性机制的在地化营造[J].西南民族大学学报(人文社会科学),2016(9).

[77] 张兆曙.个体化时代的群体性兴奋——社会学视野中的广场舞和"中国大妈"[J].人文杂志,2016(3).

[78] 郑少雄.草原社区的空间过程和地方再造——基于"地方—空间紧张"的分析进路[J].开放时代,2013(6).

[79] 周全明.日常生活与生活实感:钟敬文关于民众日常生活的思想及其启示[J].民俗典籍文字研究,2020(2).

[80] 周星.现代中国的"亡灵"三部曲——唐山、汶川、玉树大地震遇难者的悼念、祭祀与超度问题[J].民俗研究,2017(4).

[81] 周雪光.权威体制与有效治理:当代中国国家治理的制度逻辑[J].开放时代,2011(10).

[82] 朱竑,钱俊希,陈晓亮.地方与认同:欧美人文地理学对地方的再认识[J].人文地理,2010(6).

[83] 朱子瑜,李明.纲举目张——北川新县城城镇风貌特色的建构与探讨[J].建筑学报,2010(9).

[84] 邹德慈.刍议北川新县城规划设计的立意[J].城市规划,2011(35).

三、外文著作

[1] Blizard C R. Fostering childhood sense of place through storytelling in a previously inhabited forest landscape[M]. State University of New York, 2005.

[2] Charles Taylor, A Secular Age[M]. The Belknap Press of Harvard Press, 2007.

[3] David Harvey. Justice, Nature & the Geography of Difference[M]. Cambridge: Blackwell Publishers, 1996.

[4] David Harvey. Cosmopolitanism and the Geographies of Freedom[M]. Columbia University Press, 2009.

[5] Gerson, Kathleen, C. Ann Stueve & Claude S. Fischer. "Attachment to Place." In Networks and Places: Social Relations in the Urban Setting[M]. New York: The Fere Press, 1977.

[6] Gupta, Akhil & Ferguson, James, "Culture, Power, Place: Ethnography at the End of an Era," in Akhil Gupta & James Ferguson (eds.), Culture, Power, Place: Explorations in Critical Anthropology[M]. Durham: Duke University Press, 1997.

[7] Lefebvre, H. Everyday Life in the Modern World[M]. trans. Sacha Rabinovitch, London: Allen Lane, 1971.

[8] Michel Foucault. Philosophy, Culture: Interviews and Other Writings, 1977-1984 [M]. New Your: Routledge, 1988.

[9] Park Robert E. The Urban Community as a Spatial Pattern and Moral Order[M]. In E. W. Burgess, The Urban Community. Chicago: University of Chicago Press, 1926.

[10] Pl. Doughty. Decades of Disaster: Promise and Performance in the Callejon de Huaylas, Peru, in Oliver Smith, ed. Natural Disaster and Cultural Response[M]. Williamsburg, V. A: Coll. William & Mary, 1986.

[11] Setha M L. Symbolic ties that bind: Place attachment in the plaza, Altman I, Low S M. Place Attachment[M]. New York: Plenum Press, 1992.

[12] Sharon Zukin. The Cultures of Cities[M]. Cambridge: Blackwell, 1995.

[13] Steele F., The Sense of Place[M]. Boston: CBI Publishing, 1981.

[14] Tuan Y F. Topophilia. A Study of Environmental Perception, Attitudes and Values [M]. New York: Columbia University Press, 1974.

[15] Whyte, Martin King, William L. Parish. Urban Life in Contemporary China[M]. Chicago: University of Chicago Press, 1985.

四、外文期刊

[1] Banerjee, Tridib, The future of public space: Beyond invented streets and reinvented places[J]. Journal of the American Planning Association, 2001, 67.

[2] Cooke S. Negotiating memory and identity: the Hyde Park Holocaust Memorial [J]. London. Journal of Historical Geography, 2000, 26(3).

[3] Feuchtwang, Chinese Civilisation in the Present[J]. The Asia Pacific Journal of Anthropology, 2012, 13(2).

[4] Gielis R. A global sense of migrant places: Towards a place perspective in the study of migrant transnationalism[J]. Global Networks, 2009, 9(2).

[5] Gough P. From heroes' groves to parks of peace: Landscapes of remembrance, protest and peace[J]. Landscape Research, 2000, 25(2).

[6] John Kirtland Wright, Terrae Incognita. The Place of Imagination in Geography [J]. Annals of the Association of American Geographers, 1947, 37.

[7] Jorgensen B S, Stedman R C. A comparative analysis of predictors of sense of place dimensions: Attachment to, dependence on, and identification with lakeshore properties[J]. Journal of Environmental Management, 2006, 79(3).

[8] McCreanor T, Penney L, Jensen V, et al. "This is like my comfort zone": Senses of place and belonging within Oruaāmo/Beachhaven[J]. New Zealand. New Zealand Geographer, 2006, 62(3).

[9] Oliver-Smith, A., Anthropological Research on Hazards and Disasters[J]. Annual Review of Anthropology, edited by William Durham, Palo Alto: Annual Reviews Inc., 1996.

[10] Taylor, Peter J., Places, Spaces and Macy's: Place-Space Tensions in the Political Geography of Modernity[J]. Progress in Human Geography, 1999.

[11] Williams D R, Patterson M E, Roggenbuck J W. Beyond the commodity metaphor: Examining emotional and symbolic attachment to place[J]. Leisure Sciences, 1992(14).

[12] Zhang Qiaoyun, Phoenix out of the Ashes: Convergence of Disaster and Heritage Tourism in Jina Qiang Village, Sichuan Province, China[J]. Practicing Anthropology, 2012(34).

五、报刊资料

[1] 李晓东、何玉文.打造新北川：规划统领[N].四川日报,2010-5-11.

[2] 《"重生·跨越"——春天与北川一起歌唱大型诗歌朗诵会在北川新县城抗震救灾广场隆重举行》[N].绵阳晚报,2012-5-11.

[3] 彭戈.北川：重生五年[N].中国经营报,2013-5-13.